SARAH
WIENER

W0189353

Zukunftsmenü

Was ist uns unser
Essen wert?

GOLDMANN

Alle Ratschläge in diesem Buch wurden von der Autorin und vom Verlag sorgfältig erwogen und geprüft. Eine Garantie kann dennoch nicht übernommen werden. Eine Haftung der Autorin beziehungsweise des Verlags und seiner Beauftragten für Personen-, Sach- und Vermögensschäden ist daher ausgeschlossen.

Der Verlag weist ausdrücklich darauf hin, dass im Text enthaltene externe Links vom Verlag nur bis zum Zeitpunkt der Buchveröffentlichung eingesehen werden konnten. Auf spätere Veränderungen hat der Verlag keinerlei Einfluss. Eine Haftung des Verlags für externe Links ist daher ausgeschlossen.

Die redaktionelle Betreuung besorgten Anna Cavelius (Recherche), Heidrun Reshöft und Claudia Reshöft.

MIX
Papier aus verantwortungsvollen Quellen
FSC® C021956

Verlagsgruppe Random House FSC N001967

 Dieses Buch ist auch als E-Book erhältlich.

1. Auflage
Vollständige aktualisierte Taschenbuchausgabe Mai 2017
Copyright: © 2017 der überarbeiteten Ausgabe
Wilhelm Goldmann Verlag, München,
in der Verlagsgruppe Random House GmbH,
Neumarkter Straße 28, 81673 München
Copyright: © 2013 der Originalausgabe Riemann Verlag, München
Umschlaggestaltung: UNO Werbeagentur, München
Umschlagfoto: Arne Lesmann, www.lesmann.de
Lektorat: Annette Gillich-Beltz
Infografiken: Benjamin Erfurth, www.infografiker.com
Satz: Satzwerk Huber, Germering
Druck und Bindung: Alcione, Trento
KW · Herstellung: CB
Printed in Italy
ISBN 978-3-442-17685-4
www.goldmann-verlag.de

Besuchen Sie den Goldmann Verlag im Netz:

Ein Gruß aus der Küche

Mein Lieblingsplatz auf meinem Bauernhof in der Uckermark ist natürlich die Küche, wie könnte es anders sein. Und das nicht nur, weil ich leidenschaftlich gern koche. Die Küche ist ein Ort, an dem es nach Kuchen und Äpfeln duftet, nach Safran und geröstetem Sesam, an dem ich neugierig Rezepte erfinde und Kochutensilien ausprobiere. Gleich neben der Küche ist ein Esszimmer, wo ich gern mit Freunden sitze. An einem langen Tisch, an dem wir debattieren und ratschen, trinken und lachen – manchmal nächtelang. Hier sitze ich auch jetzt nach einer Kürbis-Ingwer-Suppe und Milchrahmstrudel und schreibe dieses Vorwort. Dort, wo ich sonst auch lese – Bücher, Berichte und Zeitschriften aller Art.

Ich lese,

- … dass wir jedes Jahr deutschlandweit so viel Brot wegschmeißen, dass das Land Niedersachsen bequem ein Jahr davon leben könnte.
- … dass die Ursachen für die zunehmende Fettleibigkeit bei Menschen noch nicht hinreichend geklärt sind. Bewegungsmangel und eine zu hohe Kalorienzufuhr sind es aber nicht allein.

- … dass es wohl unter anderem der Industriezucker ist, der uns krank und dick macht.
- … von Weichmachern in Plastikverpackungen, die Atembeschwerden, Impotenz und Unfruchtbarkeit verursachen sollen.
- … über Hybridgeflügel, das sich nicht mehr selbst fortpflanzen kann.
- … dass unseren Nutztieren weitaus mehr Antibiotika verabreicht werden, als alle Menschen zusammen verbrauchen.

Ich sitze da und frage mich: Warum essen wir lauter Dinge, von denen wir nicht wissen, was drin ist? Warum essen wir plastikverpackte Fertigprodukte, die uns und die Natur krank machen? Warum essen wir Fleisch von Tieren, die ein Leben lang Stress hatten, weil sie nicht artgerecht gehalten wurden? Wer will, dass die durch Massentierhaltung auftretenden Krankheiten mit einer verantwortungslos hohen Gabe von Antibiotika behandelt werden?

Es gibt wohl niemand, der sich bewusst für krank machendes und ethisch verantwortungsloses Essen entscheidet. Liegt unser gedankenloses Verhalten daran, dass wir noch immer zu wenig über die Herkunft von Lebensmitteln wissen? Zu wenig darüber wissen, wie unsere Ernährungsweise mit den natürlichen Ressourcen und unserer Gesundheit zusammenhängt? Hat uns die Nahrungsmittelindustrie mit ihrer die heile Welt versprechenden Werbung den gesunden Menschenverstand vernebelt? Und ist uns darüber das Gespür abhandengekommen für das, was uns und unserem Körper guttut?

Beim Salatpflanzen: Den Salat, den ich esse und den Gästen in meinen Restaurants serviere, kenne ich sozusagen von klein auf.

Für mich beginnt der Genuss eines Essens nicht beim Einkauf im Supermarkt, sondern beim Ursprung der Nahrungsmittel. Ich möchte gern wissen, was ich esse. Mir ist es nicht egal, ob das Fleisch, das ich kaufe, von einem Tier stammt, das unter artgerechten Bedingungen groß geworden ist, oder ob es in einem lichtlosen Stall auf ein paar Quadratzentimetern dahinvegetiert hat. Ich will wissen, warum im Supermarkt nur noch Apfelsorten wie Jonagold und Gala angeboten werden, obwohl ich Renetteäpfel lieber mag. Ich frage mich, wo die Tonnen an Giften landen, die wir sorglos auf unseren gesunden Äckern und Böden versprühen und die wir Pflanzenschutzmittel nennen. Ich möchte wissen, warum Nahrungsmittel für Kinder zu süß, zu bunt, zu fett sind. Und vor allen Dingen frage ich mich, warum es so viele stark verarbeitete Lebensmittel gibt.

Stark verarbeitete Lebensmittel werden aus billigen, ewig gleichen chemischen Bausteinen zusammengesetzt, gefärbt, aromatisiert, gesalzen, gezuckert, gepresst oder aufgebläht, konserviert und dann in Plastik abgepackt. Ist es wirklich ein sinnliches Vergnügen, solche Packungen aufzureißen und in die Mikrowelle oder den Ofen zu stecken? Schmeckt Fastfood auch kalt oder wenn ich es langsam esse? Ist diese Art von Essen wirklich ein Genuss? Fühle ich mich danach besser? Gesättigt? Gestärkt? Verkörpert unsere Lebensmittel- und Agrarindustrie wirklich einen Fortschritt oder nicht eher ein Fortschreiten, im Sinne von Wegschreiten?

Wir sind hier, in der sogenannten Ersten Welt, eingehüllt in einen Nebel aus Reklameversprechen und Überfluss. Wir können nicht mehr erkennen, was wann warum auf unserem Tisch landet. Wir haben unsere Neugier, unser Interesse verloren und greifen ohne nachzudenken einfach zu dem, was man uns vorsetzt. Doch dieser Weg endet zwangsläufig in der Sackgasse. Deshalb meine ich, ist es höchste Zeit, den Schleier zu lüften. Um den Blick frei zu machen auf das, was um uns herum geschieht, woher unser Essen kommt und wie wir uns in Zukunft ernähren wollen und sollten.

Wir haben die Freiheit uns zu entscheiden, die Verantwortung für unser eigenes Leben und das unserer Kinder zu übernehmen und neue Wege zu gehen. Wir brauchen nicht bei Großkonzernen zu kaufen, die ihre einzige Aufgabe darin sehen, ihren Profit zu maximieren und weiter zu wachsen. Wir müssen keine Monopolisten unterstützen, die kleinbäuerliche Vielfalt verhindern. Wir müssen keine Discounter bestärken, die »billiger ist mehr« propagieren. Wir sollten unsere Gier zügeln und nicht automatisch einen zweiten Kuchen kaufen, ein zweites Paar Schuhe, weil es das dritte gratis dazu gibt. So als wären der Herstellungsprozess und die Ressourcen nichts wert. Als würde das einfache Mehr uns glücklich machen. Das macht es nicht, wenn wir ehrlich sind. Zumindest nicht dauerhaft.

Wir sollten wieder selbst kochen und es unseren Kindern beibringen, unseren Enkeln, Nachbarn und Freunden. Denn solange wir unser Essen nicht selbst zubereiten können, sind wir von einer Lebensmittelindustrie abhängig, die die Bezeichnung »Hersteller von Lebensmitteln« nicht verdient, und besitzen keine Ernährungssouveränität über unseren eigenen Körper. Schließlich gehört selbst zu kochen und miteinander zu essen zu den schönsten und befriedigendsten Dingen der Welt.

Wie wäre es, wenn wir kleine Anbieter unterstützen und versuchen kleine Kreisläufe der regionalen Solidarität aufzubauen? Wie wäre es, wenn wir unsere Ansprüche hinsichtlich der permanenten Verfügbarkeit jeder Art von Wurst, frischer Brötchen um 7 Uhr abends und Spargel im Winter beschränken? Und zwar ganz einfach deshalb,

- weil die eigene sinnvolle Beschränkung Freude macht.
- weil wir dann nicht mehr Knecht unserer Gier sind, sondern Herr unseres Genusses.
- weil wir dann nicht mehr dem Mehr und Billiger nachjagen und uns hetzen, sondern genießen und unser eigenes kreatives Potenzial wiederentdecken dürfen.
- weil wir mit einem neuen Bewusstsein und einem achtsamen Umgang die weltweite Ernährungsgerechtigkeit unterstützen und unsere Ressourcen schonen.
- weil wir als verantwortungsvolle Menschen endlich damit beginnen wollen, den Preis für unser Verhalten und unsere Le-

bensweise selbst zu zahlen, anstatt ihn auf die Natur und künftige Generationen abzuwälzen.

- weil wir an unsere Mitmenschen denken. An unsere Familie. Und an uns selbst.
- weil Qualität ihren Preis hat, haben darf und haben muss, wenn sie nicht verschwinden soll.

Politisch essen

Wir können die Welt mit Genuss retten.
Am Anfang aber steht der achtsame
Umgang mit dem, was uns ernährt,
und der Respekt davor.

Ein Blick über den Tellerrand

Wann genau ich anfing, mich über das Kochen hinaus für die Herkunft unseres Essens zu interessieren, kann ich nicht mehr genau sagen. Aber jede Veränderung fängt ja mit dem Wahrnehmen an. Mit der eigenen Aufmerksamkeit für all das, was einen umgibt. Mit der Achtsamkeit für das, was man mit den Augen, Ohren, den Händen, der Nase und dem Geschmackssinn spürt und erlebt.

Als ich noch zur Schule ging, habe ich einen Kochkurs gemacht, ohne mich daran erinnern zu können, welche Motivation ich damals hatte. Später war ich Küchenhilfe in den Restaurants meines Vaters, weil ich Geld verdienen wollte und mir kein besserer Job angeboten wurde.

Schnell war ich vom Backen und Kochen fasziniert und wollte mehr darüber wissen. Und mich selbst ausprobieren. Ich wollte am liebsten sofort alle Kochbuchtheorien in die Praxis umsetzen. Aber je mehr ich über das Kochen begreifen wollte, desto mehr musste ich über die Lebensmittel wissen, die ich verarbeitete. Damals beschränkte sich für mich die Frage nach der Qualität auf die Frische, die Reife und die Sorte des Produkts.

Dass verschiedene Mehle sich ganz unterschiedlich verhalten konnten, erstaunte mich. Auch dass Kiwi die Milch gerinnen lässt und Mayonnaise so einfach selbst zu machen ist, hatte ich vorher nicht gewusst. Unmerklich hatte ich mich auf eine lange Reise ewigen Lernens begeben, weil es mich faszinierte zu sehen, wie gute, aber doch schlichte Grundnahrungsmittel mit einem Schnipp zu etwas ganz Köstlichem werden konnten.

Ich habe schon immer frisch gekocht und meinen Gästen, den Kunden genauso wie Freunden, nur das serviert, was ich selbst gerne essen wollte. Denn ich habe das Nähren von anderen immer als eine besondere, sehr verantwortungsvolle Aufgabe begriffen.

Früher habe ich intuitiv gekocht und intuitiv bestimmte Dinge abgelehnt, wie zum Beispiel eine Mikrowelle, die »Arbeitserleichterung« durch vorgeschälte oder geschwefelte Kartoffeln und diverse »Küchenhelfer«, die einem die Arbeit abnehmen sollten. Was einem tatsächlich abgenommen wird, ist die Verantwortung, das selbstständige Denken und das Tun dessen, was man doch eigentlich gerne tut. Ich möchte riechen, sehen und mit meinen Händen fühlen, was ich zubereite. Erst dann fühle ich mich als Köchin glücklich und fähig, ein gutes, stärkendes, beglückendes Mahl zu servieren.

Ich hatte – wohl auch dank meiner Erziehung – schon früh eine Vorliebe für unverarbeitete und unbehandelte Lebensmittel. Trotzdem dachte ich: Eine Tomate ist eine Tomate. Als ich dann das erste Mal von Monokulturen hörte, die viel Gift benötigen, damit die natürlichen Fressfeinde von Tomaten dank des reich gedeckten Tisches nicht gleich in ganzen Schwärmen über die Früchte herfallen, war dies eines meiner Erweckungserlebnisse. Besprühen wir wirklich unsere Nahrungsmittel mit Gift, damit wir sie essen können?

Das zweite Aha-Erlebnis hatte ich, als mir jemand sagte, Pflanzenschutzmittel seien ja eigentlich das Gegenteil von dem, was sie vorgeben zu sein. Pflanzenschutzmittel sind hochgiftige Stoffe, die keinen anderen Zweck haben, als Leben zu zerstören. Und zwar in erster Linie das von Pflanzen. Allein diese Erkenntnis hat mich so sehr beschäftigt, dass ich darüber mehr wissen wollte. Und wie das so ist: Wenn man erst einmal ein Bewusstsein für ein bestimmtes Thema entwickelt hat, dann will und kann man nicht mehr aufhören.

Viele von uns sind schon dabei umzudenken, nach neuen Wegen zu suchen und sich die richtigen Fragen zu stellen. So wie die nach gesundem Essen. Heute habe ich in mancher Hinsicht sicher eine radikalere Meinung als der Großteil unserer Gesellschaft. Zum einen, weil ich mich intensiv mit der Landwirtschaft, dem Anbau von Pflanzen und der Aufzucht von Tieren beschäftige. Zum anderen aber auch, weil ich so vieles gesehen habe, das mich zum Nachdenken gebracht hat und zu einer entschiedenen Haltung hat finden lassen. Ich bin fest davon überzeugt, dass ein verantwortungsvoller Umgang mit der Erde nur möglich ist, wenn wir zu einem grundlegend neuen Bewusstsein, zu mehr Achtsamkeit und sinnvoller Selbstbeschränkung finden.

Noch vor wenigen Jahren hat sich kaum jemand gefragt, wie beispielsweise unsere Nutztiere gehalten werden. Wir haben uns auch keine großen Gedanken darüber gemacht, wie bestimmte Inhaltsstoffe aus ganz alltäglichen Gegenständen wie Kosmetika, Shampoo und auch Medikamenten auf unsere Gesundheit und (Um-)Welt wirken. Wir haben beim Einkaufen nicht darüber nachgedacht, dass die Plastiktüte, in der wir unsere Einkäufe verstauen, nicht einfach verschwindet, nur weil sie für uns nicht mehr sichtbar ist, nachdem wir sie weggeworfen haben. Wir haben uns wahrscheinlich auch keine Gedanken über die möglichen Folgen von gentechnisch veränderten Lebens- oder Futtermitteln wie Mais oder Sojabohnen gemacht. Ebenso wenig darüber, dass bestimmte Stoffe wie Aluminium, Polystyrol, Polyester oder auch Kaugummi und Burger von bekannten Fastfoodketten niemals verrotten oder aber Hunderte von Jahren brauchen, um sich zu zersetzen. Selbst die Erkenntnis, dass Pflanzenschutzmittel nichts anderes sind als Vernichtungsmittel, die im schlimmsten Fall – wie beim Dioxin – sogar als Massenvernichtungswaffen in Kriegen eingesetzt worden sind, sickerte erst langsam in unser Bewusstsein.

Vor einiger Zeit war ich in Rumänien und habe dort einen sympathischen Selbstversorger kennengelernt, der einen recht kleinen Garten hatte. Auf seinen vielleicht hundert Quadratmetern wuchsen Trauben für den eigenen Wein, Auberginen, Zwetschgen, Birnen, Äpfel, Pfirsiche, Artischocken, Knoblauch, Kohlrabi, drei Sorten Tomaten, Kürbis, Zucchini, Zwiebeln, Erdbeeren, Sauerampfer, wilde Rauke, Karotten und Paprika. Das ist nur das, was ich behalten habe, ich bin sicher, er hatte noch viel mehr. Es wucherte alles kreuz und quer. Jeder Zentimeter Boden war mit Pflanzen bedeckt. Und wie er erzählte, wächst alles wie von selbst. Er wirft nur immer die Samen hin oder lässt ein paar Tomaten liegen. Alles, was er erntete, aber nicht aß (z. B. Stängel), schnippelte er klein und verteilte es wieder auf dem Boden. Was ich da sah, war eine Art Permakultur unter wilden Umständen. Ich war fasziniert!

WARUM HAMBURGER NICHT VERSCHIMMELN

Die New Yorker Fotografin und Künstlerin Sally Davies kaufte im April 2010 in einer McDonald's-Filiale einen Hamburger und eine Portion Pommes frites. Beides legte sie auf ein Fensterbrett und fotografierte sie sechs Monate lang in regelmäßigen Abständen. Was passierte? Der Hamburger roch genau einen Tag lang nach einem Hamburger, dann nach nichts mehr. Stattdessen begann er langsam zu versteinern, ebenso die Pommes frites. Von Schimmel und Zersetzung – wie es bei einem echten Lebensmittel der Fall gewesen wäre – keine Spur.

Die amerikanische Food and Drug Administration (FDA), die im Auftrag des US-Gesundheitsministeriums Lebensmittel überwacht, fand laut ihrer »Total Diet Study« in Fastfood-Hamburgern durchschnittlich 38 verschiedene Pestizidrückstände.

Die erstaunliche Tatsache, dass Hamburger so gut wie nicht verrotten, wurde bereits von vielen in mehr oder weniger beabsichtigten Versuchen erkannt. Im Jahre 2007 erschien auf YouTube das Video von Len Foley über den »Bionic Burger«, das inzwischen weit über 2 Millionen Mal angeklickt wurde. Hier wird eine Hamburger-Mumie aus dem Jahr 1989 gezeigt.

Nur, warum verderben der Hamburger und die Pommes nicht? Ganz einfach: Das Fleisch im Burger zersetzt sich nach Meinung amerikanischer Gesundheitsexperten nicht, weil es extrem stark gesalzen ist. Mit Salz wird der Burger konserviert (und es macht beim Verzehr auch noch durstig …). Und da auch Pommes gut gesalzen sind, halten sie sich ebenfalls eine halbe Ewigkeit. Warum allerdings das Brötchen nicht schimmelt, darüber wird spekuliert. Für einen Teil der Schimmelimmunität der Burger-Brötchen sind die Konservierungsstoffe Kalzium- und Natriumpropionat verantwortlich. Propionate stehen im Verdacht, Stoffwechselstörungen sowie ADHS-Symptome bei Kindern zu verursachen. 1988 wurde der Stoff in Deutschland verboten, zehn Jahre später jedoch wieder zugelassen.* Mehr über Zusatzstoffe in Lebensmitteln erfahren Sie im Glossar, Seite 295 ff.

---

* Weitere Information unter www.Zentrum-der-Gesundheit.de/
hamburger-mc-donalds-ia.html

Die meisten Produktionsprozesse unserer Lebensmittel aber finden nicht nachvollziehbar vor unseren Augen statt, sondern hinter geschlossenen Stalltüren oder in Laboratorien. Viele Produkte sind absolut überflüssig. Aber sie sind auf dem Markt und damit für uns so normal, dass wir sie erst einmal gar nicht in Frage stellen.

Doch indem wir die Gesetzmäßigkeiten des Marktes einfach hinnehmen, haben wir innerhalb von wenigen Jahrzehnten unabsehbare Veränderungen für viele künftige Generationen eingeleitet.

Die (Grüne) Revolution frisst ihre Kinder

Einer der größten Feldzüge gegen die Natur war die Ende der 1950er Jahre eingeleitete »Grüne Revolution«, mit der die Zerstörung dessen begann, wovon wir alle leben: reine Luft und sauberes Wasser, gesunde Böden und funktionierende Ökokreisläufe.

Der Grundgedanke der Grünen Revolution war, den Welthunger zu beseitigen. Dazu war jedes Mittel recht, also auch die Entwicklung moderner Hochleistungs- bzw. Hochertragssorten von Weizen, Mais und Bohnen. Sicher, ohne diese Bemühungen würden heute 187 Millionen Menschen mehr hungern.[1] Aber der Preis dafür ist hoch und noch nicht abbezahlt: Durch den intensiven Einsatz von Mineraldüngern, Pestiziden und künstlicher Bewässerung werden Grundwasser und Gewässer verunreinigt; Nützlinge und Wildtiere leiden, und die Gesundheit der Bauern ist gefährdet. Nicht zu vergessen der massive Einsatz fossiler Energien für Dünger, Pestizide und Maschinen. Zudem sind die Bauern abhängig von Großkonzernen, denn das Saatgut von Hochertragssorten ist oft steril. Das bedeutet,

Die Selbstversorgergärten in Rumänien faszinierten mich.
Mit Filmaufnahmen haben wir hier ein kleines Schlaraffenland
eingefangen.

sie können ihr eigenes Getreide nicht einmal mehr zur Aussaat
verwenden – was laut Internationalem Patentrecht, das die Saatgut-
lobby schützt, sowieso verboten wäre. Auch Erntezyklen werden
verändert, so dass es zu Schädlingsplagen kommt. In den Reisfeldern
Süd- und Südostasiens beispielsweise können sich die Zikaden aufgrund extrem häufiger Ernten das ganze Jahr über ungehindert vermehren.

Zwar konnte die Grüne Revolution den weltweiten Hunger bis zu
einem gewissen Grad ausbremsen und gab der Agrarwirtschaft in
Asien und Lateinamerika einen Riesenschub, verschwunden ist der
Nahrungsmangel jedoch bei Weitem nicht. Und die Folgen für die
Natur und die Kleinbauern in den Ländern sind verheerend. Die neu-
en Getreidesorten erfordern den großflächigen Anbau, um wirtschaftlich effizient zu sein. Infolgedessen mussten Bauern, die nur
kleine Äcker bewirtschafteten, weichen. Sie wanderten in Städte ab

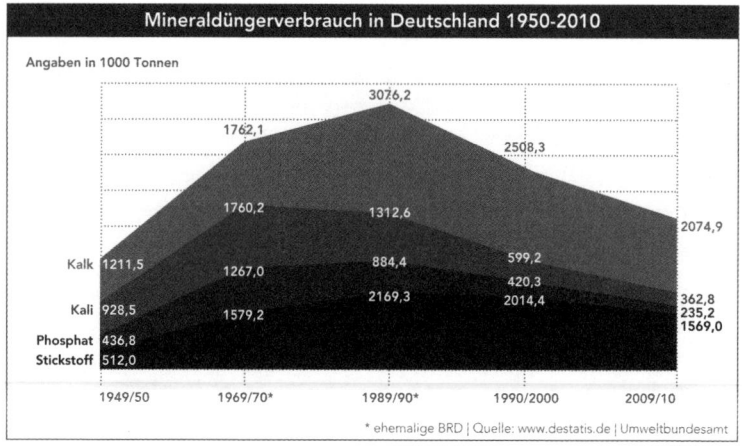

In den 50er- bis 80er Jahren wurden Ertragssteigerungen durch immensen Mineraldüngereinsatz erreicht. Seit mehr als 20 Jahren ist der Verbrauch wieder rückläufig – zum einen, weil durch die Vermehrung der Tierhaltung mehr Gülle zur Düngung zur Verfügung steht; zum anderen, weil heute auch in der konventionellen Landwirtschaft gezielter und deshalb wieder sparsamer gedüngt wird.

und landeten in Elendsvierteln. Oder sie fällten Bäume in den tropischen Wäldern und vermehrten so die Anbaufläche. Die Lebensmittelproduktion wurde also nicht nur durch verbesserte Technologie gesteigert, sondern auch durch die Gewinnung größerer Nutzflächen – indem Regenwälder und Savannen zerstört wurden. Laut dem »Spiegel«-Artikel »Die immergrüne Revolution« (vom 20.9.2010) häufen sich die Warnzeichen für negative Folgen der Grünen Revolution. So fielen in Russland im Sommer 2010 Millionen Hektar Getreide-Monokulturen der Dürre und Bränden zum Opfer. Und warum? Weil Moore trockengelegt worden waren. Zudem stellt uns der Klimawandel vor weitere Herausforderungen, denn durch ihn drohen künftig häufiger extreme Wetterlagen wie Dürren oder Überschwemmungen.

Hans-Heinrich Bass, Professor für internationale Wirtschaft an der Hochschule Bremen und Direktor des dortigen Institute for

Erträge steigern, Kosten und Arbeit einsparen – Anzeigen aus dem »Landwirtschaftlichen Wochenblatt« 1956–1959 propagieren eine simple, verlockende Botschaft. Über Risiken und Folgeschäden wurde damals kaum nachgedacht.

Transport and Development, fordert sogar eine »Grüne Renaissance«. Er sagt: »Die Erträge moderner organischer Landwirtschaft können auch in den Tropen ähnlich hoch sein wie die in der konventionell modernisierten Landwirtschaft. Das zeigten Studien der

WAS WIE WÄCHST

Konventioneller Anbau hat sich Mitte des 19. Jahrhunderts aus der traditionellen Landwirtschaft entwickelt. Durch Fortschritte in der Forschung und im Zuge der Technisierung fand man heraus, wie man Böden durch Dünger fruchtbarer machen und den Anbau durch den Einsatz von Insektiziden und Fungiziden sowie Maschinen großflächiger und somit produktiver gestalten kann. Es kommt zu Monokulturen oder zwei- bis dreijährigen Fruchtfolgen. Bei der chemischen Bekämpfung von tierischen und pflanzlichen »Schädlingen« bilden sich Rückstände in den Anbauprodukten, im Boden und im Grundwasser.

Integrierter Anbau verbindet die biologische und konventionelle Wirtschaftsweise. Chemische Mittel kommen erst zum Einsatz, wenn der einzelne Schädling ausgemacht wurde und alternative Mittel zur Bekämpfung erfolglos waren. Ebenso werden bei der Düngung exakt berechnete Mengen in minimaler Dosis verwendet.

Biologisch-dynamische Landbewirtschaftung fußt auf der anthroposophischen Lehre Rudolf Steiners und verzichtet auf den Einsatz von Pestiziden und Kunstdünger, um die Belastungen für Natur und Anbauprodukt zu vermeiden. Zudem wird auf einen vielseitigen Fruchtwechsel geachtet. Frühestens alle fünf Jahre wird die gleiche Pflanze auf einem Acker angebaut. So wird einer einseitigen Bodennutzung und damit auch einer Mineral- und Nährstoffauslaugung vorgebeugt. Die Produktivität des biologischen Anbaus ist etwas geringer als bei anderen Anbaumethoden.

Organisch-biologische Bewirtschaftung wurde 1951 entwickelt und basiert auf naturwissenschaftlichen Erkenntnissen. Auch dieser ökologische Landbau kommt ohne Pestizide und Kunstdünger aus. Anders als bei den vorgenannten Bewirtschaftungsweisen wird der Boden nicht gepflügt, sondern lediglich gelockert, um die verschiedenen Bodenschichten mit ihrer eigenen Bodenfauna und -flora nicht »durcheinanderzubringen«.

UN-Konferenz für Handel und Entwicklung (UNCTAD) in Uganda und Tansania. Zudem ist die organische Landwirtschaft nachhaltig. Sie verbraucht und verschmutzt weniger Wasser, erhält die Bodenfruchtbarkeit und kommt ohne teure synthetische Dünger, Insektizide oder Pestizide aus.«

Der Preis für die Millionen geretteter Menschenleben ist hoch. Dabei ist der Hunger offenbar kein Problem der Produktion von Lebensmitteln, sondern vor allem ihrer Verteilung. Der Gegenentwurf, so betonen viele Wissenschaftler, darunter auch der Agrarwissenschaftler und Vorstandsvorsitzende des Bundes Ökologische Lebensmittelwirtschaft (BÖLW), Felix zu Löwenstein, kann nur eine ökologisch verträgliche kleinbäuerliche Landwirtschaft mit dem Ziel einer weltweit gesicherten Ernährungslage sein.

DIE ROLLE VON ERNÄHRUNG
BEIM KLIMAWANDEL

Unsere Ernährung in Deutschland verbraucht etwa ein Fünftel der Gesamtenergie und trägt in dieser Größenordnung auch zum Treibhauseffekt bei. Die Hälfte der Treibhausgas-Emissionen geht auf das Konto der Landwirtschaft. Dabei ist die Produktion tierischer Lebensmittel deutlich energieaufwendiger und damit klimabelastender als die Erzeugung pflanzlicher Lebensmittel. Auf dem Weg vom Tierfutter bis zum Stück Fleisch oder Käse gehen durch sogenannte Veredelungsverluste 65 bis 90 Prozent der im Futter enthaltenen Energie verloren. Es werden also große Mengen an Futtermitteln gebraucht. Diese verursachen vor allem durch die sehr energieaufwendige chemische Synthese der mineralischen Düngemittel hohe Treibhausgas-Emissionen.

Auf einen klimafreundlichen Speiseplan gehören also vorzugsweise pflanzliche Lebensmittel, vorzugsweise aus der Region, und weniger Fleisch, Milchprodukte und Eier. Es ist natürlich schwierig, dies Menschen in Ländern zu vermitteln, die dabei sind, sich Wohlstand zu erwirtschaften. Doch über ein gutes Vorbild ist das möglich. Während wir hier unseren Fleisch- und Käsekonsum reduzieren sollten, ist es wichtig, alles dafür zu tun, dass die stark wachsenden Bevölkerungen in China und Indien erst gar nicht mit einem verstärkten Fleisch- und Käsekonsum beginnen. Das ist natürlich eine große Herausforderung. Hier muss die Politik gute Wege finden, die bestehende Esskultur, die oft traditionell fleischarm ist, zu bewahren.

Doch auch die noch vorhandenen kleinbäuerlichen Strukturen werden zerstört. Weltweit kaufen Agrarinvestoren Land auf, bauen auf Tausenden Hektar Monokulturen von Mais an – oder von dem Getreide, das sich gerade am besten auf dem Weltmarkt verkaufen lässt. Im deutschen Bundesland Brandenburg gehören bereits zwei Drittel der landwirtschaftlichen Nutzfläche kapitalistischen Investoren und Spekulanten. Eine finanzkräftige Gruppe, die zudem von staatlichen Subventionen profitiert.

Erfolg im Leben bemessen wir heutzutage nach wirtschaftlicher Macht und der Menge an Geld. Unser System betet ewiges Wachstum an wie eine heilige Kuh. Doch selbst ein Laie wird unschwer erkennen, dass die Ressourcen in einer endlichen Welt endlich sind und dass folglich auch Wachstum nur begrenzt sein kann.

Die Blütenpracht und Vielfalt natürlicher Wiesen verträgt keine Düngung und ist heute fast nur noch in Naturschutzgebieten zu bewundern.

Was ist, wenn wir unsere Grenzen schon erreicht haben?

Glauben wir wirklich, dass wir als Mikroteil dieser Welt den gesamten Organismus dominieren können? Ist es realistisch davon auszugehen, dass wir die Erde ins Ungleichgewicht bringen können, ohne dabei selbst Schaden zu nehmen?

Die Erfahrung zeigt uns: Wir können zwar in die Natur eingreifen, Staudämme bauen, Ökosysteme verändern und Felderträge kurzfristig steigern. Doch alle menschlichen Veränderungen, die wir in den letzten Jahrzehnten herbeigeführt haben, haben zu keiner substanziellen Verbesserung für die Erde geführt. Im Gegenteil: Ökosysteme wurden zerstört, und es herrscht nach wie vor große Ungerechtigkeit bei der Verteilung von Gütern und insbesondere von Nahrungsmitteln auf der Welt.

Von der Natur lernen

Dieser Planet hat mit all seinen Lebewesen – von Mikroorganismen bis hin zu komplexeren Strukturen wie den Säugetieren einschließlich der Menschheit – über Milliarden von Jahren sein System so optimiert, dass es zu einem funktionierenden nachhaltigen Kreislauf wurde. Davon profitiert insbesondere der Mensch. Jeder Eingriff in die Natur wird von der Natur beantwortet, im Bemühen um einen ständigen Ausgleich. Auf jedem Millimeter Boden und in der Luft kämpft das Leben um das Überleben.

Auf dem eigenen Acker mit anzupacken macht mich richtig glücklich. Und ich kann mich von der Qualität meines Gemüses (hier Mangold) überzeugen.

Wir sehen das beispielsweise am Erdboden: Ein gesunder Boden ist lebendig, er wird bevölkert von Mikroorganismen, Insekten und Regenwürmern. Durch ihre Hilfe reichert sich der Boden mit wertvollen Mineralstoffen an, die einer Pflanze nach Bedarf und nach Jahreszeit zur Verfügung stehen. Die Vielfalt an Tieren und Pflanzen sichert ein stabiles Ökosystem. Ökologisch wirtschaftende Bauern machen sich dies zunutze und achten darauf, in ihren Wiesen und Feldern und darum herum genug Lebensraum für Nützlinge zu erhalten. Aufeinander abgestimmte Fruchtfolgen sorgen dafür, dass Schädlinge und Unkräuter, die sich auf bestimmte Feldfrüchte spezialisiert haben, nicht überhandnehmen.

Ein anderes Beispiel: Versucht man Ackerflächen mit Pestiziden von bestimmten (Un-)Kräutern und Schädlingen zu befreien, werden nicht nur die Böden und Gewässer belastet. Die Natur bemüht sich außerdem, resistentere Arten zu entwickeln, die besser gegen das Gift gewappnet sind. Auf den Baumwollfeldern der USA macht sich beispielsweise ein Unkraut breit, das gegen das Monsanto-Herbizid

»Roundup« mit seinem Wirkstoff Glyphosat resistent ist. Palmer Amaranth (lat. *Amaranthus palmeri*) heißt die Pflanze, die zwei bis drei Meter hoch wird und der Baumwolle keinen Raum zum Wachsen lässt. Außerdem kann das Unkraut die Erntemaschinen beschädigen. Erste Farmer in North Carolina und Georgia mussten bereits ihre Felder aufgeben. Ein anderes Super-Unkraut, das durch diesen sogenannten Selektionsdruck entstand, weil es »lernte«, sich gegen eingesetzte Totalherbizide zu verteidigen, ist das Kanadische Berufkraut (lat. *Conyza canadensis*), das im US-Bundesstaat Delaware bereits nach zweijähriger Anwendung von Glyphosat resistent wurde und heute auf den Feldern wuchert. Um der resistenten Super-Unkräuter Herr zu werden, kommt zunehmend die Handhacke zum Einsatz. Jede Resistenz aber wird von den Chemieriesen durch oft noch problematischere Substanzen beantwortet. Diese Gifte sickern ins Grundwasser, gelangen in die Luft und sammeln sich in Pflanzen und Tieren an. Sie verändern die Fruchtbarkeit, das Wachstum, die biologische Vielfalt, den Genpool und damit nicht nur die Gesundheit von Pflanzen und Tieren, sondern auch die unsere.

Lange habe ich gedacht, zumindest bei den Bienen gäbe es eine wesensgerechte, natürliche Tierhaltung. Dass das nicht so selbstverständlich ist, erfuhr ich, als ich 2011 auf eine besondere Imkerei oder besser gesagt auf den Verein Mellifera e.V. stieß und prompt Bienenpatin wurde. Anfang 2012 hatte ich dann das Glück, während der Dreharbeiten zu meiner Serie »Sarah Wieners erste Wahl« über Grundnahrungsmittel für ARTE und den ORF eine Woche lang in der Imkerei Fischermühle mitarbeiten zu dürfen, dabei habe ich sehr viel über Bienen gelernt.

Wabenrähmchen mit verdeckelter Arbeiterinnenbrut. Den Naturbau erkennt man an den freien Flächen. In der konventionellen Imkerei füllen die Waben die Rähmchen dichter aus.

UNERWÜNSCHTE NEBENWIRKUNGEN

Die intensive Verwendung hochwirksamer Pestizide in der Landwirtschaft führt nicht nur zur Bekämpfung von Schädlingen und Unkräutern, sondern auch dazu, dass die Ackerbegleitflora verkümmert und so zahlreichen Tieren die Nahrungsgrundlage entzogen wird. In einem Bericht vom Februar 2016 stellt das Umweltbundesamt Bestandsrückgänge bei Feldvögeln und Insekten fest. Auch das Umweltgutachten 2016 des Sachverständigenrates für Umweltfragen kommt zu dem Schluss, dass die Verwendung von Pflanzenschutzmitteln eine Hauptursache für den Rückgang der Biodiversität ist.

Der NABU ist alarmiert angesichts eines neuartigen Insektensterbens, wonach allein in Nordrhein-Westfalen der Bestand der Fluginsekten in den vergangenen 15 Jahren um 80 Prozent zurückgegangen ist. Noch sind die Ursachen dafür nicht vollständig geklärt, ein Hauptfaktor ist aber sicher die Vergiftung der Insekten. Josef Tumbrinck, der Landesvorsitzende des NABU Nordrhein-Westfalen warnt: »Wenn uns die Fluginsekten fehlen, gerät die gesamte Nahrungskette in Gefahr: Blumen und Bäume werden nicht mehr bestäubt, und Mauerseglern und Schwalben fehlt die Nahrungsgrundlage.« Nimmt die Zahl der Insekten in der Natur weiter ab, setzt also eine Kettenreaktion ein, die das gesamte Ökosystem beeinflusst.[2]

Selten hat mich ein Tier und dessen organisatorische Strukturen mehr berührt und begeistert. Deshalb habe ich die Gelegenheit genutzt und mich mit Thomas Radetzki von Mellifera unterhalten – auf einer Holzbank in der blühenden Wiese, mitten unter Bienenvölkern.

Tischgespräch
mit Thomas Radetzki

 **Thomas Radetzki** ist Imkermeister und Vorstand von Mellifera e.V., der Vereinigung für wesensgemäße Bienenhaltung. Mit seiner Lehr- und Versuchsimkerei Fischermühle entwickelt der als Demeterbetrieb anerkannte Verein seit 1985 nachhaltige ökologische Konzepte für die Bienenhaltung.

Sarah Wiener: Ich habe gelernt, dass es sogar in der Imkerei konventionelle und artgemäße Bienenhaltung gibt. Wo liegt denn da der Unterschied?

Thomas Radetzki: Ja, auch die Imkerei ist keine heile Welt mehr und hat im Lauf der letzten Jahrzehnte eine enorme Intensivierung durchgemacht. Ökologische Imkerei im Sinne der EU-Verordnung heißt im Grunde nur, Arzneimittel, die Rückstände in den Bienenprodukten bilden, wegzulassen. Was wir hier bei Mellifera machen, ist ein gravierender Schritt darüber hinaus. Wir kümmern uns auch um die Art der Haltung. Deshalb nennen wir das, was wir tun, nicht nur »ökologische Bienenhaltung«, sondern »wesensgemäße Bienenhaltung«. Das heißt konkret: Wir unterdrücken nicht den natürlichen Vermehrungs- und Schwarmtrieb, und unsere Bienenvölker dürfen auch ihre Waben frei bauen. Das war über Jahrmillionen selbstverständlich und ist in den letzten hundert Jahren nach und nach abgeschafft worden.

Du hast gesagt, Ökohonig ist frei von Arzneimittelrückständen. Ist das bei Produkten aus konventioneller Imkerei anders?

In Deutschland hat Honig das Image eines sauberen, naturbelassenen Produkts. Wenn ein Imker konventionelle Arzneimittel einsetzt, macht er das in aller Regel so, dass sich keine Rückstände im Honig finden, wenn es doch welche gibt, dann eher im Wachs. Für den Menschen ist das kein Problem. Für die Bienen aber sehr wohl. Eine kleine Bienenlarve liegt in einer Wachszelle wie ein Embryo in einer Gebärmutter. Sie hat also ständig Körperkontakt mit kontaminiertem Wachs – und da können subletale Belastungen bedrohlich für sie sein. Primär geht es also nicht um das Verbraucherinteresse, sondern um eine langfristige Bienengesundheit.

Jetzt kann man überall hören, es gebe ein großes Bienensterben. Woran liegt das? Und warum wäre es eine Katastrophe, wenn die Biene verschwindet?
Die Biene hat eine zentrale Funktion im Ökosystem, sie ist nicht ersetzbar. Etwa ein Drittel der menschlichen Ernährung ist von der Bestäubung durch die Honigbienen abhängig. Auch für Wildpflanzen aller Art ist das von Bedeutung. Vielleicht mal ein Beispiel: Werden Schlehenbüsche nicht bestäubt, wachsen keine Beeren. Dann haben Vögel kein Futter. Gibt es weniger Vögel, wirkt sich das auf die gesamte Nahrungskette im Tierreich aus. Guckt man sich allein diese ökologische Seite an, ist die Biene wirtschaftlich gesehen das drittwichtigste Tier für uns, gleich nach der Kuh und dem Schwein. Aber jetzt mal zum Bienensterben. Im Vordergrund steht zweifellos der Befall mit der Varroamilbe, das ist ein Parasit aus Asien und somit ein Globalisierungsproblem.
Der Bienenwissenschaftler Professor Friedrich Ruttner hat sie Ende der 1970er Jahre auf Bienen aus Pakistan, die er zu wissenschaftlichen Zwecken importiert hat, nach Deutschland eingeschleppt. Mit im Gepäck waren diese Milben, die unsere westliche Honigbiene nicht kennt, folglich konnte sie sich auch nicht dagegen wehren. Die Völker gehen an der Milbe früher oder später zugrunde. Durch die Varroamilbe haben wir bundesweit wiederholt 30 bis 50 Prozent der Völker verloren. Man überlege sich mal, was es bedeuten würde, wenn heute die Hälfte der Kühe tot im Stall liegen würde. Da würde ein Aufschrei durch die Republik gehen. Bei uns Imkern hat das niemanden interessiert, bis 2009 in den USA zum ersten Mal

**Bienen beim Wabenbau unter natürlichen Bedingungen, also ohne einge-
brachte Mittelwände. Die Natur hat ihre eigenen bewährten Bauprinzipien.**

flächendeckend ein Bienensterben auftrat. Die meisten nordameri-
kanischen Staaten waren betroffen mit Völkerverlusten zwischen
50 und 80 Prozent. Die erste Meldung, die dazu in Europa kam,
stand im Handelsblatt. Warum? Weil infolgedessen auf dem Weltmarkt die Preise für verschiedene Gemüse- und Obstsorten in die
Höhe schnellten. An diesem Beispiel sieht man, welchen Stellenwert die Natur in unserer Gesellschaft hat – einen rein wirtschaftlichen. Wir wachen erst auf, wenn die gravierenden ökonomischen
Konsequenzen uns alle betreffen.

**Aber die Varroamilbe ist doch bestimmt nicht der einzige Grund
für das Verschwinden der Bienen …**
Natürlich nicht. Aber genau diese Themen werden von entsprechenden Lobbyisten ständig vertuscht. Es geht um die Auswirkungen von Pestiziden in der Landwirtschaft, genauer gesagt um
Insektizide. Es gibt eine neue Generation von Wirkstoffen – wasser-
lösliche Nervengifte, die in vielen landwirtschaftlichen Kulturen regelmäßig flächendeckend eingesetzt werden. Der Normalbürger
macht sich keinen Begriff davon, mit welcher Selbstverständlichkeit
heute die Vergiftung und Zerstörung der Umwelt von unseren landwirtschaftlichen Beratungsstellen gefördert und empfohlen wird!

Und das alles nur, um kurzfristige betriebswirtschaftliche Effekte zu erzielen.

Aber es wird doch immer behauptet, dass Pestizide computergesteuert so genau dosiert und punktuell eingesetzt werden, dass wir viel weniger verbrauchen als noch vor zwanzig Jahren ...
Ja, solche Behauptungen dienen der Verbrauchertäuschung und der Beruhigung der Landwirte, die das zum Teil auch glauben. Die Einsatzmenge pro Hektar ist zwar geringer, aber da diese Nervengifte Tausende Male wirksamer sind als das einst so umstrittene und längst vom Markt genommene DDT, braucht man entsprechend weniger. Zum Beispiel der viel verwendete umstrittene Wirkstoff Imidacloprid ist 7.300-mal so giftig. Gesünder ist das nun wirklich nicht. Tatsache ist auch: Pestizide sammeln sich im Grundwasser an und gelangen so in alle Lebensmittel.

Glyphosat ist eines der bekanntesten Allround-Pestizide, ein Herbizid, also ein Unkrautvernichtungsmittel, das gerne als Pflanzenschutzmittel bezeichnet wird und überall auf der Welt eingesetzt wird.
Genau. Das als Pflanzenschutzmittel zu bezeichnen ist absurd. Es ist ein Pflanzentöter, und es tötet natürlich auch Bodenlebewesen. Wir haben neue Studien aus den USA von Professor Matthew Huber, der an der Purdure University in Idaho schon seit vielen Jahren Pflanzenkrankheiten behandelt. Dem sind in Nordamerika zunehmend neue Pflanzenkrankheiten aufgefallen. Da werden die Pflanzen einfach schwarz und fallen um. Riesige Pflanzenbestände sind davon betroffen, Getreide, Ackerfutter und anderes. Das ist offenkundig eine Folge der regelmäßigen Anwendung von Glyphosat. Die Mikroorganismen im Boden werden dadurch zerstört, und auch der Wurzelraum der Pflanze, aus dem das ganze Leben kommt, ist belastet. Damit ist auch die Nährstoffversorgung gestört. Wenn sich das ausbreitet, gibt es ein globales Ernährungsproblem. Das Erschütternde ist: Der gute Professor Huber hat weit über hundert

Studien zu diesem Thema zusammengetragen, hat sie der EU-Kommission vorgelegt und davor gewarnt, weitere gentechnisch veränderte Pflanzen auf dem europäischen Agrarsektor zuzulassen – zum Schutz der Böden und der Gesundheit der Menschen. Aber das interessiert niemanden. Da zeigt es sich, wie fatal es ist, dass die Europäische Behörde für Lebensmittelsicherheit von Wissenschaftlern dominiert wird, die der Gentechnikindustrie nahestehen oder sogar unmittelbar mit ihr verbunden sind.

Kann man also sagen, wenn es der Biene gut geht, geht es auch der Natur und damit dem Menschen gut?
Ja. Denn die Biene zeigt unser Verhältnis zur Natur, unseren Umgang mit der Landschaft und der Landwirtschaft.

Wenn ich dich richtig verstanden habe, ist ein Grund für das Bienensterben die Varroamilbe, der zweite sind die Spritzmittel in der Landwirtschaft und der dritte sind die Nahrungsgrundlagen der Bienen?
Richtig, die Monokulturen. Genauer gesagt, die Agrarproduktion, die tatsächlich eine Produktion im industriellen Sinne ist. Was wir brauchen, ist eine kleinstrukturierte bäuerliche Landwirtschaft. Eine Landwirtschaft, die mit einer Fruchtfolge arbeitet, mit der sie auch das eigene Vieh ernährt. Und das natürlich auf ökologischer Basis, ohne Pestizide und Kunstdünger. Der Deutsche Bauernverband und Industrielobbyisten verbreiten ja ganz gerne, durch ökologischen Landbau sei die Ernährung der Menschheit gefährdet. Das Gegenteil ist der Fall. Wir brauchen eine grundlegende Agrarwende, für die auch wir als Imkerverbände einiges tun. Kürzlich haben wir die sogenannte Berliner Resolution herausgegeben, in der sämtliche deutschen Imkerverbände, sowohl die konventionellen als auch die ökologischen, einstimmig einen klaren Forderungskatalog für die anstehende EU-Agrarreform aufgestellt haben.

Eine Bienenkönigin in der naturnahen Imkerei. Konventionelle Imker beschneiden den Königinnen oft die Flügel, um sie am Schwärmen zu hindern.

Was sind denn eure zwei wichtigsten Forderungen?

Wir fordern, dass Steuergelder nur an Bauern bezahlt werden, wenn sie Leistungen im öffentlichen Interesse erbringen. Die Tatsache allein, dass ein Bauer Getreide, Milch oder Fleisch produziert, um seinen betriebswirtschaftlichen Nutzen zu haben, ist doch kein Fördergrund! Wir unterstützen die Forderung des ehemaligen EU-Kommissars (2010 – 2014) und heutigen rumänischen Ministerpräsidenten Dacian Cioloş, dass es Agrar-Subventionen nur für die Bauern gibt, die mindestens 10 Prozent ihrer Flächen als sogenannte ökologische Vorrangflächen bewirtschaften.

Die Bauern stehen unter einem enormen ökonomischen Druck, weil die bisherige Förderpolitik immer nur auf Intensivierung der Produktion und Export zu Weltmarktpreisen gesetzt hat. Unsere Bauern können den Preiskampf mit dem Weltmarkt nicht überleben, zumal wenn sie Verantwortung für die dauerhafte Fruchtbarkeit ihrer Böden und die Gesundheit ihrer Tiere übernehmen sollen. Das wäre eine gesellschaftlich relevante und persönlich befriedigende Aufgabe mit einer Nebenwirkung: gesunde und glückliche Bienen.

Aber warum unterstützt denn der Bauernverband selbst diese Forderungen nicht?

Das stille Geheimnis des Bauernverbandes ist, dass er zwar viele Bauern als Mitglieder hat, aber die politischen Leitlinien bestimmen längst ganz andere, nämlich die Fördergemeinschaft Nachhaltige Landwirtschaft e.V. (FNL). Es ist grotesk, dass sich dieser Klub diesen Namen gegeben hat, und eine bewusste Täuschung. Denn in dem Verein sitzt die gesamte Agrarindustrie: die Agrarchemie, die Saatgutproduzenten, der Landhandel und die Landtechnik-Produzenten. Aber tatsächlich glauben noch immer viele Bauern, da würden ihre Interessen vertreten.

Mehr Infos dazu finden Sie beim Netzwerk »Blühende Landschaft« unter www.bluehende-landschaft.de.

BRINGEN SIE LANDSCHAFTEN ZUM BLÜHEN

Schaffen Sie eine Nahrungsgrundlage für Bienen und legen Sie in Ihrem Garten eine Blütenwiese an. Wer nur einen Balkon hat, kann in einen Kasten beispielsweise Vergissmeinnicht, Ringelblumen, Petunien oder Kapuzinerkresse pflanzen.

Honig-kuchen

1 Ei
75 g Zucker
250 g Frühlingsblütenhonig
oder Waldhonig (für kräftigeren
Geschmack)
75 ml Vollmilch
1 TL Gewürze (Zimt und Nelken,
frisch gemahlen)
200 g Weizenvollkornmehl
1 TL Backpulver
Butter für die Formen

• Das Ei trennen und das Eigelb mit
dem Zucker schaumig schlagen. Honig, Milch und Gewürze sorgfältig un-
terrühren.

• Nach und nach das gesiebte Mehl
mit dem Backpulver dazugeben und
so lange rühren, bis keine Klümpchen
mehr im Teig sind. Das Eiweiß steif
schlagen und unterheben.

• Den Ofen auf 150 °C vorheizen.
Zwei Kastenformen mit Butter einpin-
seln und jeweils die Hälfte des Tei-
ges einfüllen. Die Honigkuchen etwa
30 Minuten backen.

Wie wollen wir in Zukunft leben?

Wir behandeln unsere Erde so, als hätten wir Kopien von ihr in der Tasche und könnten zerstörte Teile jederzeit ersetzen. Doch das ist nicht der Fall. Jeder unserer Fehler bleibt mit all seinen Auswirkungen bestehen; vieles multipliziert sich.

Als es nur einige Millionen Menschen auf dieser Erde gab, war das für diesen Planeten nicht wirklich von Belang; hatten wir Teile unserer Umwelt zerstört, konnten wir einfach weiterziehen und hoffen, dass sich die Natur im Lauf der Zeit unserer Sünden annimmt, sie zudeckt und ausbügelt. Wir durften darauf vertrauen, dass ihre Selbstheilungsmechanismen so stark sind, dass sie uns schon irgendwie weiter zur Verfügung steht. Doch jetzt sind wir in ein Stadium eingetreten, in dem ein Weiterziehen, ein Vergessen unmöglich geworden ist. Unsere Spuren verschwinden nicht.

Wir sind zu viele geworden. Und seit der Globalisierung wissen wir, dass unser Verhalten in den hochentwickelten Ländern und auch in denen, die jetzt rasant aufholen, wie etwa China oder Indien, Auswirkun-

MEHR ACHTUNG VOR DER SCHÖPFUNG

Bis vor einigen Jahren habe ich keinen einzigen Gedanken daran verschwendet, dass für das Brot auf meinem Tisch irgendjemand Getreide anbaut, es aussät, erntet, einlagert, verarbeitet, transportiert und aus dem Mehl schließlich das Brot backt. War es trocken geworden oder hatte ich vergessen, es zu essen, habe ich es halt weggeworfen. Ich habe mir auch keine Gedanken gemacht, woher das Fleisch für mein Saftgulasch kommt. Klar mussten Tiere dafür sterben. Wer weiß das nicht?

Ja, ich habe sehr, sehr lange Zeit nichts von Hybridtieren, Hochleistungszüchtungen, künstlicher Besamung, Pestiziden und Fungiziden, Grüner Gentechnik, Massentierhaltung, Kraftfutter aus Industrieabfällen, künstlichen Hormonen, Schnabelkupieren und Medikamentenmissbrauch gehört. Ich habe lange nicht darüber nachgedacht, dass meine Art einzukaufen und zu essen einen Preis hatte, den ich bis heute nicht bezahlt habe und auch gar nicht bezahlen könnte.

Seitdem mir der Kreislauf meines Handelns und die Konsequenz meiner Lebensmitteleinkäufe bewusst geworden sind, habe ich mir zum Beispiel einen Brotbeutel aus Leinen zugelegt, in dem das Brot länger frisch bleibt. Ich mache aus den Äpfeln mit braunen Stellen Kompott oder Mus. Ich esse prinzipiell weniger Fleisch, und dann nur aus artgerechter Tierhaltung. Ich versuche Fleischteile zu verarbeiten, die kaum einer mehr kennt, obwohl sie köstlich schmecken. Ich würze meine Suppe mit Karottenabschnitten und Zwiebelschalen. Ich lasse die vitamin- und mineralstoffreichen Blätter von Kohlrabi nicht mehr beiseite, sondern gebe sie zerkleinert in Pasta-Saucen oder in den Salat. Dadurch habe ich einen doppelten Gewinn: Es schmeckt mir noch mal so gut, und die immer neuen Ideen, was ich aus der Fülle des ganzen Gemüses und Fleisches so alles machen kann, fördert meine Kreativität. Vielleicht ist dieses ja ein erster Schritt aus der Sackgasse heraus. Vielleicht.

gen bis in den entlegensten Teil unserer Erde hat. Noch wollen wir nicht so ganz wahrhaben, dass wir vom rechten Weg abgekommen sind. Dass ein »Weiter so« keine Option ist, wenn wir unseren Kindern und deren Nachkommen eine lebenswerte Welt hinterlassen wollen. Denn weiter geht es nicht. Wir sind bereits in einer Sackgasse gelandet.

Was werden unsere Kinder und Kindeskinder über uns sagen? Dass es einmal eine kurze Zeit in der Menschheitsgeschichte gab, ein Wimpernschlag im Angesicht der Ewigkeit, in der ihre Vorfahren aus egoistischer Gier und Profitstreben, manchmal vielleicht auch aus Unkenntnis oder aufgrund einer Fehleinschätzung bestimmter Entwicklungen, ihr Leben so gestaltet haben, dass den nachfolgenden Generationen ein Überleben nur unter härtesten unwürdigen Bedingungen möglich ist? Dass der Traum von humusreichen, lebendigen Böden nach Erosion und Vergiftung ausgeträumt und unbelastetes, klares Wasser ein Märchen aus längst vergangenen Tagen ist? Welches Klima werden wir unseren Nachkommen hinterlassen? Welches Erbe?

Ein Blick zurück

Meine Mutter ist in Halle in Westfalen aufgewachsen, und wenn sie erzählt, wie und was sie früher so gegessen hat, bekomme ich große Augen. Für mich ist es kaum vorstellbar, dass meine eigene Mutter noch mit Sammeln, Konservieren und Einwecken von Lebensmitteln groß geworden ist. Denn in meiner Kindheit und Jugend war diese Ernährungswelt schon so gut wie verschwunden.

Als Kind ging meine Mutter mit ihren Geschwistern aus der Not heraus in die Wälder und sammelte Bucheckern zum Knabbern, Äste für den Ofen – und Eicheln. Die wurden geröstet und zu einer Art Muckefuck, einem Kaffeeersatz, verarbeitet. Im Sommer und Herbst sammelten alle Kinder Pilze. Ein großer Vorteil dabei war, dass meine Oma sehr viel über Pilze wusste. So konnten sie mehr sammeln und auch mehr Sorten essen als andere: Champignons von den Wiesen, Röhrlinge, Butterpilze, Braunkappen, Birkenpilze, den Parasol und die Krause Glucke im Mischwald und in der Heide. Die Fundstücke wurden aufgefädelt und getrocknet oder eingeweckt. Brennnesseln galten damals schon als ein sehr nahrhaftes Gemüse, das übrigens köstlich schmeckt. Holunderbeeren, Schlehen und Sanddorn wurden zu Saft verarbeitet, aus Hagebutten und Brombeeren wurde Marmelade gekocht. Kräuter für den Tee wurden gesammelt und in Bündeln getrocknet. Und Löwenzahn, Spitz- und Breitwegerich aß man als Salat. Nach der Kartoffel- und Getreideernte ging meine Mutter zur Nachlese aufs Feld. Sie sammelte liegen gebliebene Kartoffeln ein und abgebrochene Ähren, die dann zu Hause gedroschen und gemahlen wurden.

Meine Oma hatte Verwandte in Amerika, die ab und an Pakete schickten. Mit Kaffeebohnen zum Beispiel, die man in den Nachkriegsjahren gut gegen andere Lebensmittel tauschen konnte. Allerdings schickten die Verwandten auch zu kleine Schuhe, die natürlich trotzdem getragen wurden – man sieht es den Füßen meiner Mutter heute noch an –, und getragene rosa Ballkleider. Weiß der Himmel,

Zeit sparen und mehr leisten –
das Effizienzdenken sollte in den
1950er Jahren auch die großen
Holzfeuerherde aus den Bauern-
küchen verdrängen.

warum! Mutti trennte die Nähte
dann mit der Rasierklinge auf,
und Oma nähte praktischere Dinge daraus. Sobald der Schatz aus
dem fernen Amerika gesichtet
worden war, ging es ans Tauschen. Meine Mutter ging von
Haus zu Haus und tauschte eine
Handvoll Kaffeebohnen gegen
ein Ei. Für ein Paar Schnürsenkel
gab es zwei Kartoffeln. Auf die
gleiche Weise tauschten sie das
gesamte Familiensilber gegen
Lebensmittel. So auch alle Groß-
wildtrophäen meines Urgroßva-
ters, der als Arzt in Afrika forsch-
te. Die Trophäen wurden gegen
ein Mittagessen im »Gasthaus
zum grünen Walde« eingetauscht.
Vielleicht hängen sie ja noch
heute dort. Mit dem Erfindungsreichtum und der Experimentier-
freude war es irgendwann vorbei.

Meine Mutter hat mir erzählt, dass man in den Fünfzigern und Sech-
zigern richtig begeistert war von dem neuen Nahrungsangebot, der
Zeitersparnis, der Bequemlichkeit und Bezahlbarkeit von haltbaren
Lebensmitteln. Die neue Zeit machte vor nichts halt. Küchengeräte
aus Porzellan, Ton und Glas wurden gegen unverwüstliches Plastik
ausgetauscht. Alte Holz- und Gusseisenherde wurden herausgerissen

und durch Elektroherde ersetzt. Leinen- und Baumwolltischdecken wurden durch praktische abwaschbare Wachstücher ausgetauscht. Die neue Welt versprach um so vieles besser, einfacher und bezahlbarer zu sein.

Selbst ich bekam ein braunes Kunstlederkleidchen mit Reißverschluss, über das man nur noch drüberwischen musste, wenn ich mal gekleckert hatte. Zum Glück konnte sich meine Mutter nicht für Nylon und Polyester begeistern. Meine Pullover und Socken waren mein ganzes Leben lang aus Wolle und Baumwolle. Allerdings konnte es schon passieren, dass man einen Wollpulli, der zu klein geworden war, wieder aufribbelte, die Wolle spannte und einen neuen, größeren daraus strickte oder häkelte. Handgemachtes war jedoch eher verpönt und ein Zeichen von Armut. Wer etwas auf sich hielt, kaufte Industrieware. Denn in Zeiten des Wirtschaftswunders feierte auch die Nahrungsmittelindustrie den Aufschwung, der alle produzierenden Bereiche erfasst hatte.

Giersch-Pesto

6 Handvoll Giersch
3 Knoblauchzehen
200 g Parmesan
200 g gemahlene Haselnüsse
1 l Olivenöl
1 TL Salz

• Den Giersch waschen, die Blätter abzupfen und grob zerrupfen.

• Knoblauch abziehen und Parmesan reiben, zusammen mit Nüssen, Öl und Salz in ein hohes Gefäß geben. Die Gierschblätter dazugeben und alles mit dem Stabmixer pürieren.

• In drei verschließbare Gläser à 400 Gramm füllen und kühl aufbewahren.

Tipp
Die beste Erntezeit für Giersch ist im Frühjahr, wenn er noch zart ist.

Brennnessel-Kartoffel-Stampf

Für 6 Personen

900 g mehlig kochende Kartoffeln
Salz
75 g Butter
ca. 85 ml Milch
85 g Sahne oder Crème double
2 Handvoll frisch gepflückte Brennnesseln (beim Pflücken Handschuhe anziehen!)
1 Bund Frühlingszwiebeln
Pfeffer
frisch geriebene Muskatnuss

• Die Kartoffeln schälen, halbieren und in Salzwasser kochen, bis sie weich, aber nicht breiig sind, dann für 5 Minuten in offenem Topf abdampfen lassen.

• Anschließend zerstampfen, dabei mit der kalten Butter vermischen. Das Ganze bei mittlerer Hitze mit Milch und Sahne oder Crème double auflockern. – Kartoffelstampf zieht nachträglich immer noch an. Also lieber einen Tick weicher halten.

• Die Brennnesseln zuerst in kochendes Wasser tauchen und dann in kaltem Wasser abschrecken. Die Blätter fein hacken. Frühlingszwiebeln waschen, putzen und fein schneiden. Beides zu den Kartoffeln geben.

Das Ganze mit Salz, Pfeffer und Muskatnuss würzen und heiß servieren.

Die Sehnsucht nach dem Echten

Ich erinnere mich gut an unser Brot damals zu Hause. Vor allem wenn wir es frisch vom Bäcker geholt hatten, war es ein reiner Genuss! Ich knabberte es heimlich schon auf dem Weg nach Hause an, weil es einfach so gut roch.

Eine noch stärkere Erinnerung ist die an eine Holzhütte in den Bergen. Ein Freund meiner Mutter konnte sie gelegentlich nutzen, und wir durften alle mit. Seit Generationen wurde dort nur mit Holz geheizt, in einem alten gusseisernen Herd mit abnehmbaren Eisenringen, auf die man die Töpfe stellte. Meine Mutter kochte den ganzen Tag, so kam es mir damals vor, wohl weil wir ständig Hunger hatten und es sonst wenig zu tun gab. Es duftete unvergleichlich und wunderbar, nach Ofenholz, gerösteter Grießsuppe, ausgelassenem Speck und Pflaumenkompott. Und immer gab es zum Essen eine große, fingerdicke Scheibe Brot dazu. Zuerst vergrub ich meine Nase fast darin, dann überlegte ich kurz, ob ich erst das weiche Innere und dann die krosse Kruste essen sollte oder umgekehrt. Um dann meist doch mit einem kleinen Loch in der Mitte anzufangen, welches immer größer wurde. Am Ende nagte ich den Innenrand der Kruste ab und schließlich, zum krönenden

Meine Geschwister und ich (rechts) bei dem Bauernhof in der Steiermark, in dem wir eine Zeit lang wohnten. Die Erlebnisse in der Natur und das kräftige, ursprüngliche Essen in bäuerlichen Küchen gehören zu meinen schönsten Kindheitserinnerungen.

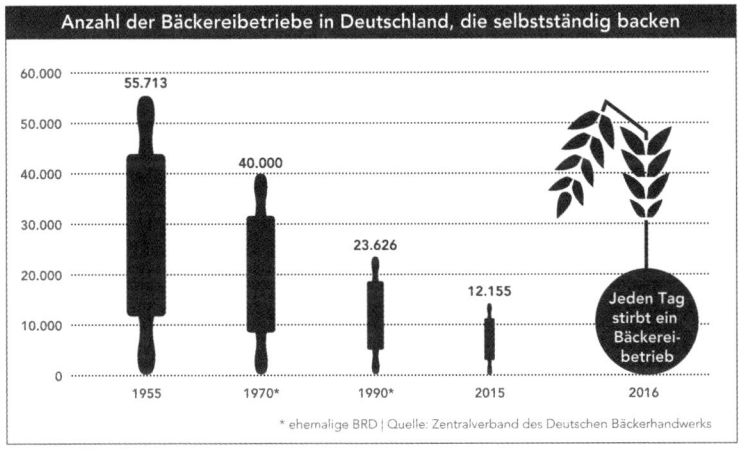

Anzahl der Bäckereibetriebe in Deutschland, die selbstständig backen

60.000 — 55.713
50.000
40.000 — 40.000
30.000
23.626
20.000
12.155
10.000

Jeden Tag stirbt ein Bäckerei-betrieb

0

1955   1970*   1990*   2015   2016

* ehemalige BRD | Quelle: Zentralverband des Deutschen Bäckerhandwerks

Abschluss, aß ich die u-förmige dunkle würzige Kruste, bis keine Krume mehr übrig war. So lange und so lustvoll wie damals habe ich mein ganzes Erwachsenenleben kein Brot mehr gegessen.

»Früher war alles besser…« Diesen Satz wiederholt jede Generation gebetsmühlenartig. Was früher aber sicher flächendeckend besser war, war unser Brot. Ohne den letzten Handwerksbetrieben der Bäckerzunft zu nahe treten zu wollen: Früher waren Bäcker in aller Regel solide, ordentliche Lebensmittelhandwerker, die aus dreistufigem Sauerteig, also nur aus Mehl, Wasser und Salz, köstliche, duftende Brote buken, die auch noch nach Tagen frisch und saftig waren. Die Bäcker wussten aufgrund von überliefertem Wissen, ihrer Erfahrung und ihrem Gespür, wie lange ein Teig ruhen und gehen musste. Sie brauchten kein Backthermometer, sie wussten, bei welcher Temperatur im Holzofen das beste Ergebnis herauskam und welches Korn sich für welches Brot am besten eignete. Sie waren eben keine Marketingfachleute, bei denen Vielfalt statt Qualität zählt, oder Industriearbeiter, die nur eines zu tun haben, nämlich Teigwalzen am Laufen zu halten. Sie standen in der Backstube und verkauften in ihrem Geschäft ihre eigene, ehrliche Ware an Kunden, die Produkte von guter Qualität wollten.

SO BLEIBT BROT FRISCH

Damit das Brot schön frisch bleibt, hebt man es am besten in einem Tontopf oder einem Leinen- oder Baumwollbeutel auf. Der Beutel sollte hängen, damit das Brot trocken bleibt. Sollte das Brot wider Erwarten trotzdem schimmeln, reinigen Sie den Tontopf gründlich mit Essig bzw. kochen Sie den Beutel aus. Bewahren Sie die altbackenen Reste von Brot, Brötchen oder Kuchenreste nie in Plastiktüten auf, sondern im Stoffbeutel.

Inzwischen wurden viele Handwerksbäckereien in die Filialnetze großer Bäckereien eingegliedert. Laut dem Zentralverband des Deutschen Bäckerhandwerks sank die Zahl der Bäckereibetriebe in den letzten gut sechzig Jahren von rund 55.000 im alten Bundesgebiet auf heute insgesamt 12.155 Betriebe mit rund 35.000 Filialen im heutigen Deutschland (Stand: 31.12.2015). Bei rund 47.000 Verkaufsstellen ist der Wettbewerb für die verbliebenen unabhängigen Handwerksbetriebe natürlich groß. Die Großbäckereien sind zwar sicher nicht besser, dafür aber billiger, denn sie können effizienter arbeiten.

Große Teigmaschinen verkneten oft nur noch Fertigbackmischungen mit Einheitsgeschmack, nicht zu vergessen die üblichen chemischen Backenzyme, Verdickungsmittel, Emulgatoren und Säuerungsmittel. Der Teig wird gerollt, geformt, kommt auf dem Fließband in den Gärschrank und wird automatisch gebacken. Es sind also Maschinen, die unser täglich Brot erzeugen. Damit bei der industriellen Fertigung der Teig geschmeidig durch die Maschinen laufen kann, werden ihm sogenannte Lebensmittel-Nichtzusatzstoffe zugefügt. Ein kompliziertes Wort, das ich anfangs gar nicht verstanden habe, denn entweder setzt man einen Stoff hinzu oder man lässt es. Aber dieser Begriff ist nur einer von vielen, die beschönigen wollen, Wirklichkeiten verdrehen oder uns Verbraucher in Sicherheit wiegen wollen. Um es klar zu sagen, Lebensmittel-Nichtzusatzstoffe

Scheiterhaufen aus Brot- und Kuchenresten

Für 4 Personen

ca. 500 g altes Weißbrot, Croissants
oder Milchbrötchen vom Vortag
¾ l Milch (Bio!)
3 Bio-Eier
80 g brauner Zucker
Saft und Schale einer
unbehandelten Zitrone
Salz
2 TL Vanillezucker
1 kg Äpfel oder Birnen
4 EL Butter

50 g Rosinen
50 g Mandelstifte oder
gehobelte Haselnüsse

Für das Baiser
2 Eiweiß
3 EL Zucker

• Brot, Croissants oder Brötchen in dünne Scheiben schneiden und in eine Schüssel geben. Milch mit Eiern, Zucker, Zitronenschale, Salz und Vanillezucker verquirlen und die Mischung über das Brot gießen. Ziehen lassen, bis alles schön weich ist.

• Inzwischen die Äpfel bzw. Birnen schälen und vierteln. Das Kerngehäuse entfernen, das Obst in Scheiben schneiden und mit Zitronensaft beträufeln. Den Backofen auf 200 °C vorheizen und eine Auflaufform mit Butter einstreichen.

• Die eingeweichten Brotscheiben aus der Eiermilch nehmen und abwechselnd mit dem Obst in die Form schichten. Rosinen und Mandeln nach Belieben dazwischen verteilen. Zum Schluss die restliche Ei-Milch-Masse darübergießen.

• Den Auflauf 35 Minuten auf mittlerer Schiene backen.

• Währenddessen für das Baiser das Eiweiß mit dem Zucker steif und glänzend schlagen. Den Schaum auf dem Auflauf verteilen und das Ganze noch einmal etwa 8 bis 10 Minuten backen.

Tipp
Zu diesem Rezept passt wunderbar eine schöne Vanillesauce, auch Zwetschgen- oder Kirschkompott ist eine köstliche Ergänzung.

sind technische Hilfsstoffe, wie beispielsweise Schaumbremser, Antiklumpmittel oder Entfärber, die nicht auf dem Etikett ö. Ä. deklariert werden müssen, deren Wirkung aber noch nicht hinreichend erforscht ist.

Aus Sehnsucht nach dem Geschmack meiner Kindheit, nach einem Brot ohne Zucker, künstlichem Triebmittel und vierzig Zusatzstoffen, hatte ich die Idee, meine eigene Backstube in Berlin zu eröffnen und damit ähnlich denkenden Menschen ein Angebot zu machen für das, was ich mir selbst wünschte: ein ehrliches, einfaches Brot, bei dem man genau weiß, was darin steckt und wer es in der Hand hatte!

Ich hatte die naive Vorstellung, dass ich dazu nur einen gefliesten Raum brauchen würde, einen guten Ofen, ein paar Knetmaschinen. Und einen guten Bäcker. Dass ich das alles in kürzester Zeit finden würde, daran hatte ich keine Zweifel.

Die erste Ernüchterung kam nach etlichen Annoncen in Fachzeitschriften und Tageszeitungen. In ganz Berlin (später in ganz Deutschland und dann noch Österreich) gab es keinen arbeitsuchenden Bäcker, der traditionelles Sauerteigbrot in einem Holzofen backen konnte oder wollte. Es stellten sich viele Bäcker vor, die ihren Beruf liebten, aber nur mit Fertigbackmischungen gearbeitet hatten und an Riesengeräten ausgebildet worden waren. Einige von ihnen schreckten vor der zusätzlichen Arbeit, die mit traditionell handwerklichem Backen verbunden ist, zurück. Nach über einem Jahr fand ich schließlich ausgerechnet in Wien einen Bäcker, der Brot so leidenschaftlich liebt wie ich und in seiner kleinen Bäckerei einen Holzofen hatte einbauen lassen: Helmut Gragger. Helmut öffnete mir in einem Akt der Großzügigkeit und Solidarität seine Backstube und schenkte den von uns ausgewählten Bäckern sein Wissen. Eine Zusammenarbeit, die für mich ein großer Glücksfall war und ist.

Nachdem wir in den Monaten darauf noch einige organisatorische und praktische Hürden genommen hatten, ging es darum, unsere Idee konkret umzusetzen. Weil jede Speise immer nur so gut ist wie ihre Ausgangsprodukte, wollte ich natürlich ökologisch erzeugtes Getreide aus der Region beziehen. So wüsste ich, woher das Korn kommt, und würde damit zugleich kleine und mittlere Betriebe unterstützen, die so ein wenig unabhängiger von der Agrarindustrie wirtschaften könnten. Zudem wollte ich ein unbelastetes Natursalz aus der Region verwenden, und auch die Kräuter und Gewürze sollten aus biologischem Anbau stammen, am besten völlig unbehandelt! Denn was kaum einer weiß: Viele Gewürze sind mit Pestiziden belastet oder werden mit Röntgenstrahlen behandelt, damit sie länger haltbar sind. Und Salz wird oft einer Reihe chemischer Prozesse unterzogen: Trennmittel halten es trocken und rieselfähig (E 538 Calciumferrocyanid oder E 536 Natriumferrocyanid), Bleichmittel machen es reinweiß.

Doch dafür musste ich zuerst etwas über gutes Getreide und seine Backeigenschaften lernen. (Und ich lerne natürlich immer noch weiter.) Jeder Boden erzeugt ein anderes Korn mit anderen Eigenschaften. In anderen Ländern hat der Weizen mehr Zucker oder mehr Klebereiweiß (Gluten), auch der Mahlgrad des Mehls kann sehr unterschiedlich sein. Deshalb schmeckt unser deutsches Baguette beispielsweise nie so wie in Frankreich. Und ich wollte ein traditionelles Produkt anbieten, auch im Hinblick auf die inzwischen weit verbreitete Zöliakie, eine Immunerkrankung, die durch Glutenunverträglichkeit bedingt ist. In meiner Kindheit war sie gänzlich unbekannt. Doch laut einer Studie der Medizinischen Fakultät der Universität in Amsterdam ist sie mit mittlerweile europaweit rund 2,5 Millionen Patienten eine der häufigsten Nahrungsmittelunverträglichkeiten überhaupt. Und eine neuere italienische Studie von Carlo Catassi et. al. am Polytechnikum in Ancona zeigt, dass sich die Glutenunverträglichkeit in den letzten 25 Jahren verfünffacht hat. Am stärksten betroffen sind Europa und die USA, in denen die Ernährung traditionell auf glutenhaltigen Nahrungsmitteln basiert.

Meine lange Suche ist ein steter Weg, aber nicht das Ziel. Und ich weiß, dass die Kunden unserer Bäckerei die Qualität und Anstrengungen honorieren und sehr gern für ein Brötchen oder ein Kilo Brot mehr Geld zahlen als für ein Industriebrot.

Tischgespräch
mit Helmut Gragger

 **Helmut Gragger** ist ein traditioneller Bäcker aus dem Salzburger Land, er backt ein dreistufiges Sauerteigbrot. Nach einer Bäckerlehre in Strobl am Wolfgangsee arbeitete er einige Jahre im In- und Ausland, unter anderem bei französischen Traditionsbäckern. Danach machte er Zivildienst und absolvierte seine Meisterprüfung. Zwei Jahre lang war er bei einer großen deutschen Backmittelfirma als Außendienstmitarbeiter beschäftigt, bis er 1997 den Schritt in die Selbständigkeit wagte und mit einem Holzofen und einer Mischmaschine in Ansfelden bei Linz eine Bäckerei eröffnete. Seit 2006 besitzt er auch ein Geschäft in der Linzer Altstadt, seit 2010 sind eine Schaubackstube und ein Laden in der Wiener Innenstadt dazugekommen, inzwischen auch eine Filiale im 7. Bezirk. Seit 2012 besteht eine Kooperation mit Sarah Wieners »Wiener Brot« in Berlin.

Sarah Wiener: Helmut, wieso benutzt du eigentlich einen Holzbackofen? Schmeckt das Brot daraus tatsächlich besser als aus industriellen Backöfen?
Helmut Gragger: Das hat nicht nur etwas mit der Qualität des Brotes zu tun, sondern auch mit der Nachhaltigkeit. Wir backen bei einer konstanten Temperatur zwischen 230 und 250 °C. Ein Schamott- oder Steinofen nimmt die Temperatur auf und gibt sie dann langsam wieder an das Brot ab. Die meisten Bäcker backen Brot bei 300 °C an und lassen die Temperatur dann auf 220 °C fallen. So ein Holzbackofen backt dagegen nicht aggressiv, sondern mit Zeit und Ruhe.

Warum ist dein Brot so viel länger haltbar als ein Industriebrot?
Das Geheimnis ist der Sauerteig – und der Holzbackofen. Beim Holzbackofen fängt nach zehn Minuten die Krustenbildung an. Da verschließen sich die Poren, und die Feuchtigkeit bleibt im Brot. Das ist der Grund, warum das Brot sich dann besser hält. Bei anderen Broten fängt die Krustenbildung erst nach einer halben Stunde an. Und die Hitze entzieht auch noch Feuchtigkeit.

Hast du das vor fünfundzwanzig Jahren gelernt, als du in die Lehre gegangen bist?
Nein, damals wurde alles mit Backmitteln und Fertigbackmischungen gemacht. Da waren alle Zutaten schon drin: Mehl, Salz, Körner oder Ballaststoffe und Emulgatoren. Hochleistungsemulgatoren wie Weinsäureester beispielsweise, die den Teig aufblähen. Und Stabilisatoren, zum Teil als Schimmelschutz.

Wieso gibt man das alles hinein, wenn traditionelles Backwerk ohne all das Zeug ausgekommen ist?
Es gab zwei Aspekte in den 1970er Jahren. Das war die Zeit, als man nicht mehr nur normale Semmeln anbot, sondern ein größeres Sortiment. Es gab auch nach und nach mehr und besondere Brotsorten, für diese Spezialbrote konnte man mehr Geld verlangen. Dann wurden Maschinen gekauft und große Anlagen eingerichtet. Früher machte ein normaler Ortsbäcker noch zweitausend Semmeln am Tag, die Maschine machte auf einmal fünftausend in der Stunde. Dann hat der Bäcker sich Supermärkte gesucht und diese beliefert. Nur musste man für den Erhalt der Maschinen andere Teige machen, und so hat sich die Brotlandschaft komplett verwandelt. Der Bedarf wuchs, und es entstand eine ganze Industrie an Fertigmischungen für Bäcker, das Marketing inklusive.

Worin besteht denn der wesentliche Unterschied zwischen einer handgemachten Semmel und einer Industriesemmel?
Der erste Unterschied ist, sie schmeckt besser, denn eine handgemachte Semmel hat mehr Kruste. Die werden ja nicht mit einer

Mit der Eröffnung meiner Holzofenbäckerei in Berlin ist ein lange gehegter Wunsch in Erfüllung gegangen: Wieder Brot essen zu können, wie ich es aus meiner Kindheit kenne.

Form gestanzt, sondern mit Mehl gefaltet. Durch die tieferen Latten, also die Spalten, entsteht mehr Oberfläche, und darauf bilden sich beim Backen die meisten Geschmacksstoffe. Der zweite ist, man braucht mehr Zeit. Erst muss der Teig aufgehen, dann wird er geformt, geht wieder und wird erst dann gebacken. Bis zum Backprozess vergehen also mindestens zwei Stunden. Eine Maschinensemmel braucht von der Teigentwicklung bis zum Backen etwa eine Stunde oder weniger. Sie wird geformt, gestanzt, kommt dann in einen Gärraum, in dem eine hohe Temperatur herrscht und die Hefe schnell anspringt. Dann geht es wieder in einen warmen Raum und kurz danach in den Ofen. So kann man das machen. Aber gerade bei Gebäck oder Brot spielt die Zeit eine große Rolle, denn es wird dadurch bekömmlicher. Damit sich Mehl, Wasser und Salz und vielleicht noch Gewürze, Hefe oder Butter miteinander verbinden. Nicht zuletzt gibt es auch einen Unterschied beim Teig. Bei handgemachten Semmeln nimmt man üblicherweise nur Lecithin und Malz. Lecithin ist ein Emulgator, das Malz wird für den Geschmack verwendet. Darum sind die Semmeln auch recht klein. In der Indus-

WAS IST DREISTUFIGER SAUERTEIG?

Die arbeitsaufwendige dreistufige Führung des Sauerteigs ist der Tradition verpflichtet und ermöglicht es, Brote ohne Backhefe herzustellen. Der Teig steht insgesamt mindestens achtzehn Stunden, für jede der drei Stufen gibt es eine eigene ideale Umgebungstemperatur.

In der ersten Stufe bilden und vermehren sich vor allem die Hefen, das dauert zwischen fünf und sechs Stunden. In der zweiten entwickeln sich die Säuren und Aromen, dazu steht der Teig zwischen acht und vierundzwanzig Stunden. In der dritten Stufe wird das Verhältnis von Essig- und Milchsäuren ausgeglichen, was das Brotaroma verstärkt. Das dauert zwischen drei und vier Stunden. Bei einstufigen Führungen steht die Säure- und Aromabildung im Vordergrund. Bei diesem Herstellungsverfahren muss zusätzlich Backhefe verwendet werden.

trie verwendet man Hochleistungsemulgatoren, die das Volumen der Semmeln verdoppeln. Und dann ist da so viel Luft drin, dass es nach nichts mehr schmeckt.

Du hast in einer industriellen Bäckerei gelernt. Wieso backst du dann heute traditionelles Brot? Gab's da so etwas wie ein Erweckungserlebnis?

Nach meinem Meisterbrief arbeitete ich bei Nestlé in Frankfurt. Dort wurden Produkteinschulungen für Großbetriebe gemacht, das heißt, man zeigte, wie man die Backmittel auf die Maschinen einstimmt. Damals hatte ich ein interessantes Erlebnis: Ein Bekannter hatte ein Brioche aufgehoben. Das Ablaufdatum war vor zehn Jahren, und es war noch genauso weich wie am ersten Tag. Kein Schimmel, keine Insekten – da kann man sich vorstellen, was da drin ist. Dann begannen die Diskussionen über gentechnisch verändertes Soja. Nestlé verwendete aber genau das. Und da dachte ich mir, da sitzen also die Vorstände und entscheiden, was die Menschen zu essen kriegen: Gentechnik. Also habe ich gekündigt, mir einen Holzofen und eine Mischmaschine gekauft und angefangen, Holzofenbrot zu machen. So wie ich mir das vorstelle.

Wer hat dir das Wissen vermittelt?
Als ich nach der Lehre gereist bin, war ich in der Schweiz, in Frankreich und habe sehr spannende Bäcker kennengelernt. Sehr gute Bäcker, die Holzofenbrot machen. In Österreich gibt es nur ganz wenige, in Deutschland vielleicht ein paar mehr. Und manche von denen backen aus Imagegründen vielleicht noch fünfzig Brote im Holzofen, den Rest aber wie üblich.

Für einen Laien ist die gute Qualität eines Brotes nicht so einfach zu erkennen. Ist nicht auch die Vielfalt der Produkte bei einem Bäcker ein Indiz dafür, ob traditionell gebacken wird oder nicht?
Bei handwerklicher Fertigung schafft man keine achtzig Sorten Brot und Gebäck. Nicht mal dreißig. Ein handwerklicher Bäcker hat nur wenige Produkte, aber die macht er sorgfältig. Am besten erkennt man Qualität aber daran, wenn man eine Semmel länger kaut. Schmeckt sie auch nach dem zwanzigsten Mal Kauen, ist es Qualität.

Was würdest du dir denn für die Zukunft wünschen?
Gute Lebensmittel müssen wieder für alle verfügbar werden. Meine Kunden, vor allem die älteren, finden es super, dass wir im Holzbackofen backen. Sie sagen, dass Erinnerungen aus ihrer Kindheit aufkommen. Aber auch ein Teil der Jugend geht mittlerweile einen anderen Weg. Mit mehr Rücksicht auf die Natur und mit mehr Liebe zum Geschmack. Das Geld spielt nicht mehr die Hauptrolle. Da verändert sich schon einiges.

Was ist denn nun eigentlich in deinem Brot drin?
Nichts als Mehl, Wasser, Salz, Gewürze – und vor allem Zeit.

Zeit, so meint Bäcker Gragger, ist also das wichtigste Qualitätsmerkmal für gutes Brot. Für ein gutes Brot, das seinen Preis hat, ja, haben muss! Ich kenne mittlerweile einige Bäcker, die gerne wieder so backen würden wie früher, aber befürchten, dass die Menschen es nicht honorieren würden. Kann es sein, dass wir lieber auf den Genuss guter, gesunder, nahrhafter und bekömmlicher Lebensmittel verzichten und das Geld stattdessen lieber für Medikamente ausgeben, um unsere Gesundheit zu sanieren und zu schützen? Wer soll überhaupt noch gute Lebensmittel herstellen, wenn keiner mehr danach fragt? Andererseits: Wer soll nach ihnen fragen, wenn es kein Angebot mehr gibt?

Darum habe ich für mich beschlossen, mit gutem Beispiel voranzugehen und habe eine Holzofenbäckerei mit Brot aus dreistufigem Sauerteig eröffnet. Ich bin sehr stolz darauf.

Leben im Überfluss

Es ist schon komisch: Wir alle scheinen ständig Angst zu haben, dass wir binnen zwei Stunden verhungern könnten. Wir gehen mit unseren Kindern auf den Spielplatz, als würden wir eine Reise in ein fernes Land antreten. Ohne Kekse, Saftschorle, Tee, Obst und Cracker gehen wir gar nicht mehr aus dem Haus. Sobald sich unser Kind zu langweilen beginnt, bieten wir ihm etwas zu essen an. So lernen unsere Kinder von klein auf, dass es immer etwas zu essen gibt, wenn sie sich melden. Sie dürfen nicht mehr die kleinste Frustration, den kleinsten Appetit oder gar Hunger ertragen. Die anerzogene Angst, dass uns etwas fehlt, wenn wir nicht dauernd den Mund voll haben oder einen Schokoriegel in der Handtasche wissen, begünstigt die Entwicklung von Essstörungen und Übergewicht.

Ich selbst habe brennenden Hunger nie erlebt. Aber ich kenne viele Situationen, in denen ich nicht immer das essen konnte, was ich gerne gegessen hätte. Es gab Zeiten, da hatte ich so wenig Geld, dass ich der ewig gleichen Nudeln mit Knoblauch und Öl überdrüssig war, mir die Vorstellung von Fleisch aber schlicht und einfach verboten habe. Von Überfluss konnte keine Rede sein.

Damals habe ich häufig an Frau Lambert denken müssen, unsere Nachbarin in Wien, wo ich aufgewachsen bin. Frau Lambert lebte alleine und wohnte direkt unter uns. Sie war klein und zierlich, hatte weißes onduliertes Haar und eine dünne Stimme. Ich bin sehr oft für sie einkaufen gegangen, ums Eck oder zum Lebensmittelgeschäft auf der Landstraße und habe ihr den Einkauf in den dritten Stock getragen. Sie wollte nie besonders viel, entsprechend leicht war das gefüllte Sackerl – eine Baumwolltasche, die immer schon an der Tür hing. Ab und zu durfte ich ihre Wohnung betreten und wurde mit einem Zuckerl belohnt. Eines Tages zeigte sie mir einen Raum neben der Küche. Ich machte große Augen: Der ganze Raum war wie ein Archiv mit Holzregalen zugestellt, auf denen alle möglichen Lebensmittel lagerten. Ein ganzes Zimmer voller Konserven, Mehltüten,

Um Marktpreise zu halten, werden genießbare Lebensmittel vernichtet.
Hier: Französische Tomaten auf der Müllkippe.

Flaschen und Einmachgläsern! Ich konnte mir nicht vorstellen, was
Frau Lambert damit wollte und wer das alles essen sollte. Was war,
wenn die Lebensmittel schlecht wurden? Erst sehr viel später begriff
ich, dass Frau Lamberts Lebensmittellager ihre Reaktion auf die
Kriegs- und Hungerjahre war.

Wir können, wollen und müssen nicht zurück zu Frau Lamberts
Zeiten, weder zum Hunger noch zum Hamstern von Lebensmitteln.
Die europäische Agrarpolitik aber ist nur aus dieser Erfahrung zu
verstehen. Gemeinsam beschlossen die europäischen Staaten nach
dem Zweiten Weltkrieg, für die Versorgung der Bevölkerung so viele
Lebensmittel zu produzieren, dass kein Europäer mehr hungern
müsste, die Bauern ihr Auskommen hatten und Reserven für Miss-
ernten oder andere Katastrophen gebildet werden konnten. Um dieses Ziel zu erreichen, wurden Milliarden an Steuergeldern inves-
tiert – erfolgreich: Europa lieferte Lebensmittel im Überfluss, legte
Milchseen und Butterberge an. Es vernichtete Tomaten und kippte

Äpfel auf die Deponien, um die Preise stabil zu halten. Befeuert wurde damit eine Kultur der Verschwendung, gegen die wir heute kämpfen.

Dadurch hat unsere Wertschätzung der Nahrung an sich innerhalb weniger Jahrzehnte drastisch abgenommen. Nahrung gibt es im Überfluss, sie ist bezahlbar und daher nichts mehr wert. Bei manchem Stück Fleisch ist nicht mehr zu erkennen, von welchem Tier es stammt. Dem Stück Bergkäse sieht man die Arbeit des Käsers nicht mehr an. Den Wurstaufschnitt kaufen wir in der Großpackung. Bleiben zwei Scheiben übrig, werfen wir sie eben weg. Die ganze Packung war ja so billig. Viel billiger als die Wurst vom Wochenmarkt, die auch so merkwürdig grau und blass aussieht. Mit kräftiger Farbe assoziieren wir Frische und Gesundheit. Dass der Leberkäse mit Farbe angesprüht wird, um eine Kruste vorzutäuschen, die Wurst in der Theke mit Rotlicht angestrahlt wird oder für ein tiefes Eidottergelb den Hühnern das färbende Vitamin Betacarotin zugefüttert wird, ist uns dabei oft nicht bewusst. Hauptsache, es sieht schön aus.

Aus der Fülle schöpfen

In meinem Team, in meiner Familie, die mich unterstützt, arbeiten die unterschiedlichsten Menschen. Im Marketing entwerfen sie Etiketten, Brotpapier, Menükarten, testen Lebensmittel und erfinden Namen für unsere Produkte. Andere kümmern sich in der Logistik darum, wie das Buffet wann und womit zu welchem Kunden kommt. Zu unserer Familie gehören Kellner und Kellnerinnen, Küchenhilfen, Lehrlinge, Bäcker und Restaurantleiter, Köchinnen und Köche, Reinigungskräfte und Geschäftsführer, Spüler, Fahrer, Buchhalterinnen und »Buffetverkäufer und -betreuer« (hoffentlich habe ich niemanden vergessen!). Zu uns gehört aber genauso unsere Steph, die beste Bäuerin der Welt, die für uns altes Gemüse und Obst anbaut. Und Anne, unsere Hühnermutter.

Eine Gruppe steht mir natürlich besonders nahe, das sind die Köchinnen und Köche. Manche von ihnen arbeiten seit über zehn Jah-

»Unsere Bäuerin« Steph baut in Hasenfelde am Rand von Berlin Gemüse, Obst und Kräuter für uns an. Natürlich konsequent ökologisch.

Anne, unsere »Hühnermutter«. Mit ihr beobachte ich gern unsere verschiedenen Hühnerrassen. Eine schöner als die andere!

ren an meiner Seite. Ich vertraue ihnen. Sie planen und realisieren die Umsetzung neuer Ideen – meiner und ihrer eigenen –, ob es nun um einen Kräutergarten, einen Kochkurs für Kinder oder einen neuen Räucherofen geht.

Tino zum Beispiel ist einer meiner langjährigsten Mitarbeiter. Er ist Küchenchef in meinem Restaurant im Hamburger Bahnhof in Berlin. Wenn ich etwas Spannendes entdecke, höre oder sehe, tausche ich mich gern mit ihm aus. Und er ist einer, der mit Vorliebe ganze Tiere verarbeitet. Das macht natürlich mehr Mühe, als nur bestimmte vorgefertigte Teile vom Tier zu kaufen. Es erfordert auch mehr Kreativität und Können. Es ist aber das einzig Sinnvolle.

Ich bin oft selbst überrascht, was meinen Köchen alles einfällt. Manchmal drücken sie mir auf dem Weg nach Hamburg, wo ich mit meinem Mann lebe, eine Kleinigkeit zum Probieren in die Hand. Aus so einem »Gläschen« entstand der folgende kurze E-Mail-Wechsel. Diesen möchte ich Ihnen wegen der Rezepte und als Inspirationsquelle nicht vorenthalten.

E-Mail-Unterhaltung
mit Tino Speer, Chefkoch im Hamburger Bahnhof

Für Küchenchef **Tino Speer** ist es
eine kreative Herausforderung,
aus allen Teilen unserer guten Nahrung
etwas Besonderes zu machen.

Hi Tino,
Mann, das war aber eine richtig gute Kostprobe!
Zwei ganze Tage hat das Gläschen gehalten!
Ist das vom Wildschwein gewesen? Wie geht das Rezept dazu?
Bitte maile es mir. Das wär' lieb.
Cheerio!
P.S. Hamburg, man staune, im Nieselregen ...

Hi Sarah,
ja, meine Wildschwein-Rillettes. Da nehme ich Bauchlappen, Hals
und Haxen – das, was halt übrig ist – und confiere es (gare es in
Schmalz) über zwei Tage bei 70 Grad.
Ich gebe es noch warm ganz kurz in den Thermomix. Dann Schmalz
abschöpfen und den Fleischsaft passieren. Schalotten und Knofi
anschwitzen, mit Portwein ablöschen, mit Rotwein auffüllen und reduzieren. Fleischsaft und Jus zugeben und einkochen. Die Paste
und das Schmalz unter das Fleisch rühren, bis eine leicht formbare
Masse entsteht. Mit Thymian, Liebstöckel, wenig Chili, Pfeffer und
Salz abschmecken. Alles 24 Stunden ziehen lassen, fertig. Wir formen das zum Zylinder, panieren es und backen es aus.
Gruß Tino

Tino,
warum servierst Du die Rillettes nicht direkt auf gutem Holzofen-
brot? Auch wenn die Franzosen immer Weißbrot nehmen.
Hast Du übrigens noch ein kleines Gläschen für mich beim nächs-
ten Mal?
Und woher hast Du diesmal das Wildschwein?
Liebe Grüße
Sarah, in Eile

Hi Sarah,
wenn ich nächstes Mal welches mache, dann mach ich Dir was mit.
Aber bei Rillettes fürs Brot kommt noch mehr Schmalz ran, damit es
streichfähiger ist.
Ach so, und das Schwein kam im Ganzen von meinem Jäger.
Gruß Tino

Danke für die Infos, Tino,
ist das unser Brandenburger Jäger?
Was machst Du alles mit den vielen Zucchini von meinem Acker?
Wer hätte gedacht, dass die sooo groß werden. Chutney? Marme-
lade? Einlegen? Wie wär's mit Zucchinipaste?
Hoffe, in Berlin scheint auch grad die Sonne.
Sarah, gerade am Attersee

Hi Sarah!
Das Wild kommt von meinem Spargelbauern Herrn Giese, der jagt
in seiner Freizeit.
Was die Zucchini angeht – daraus mache ich Mus für die Mitarbeiter. Einwecken geht bei Zucchini auch! Momentan koche ich einen
riesigen Topf Suppe fürs MFK*. Hab ich auch mit dem ganzen Kohlrabi gemacht, der weg sollte. Das war wirklich lecker!
Zucchinipaste ist eine super Idee. Genauso wie für Kürbis, der ist
als Aufstrich richtig lecker.
Sonnige Grüße aus Berlin,
Tino

---

* Anm.: Damit ist Sarah Wieners Caféhaus im Museum für Kommunikation gemeint

Politisch essen

Tino!
Roh geraspelter Zucchinisalat ist auch gut. Ein paar Zucchini soll die Steph stehen lassen für die Samen. Wir können die doch mit anderen alten Sorten an Gäste mit Garten verschenken. Das wär doch nett.
Unsere Äpfel auf der Streuobstwiese müssten jetzt auch reif sein. Tja, an den Bienenkörben sind wir auch dran. Im Frühjahr soll es so weit sein. Ich beobachte immer, auf welche Bäume und Pflanzen die Bienen am meisten gehen. Vielleicht dürfen wir vorne eine Bienenblühwiese aussäen.
Da muss ich mal mit dem Museum reden. Das wär doch schön.
So long, Sarah

Entenleber, Ackerbohnen-Kürbis-Ragout mit Powidl-Apfel-Sauce

Für 10 Portionen

300 g Ackerbohnen (Dicke Bohnen)
Salz
200 g Kürbis, zum Beispiel Hokkaido oder Muscat
25 Kirschtomaten zum Garnieren
Olivenöl
Pfeffer

ca. 50 ml weißer Balsamico
20 Entenlebern
250 g Powidl (Pflaumenmus)
100 ml Apfelsaft
100 ml Traubenkernöl, kaltgepresst
10 essbare Blüten zum Garnieren

• Die Ackerbohnen in Salzwasser blanchieren, abschrecken und anschließend die Haut entfernen.

• Den Kürbis bei Bedarf schälen, in Würfel schneiden und in etwas Olivenöl anbraten, mit Salz und Pfeffer würzen.

• Die Kirschtomaten halbieren, in Olivenöl anbraten, mit Salz, Pfeffer und Essig würzen. Mit Kürbis und Bohnen gut vermengen und abschmecken.

• Die Entenleber putzen und anschließend in heißem Öl anbraten und mit Salz und Pfeffer abschmecken.

• Powidl mit Apfelsaft und Traubenkernöl in einem hohen Topf aufmixen.

Kutteln römische Art

Für 6 Portionen

250 g Staudensellerie	1 Knoblauchzehe
250 g Karotten	200 ml Olivenöl
250 g weiße Zwiebeln	20 ml Weinbrand
1 kg Kutteln, vorgekocht	1 Chilischote
5 Nelken	400 g Tomaten aus der Dose
3 Lorbeerblätter 0,5 l Weißwein	10 g Mentuccia-Minze
30 g Salz	80 g Pecorino Romano

• Sellerie, Karotten und Zwiebeln schälen und putzen. Die Hälfte davon in grobe Würfel schneiden. Zusammen mit den Kutteln, Nelken, Lorbeerblättern und dem Essig in einen Topf mit 1/2 l Salzwasser geben. Mindestens eine halbe Stunde kochen lassen.

• Wenn die Kutteln zart sind, herausnehmen, abspülen und in mundgerechte Streifen schneiden.

• Restlichen Sellerie sowie die übrigen Karotten und Zwiebeln klein hacken, die Knoblauchzehe abziehen. Alles mit dem Olivenöl in einer Pfanne goldgelb anbraten.

• Die Kutteln dazugeben und eine Weile mitbraten, dann alles mit Weinbrand ablöschen. Chilischote entkernen und zusammen mit den Tomaten in die Pfanne geben. Das Ganze eine halbe Stunde köcheln lassen.

• Mentuccia-Minze mit Pecorino fein hacken und kurz vor dem Servieren darübergeben.

Tipp
Dazu kann Brot und Chili gereicht werden.

Panierte Zucchini mit Knoblauchmayonnaise

Für 4 Personen

3 oder 4 große Zucchini
Salz
Pfeffer
2–3 Eier (je nach Größe)
50 g Mehl
200 g Semmelbrösel
300 g Schweine- oder Butterschmalz

Für die Mayonnaise
3 absolut frische Eier
1 TL Dijonsenf
1/4 l Sonnenblumenöl oder Distelöl
1 EL weißer Balsamico
3 Knoblauchzehen
Salz, Pfeffer
1/2 Zitrone

- Die Zucchini waschen, abtupfen und in etwa 1 Zentimeter dicke Scheiben schneiden.

- Die Eier in einem Suppenteller mit etwas Salz und Pfeffer gut verschlagen. Mehl und Semmelbrösel getrennt auf zwei flachen Tellern ausbreiten.

- Das Schmalz in einer Pfanne erhitzen. Jede Zucchinischeibe zuerst in Mehl wenden, überschüssiges Mehl leicht abklopfen. Dann beide Seiten durch das Ei ziehen und anschließend in den Semmelbröseln wenden.

- Das Fett in einer großen Pfanne erhitzen. Die panierten Zucchini portionsweise in das heiße Fett geben und von jeder Seite etwa 3 Minuten goldbraun braten. Sparen Sie nicht an Fett, die Zucchini müssen schwimmen. Sie sollen nicht aneinanderstoßen, nur so bläht sich die Panade schön auf. Fertige Zucchini auf Küchenpapier abtropfen lassen.

- Für die Mayonnaise die Eier trennen und die Eigelbe in einer Schüssel mit Dijonsenf cremig rühren. Öl in ganz dünnem Strahl einlaufen lassen, ständig mit dem Schneebesen oder den Quirlen des Handrührgeräts rühren.

- Ist etwa die Hälfte des Öls verbraucht, unter weiterem Rühren den Essig ganz langsam zugeben. Dann auch die zweite Hälfte des Öls in dünnem Strahl einrühren, bis die Mayonnaise steif und cremig ist. Gehackten Knoblauch unterziehen. Mit Salz, Pfeffer und ein paar Tropfen Zitronensaft würzen.

Tipp
Bei der Zubereitung der Mayonnaise sind nur zwei Dinge zu beachten: Alle Zutaten müssen Zimmertemperatur haben, und das Öl muss langsam und in kleinen Portionen ins Eigelb gerührt werden.

Vorratshaltung

Wenn man nicht gerade in den Subtropen wohnt und das ganze Jahr über zu reifem Obst und Gemüse greifen kann, muss man seit jeher Vorratshaltung betreiben. Beliebte Methoden der Haltbarmachung von Lebensmitteln waren schon immer Zucker und Salz, das Trocknen und das Räuchern, Pökeln und Einkochen, Einfrieren oder allgemein Kühlen. Alexander der Große ließ seine Soldaten Gefriergruben ausheben, um verderbliche Lebensmittel aufzubewahren. Indianer hängten vor rund fünfhundert Jahren Tierfleisch zum Dörren auf, zerstießen es, wenn es getrocknet war, und kochten aus dem entstandenen Pulver bei Bedarf eine Suppe. Sauerkraut war Grundnahrungsmittel der Arbeiter, die vor über zweitausend Jahren die chinesische Mauer erbauten. Der Erfindungsreichtum war groß und notwendig: um Hungersnöte abzuwenden, um zu verhindern, dass den Menschen am Ende des Winters die Zähne ausfielen, weil ihnen längst die Vitamin-C-haltige Nahrung ausgegangen war. Allerdings blieben auch Nebenwirkungen nicht aus. Beispielsweise bei Polarforscher-Pionieren, die dank der gerade erfundenen Konservendosen zwar nicht verhungerten, dafür aber an Bleivergiftung starben.

Rohstoffe wurden auch veredelt, beispielsweise wurde Fleisch und Milch zu Wurst und Käse, Butter und Joghurt verarbeitet. Schaut man sich die verschiedenen Methoden an, werden schnell regionale Vorlieben und Ernährungsgewohnheiten sichtbar. In den Alpen findet man beispielsweise viele Dauerwürste, Eingesalzenes und Geräuchertes wie Speck und Bündner Fleisch sowie Alpkäse und Schüttelbrot. In Siebenbürgen mit seinen sonnigen Gärten gibt es eher mit Salz und Essig eingewecktes Gemüse.

Heutzutage sind die Techniken zum Haltbarmachen von Lebensmitteln natürlich viel ausgefeilter, die alten Prinzipien bilden jedoch nach wie vor die Grundlage.

So werden immer noch Nahrungsmittel in dicht verschlossenen Behältnissen, in Gläsern oder Dosen, erhitzt und dadurch konserviert – aber es werden natürlich gesundheitlich unbedenkliche Materialien verwendet. Bei dieser Methode werden zwar hitzeempfindli-

LEBENSMITTEL RICHTIG LAGERN

- Für mich zu Hause kaufe ich die Lebensmittel prinzipiell so unbehandelt und unverarbeitet wie möglich: Nüsse in der Schale und wenn sie geschält sind, dann aber nicht gemahlen. Denn Nüsse werden schnell ranzig und verlieren nach kurzer Zeit ihr Aroma. Getreidekörner für Porridge, Frischkornbrei, Aufläufe oder Kuchen mahle ich bei Bedarf in einer kleinen Handgetreidemühle. Gewürze kaufe ich ganz und zerstoße sie mit dem Stößel im Mörser, wenn ich sie brauche. So behalten sie länger ihre wertvollen Inhaltsstoffe und ihr Aroma. Das gilt auch für Pfefferkörner, die ich ebenfalls zerstoße oder auch mahle. Weißer Pfeffer kommt mir übrigens nicht ins Haus, denn das ist geschälter schwarzer Pfeffer, der weniger Wirkstoffe besitzt.
- Gewürze und Getreide hebe ich in licht- und luftundurchlässigen Emailledosen auf, sonst verlieren sie ihr Aroma. So sind sie auch gegen Parasiten geschützt.
- Obst und Kürbisse drehe ich während der Lagerung ab und an auf die andere Seite. So verteilt sich die Flüssigkeit darin gleichmäßiger, es entstehen nicht so leicht Druckstellen, und sie faulen nicht so schnell. Im Herbst breite ich Lageräpfel und Birnen von den Streuobstwiesen auf Zeitungspapier an einem kühlen Ort aus (meist im Keller).
- Manche Obst- und Gemüsesorten, wie Äpfel, Bananen oder Tomaten, produzieren reifebeschleunigendes Ethylen. Diese Sorten also unbedingt getrennt von anderem Obst und Gemüse aufbewahren.

che Vitamine wie Vitamin B1, B6, Folsäure oder Vitamin C bis zu 30 Prozent zerstört. Danach werden die Vitamine aber nur noch sehr langsam abgebaut. Beim Einfrieren von Lebensmitteln gehen dagegen relativ wenig Vitamine verloren, und Obst und blanchiertes Gemüse bauen dann auch in der Truhe monatlich nur rund drei Prozent ihres Vitamin-C-Gehalts ab.

Vorräte haben eine Menge Vorteile. Es kann also nicht schaden, sich welche zu schaffen. Kochen Sie die doppelte Portion und frieren Sie die Hälfte davon ein. Wer Zeit, Lust, Energie und Gelegenheit hat, kann Obst und Gemüse selbst einkochen. Hierfür gibt es zahlreiche Möglichkeiten: Sie können ganze Früchte einkochen, Marmelade, Pesto, Chutney daraus machen oder das Gemüse milchsauer einlegen. Letzteres ist übrigens die beste bekannte

Konservierungsmethode, weil dabei wenig Vitamine verloren gehen und sogar neue entstehen, zum Beispiel Vitamin B12.

Wer sich so üppig eingedeckt hat, wird seine Vorräte wohl kaum vergessen, auch wenn sie im kühlen Keller oder ganz hinten im dunklen Vorratsschrank lagern. Das ist gut so. Denn Vorräte sind nicht nur für Hungerattacken in der Zukunft da. Sie sollen helfen, die Gegenwart zu genießen.

Achtsam essen

Eine Frage der Achtsamkeit und des Respekts beim Kochen, Essen und Genießen ist eine gute Produktqualität. Die Achtsamkeit besteht hier darin, dass ich mir die Zeit nehme, Qualität zu suchen und mich mit meinen Lebensmitteln zu befassen.

Was ist Qualität?

Meine Fernsehserie »Die kulinarischen Abenteuer der Sarah Wiener« (hier Großbritannien, Folge 1) bringt mich mit immer neuen Küchentraditionen in Verbindung.

Als ich anfing regelmäßig im Fernsehen zu kochen, das war bei der damaligen Sendung »Kerners Köche« im ZDF, fiel mir auf, dass meine Kollegen meist Fleisch und besondere, seltene Lebensmittel auf ihren Zutatenlisten hatten. Natürlich ging es ihnen auch immer um eine hohe Qualität ihrer Produkte, was für genussvolles Essen eine Grundvoraussetzung ist. Oft war mir aber nicht ganz klar, worin genau diese Qualität bestehen sollte. Die Tatsache, dass ein Produkt aus dem Feinkostladen stammt und mehr kostet als eines aus dem Discounter oder dass es extra importiert oder sehr selten ist, kann ja nicht das einzige Qualitätsmerkmal sein. Eher intuitiv habe ich dann angefangen, etwas Alternatives zu diesen Edelzutaten zu kochen: einfache Dinge, viel Vegetarisches, Aufläufe, Eintöpfe – also eine ganz normale, unprätentiöse Alltagsküche, die jeder Mensch jeden Tag nachkochen kann.

Mir war es ein Anliegen zu zeigen, dass eine gute Küche auch manchmal aus einem »Weniger ist mehr« besteht und jeder, der eine gewisse Achtsamkeit und Liebe für das Kochen hat, Erfolg damit

Pastinaken waren bis ins 18. Jahrhundert eines der wichtigsten Gemüse. Erstaunlich, dass sie bei uns in Vergessenheit gerieten. Erst der ökologische Gartenbau hat dieses wunderbar würzige Wurzelgemüse wieder bekannt gemacht.

haben kann und wird. Natürlich habe ich auch mal versucht, Petersilie zu falten und Gemüse-Origami zu schnitzen, weil ich zu der Kochelite nur gehören konnte, wenn ich deren Gesetze respektierte. Aber ich habe schnell gemerkt: Ich will und kann das gar nicht – so aufwendig dekorieren, mit Pinzette und Pipette Lakritzschaum an Sesamkruste montieren. Ich bewundere meine Kollegen, die Perfektionisten, die originellen Ausprobierer, die Maler und Architekten der Küche. Nur: Für mich persönlich ist das nichts.

Doch was genau bedeutet Qualität eigentlich? Die Exklusivität eines Produkts kann es nicht sein und auch nicht der Aufwand, der für die Zubereitung nötig ist.

Es gibt einen anderen Ansatz, der besagt, dass die Qualität eines Essens auf dem Küchenbrett entstehen sollte. Ich bereite also etwas aus ein paar köstlichen Grundprodukten zu, und entweder es schmeckt oder es schmeckt nicht – je nachdem, ob ich eine gute Köchin bin und mein Handwerk verstehe oder eher nicht so gut kochen kann. Aber auch das reicht nicht so ganz.

Bei Qualität geht es in erster Linie um die Herkunft eines Produkts. Es spielt also eine große Rolle, wie der Weizen, der Reis, das Obst oder das Gemüse gewachsen ist oder wie ein Tier gehalten wurde, wie die Ernte ablief und der Transport.

In den Dörfern meiner Kindheit gingen wir in den Sommern bei den Nachbarn Tomaten betteln. Denn wir hatten schnell raus, dass es Riesenunterschiede bei den prallen runden Früchten gab, und jeder Nachbar hatte andere Sorten. Jede Tomate sah anders aus – rosa, vi-

Roter Calville. Calville-Äpfel zählten im 19. Jahrhundert zu den beliebtesten und edelsten Apfelsorten. Heute gibt es sie kaum noch zu kaufen, einige Züchtungen sind vom Aussterben bedroht.

Die Renetten sind eine große Gruppe von Kulturäpfeln. Geläufig ist noch die Cox Orangenrenette. Hier im Bild die Ananasrenette, eine klassische alte Hausgartensorte.

olett, karmin- oder zinnoberrot, orange und fast schwarzgrün. Manche waren klein wie Murmeln, andere länglich und groß, und wieder andere sahen aus wie Herzen oder überdimensionale Raupen. Manche zergingen nach dem ersten Bissen durch die relativ feste Haut leicht und süß auf der Zunge. Andere waren so groß, dass zwei Kinderhände sie nicht ganz fassen konnten. Aber alle Sorten schmeckten so frisch und fruchtig, dass man einfach nicht aufhören konnte zu essen. Später lagen in den Auslagen der Gemüseläden nur noch rote schnittfeste Paradeiser, die aussahen, als kämen sie von der Stange, und die auch genauso langweilig schmeckten.

Mit den Äpfeln im Herbst war es das Gleiche. Auf der Streuobstwiese sammelten wir das Fallobst von Herrenäpfeln und Renette und aßen schon an Ort und Stelle so viel wir konnten. Es gibt auf der Welt schätzungsweise etwa 30.000 Apfelsorten, die sich alle in Aussehen und Aroma unterscheiden. Allein in Deutschland waren bis Mitte des 19. Jahrhunderts 2000 Sorten bekannt. Heute haben nur noch etwa 20 bis 30 Sorten eine wirtschaftliche Bedeutung und nur drei – Elstar, Jonagold und Jonagored – machen den Großteil des Gesamtangebotes am Apfelmarkt aus.[3]

Hunderte unserer Kulturpflanzen sind binnen weniger Jahrzehnte verloren gegangen oder aus der öffentlichen Wahrnehmung verschwunden. Und damit ein bedeutsamer Teil unseres kulturellen Erbes. Dabei ist die Biodiversität unsere wichtigste Lebensgrundlage überhaupt. Denn Pflanzen und Tiere, die sich während der letzten zwölftausend Jahre den vielen veränderten Bedingungen wie beispielsweise dem Klima und seinem Wandel anpassen konnten, sichern die Ernährung der immer weiter wachsenden Weltbevölkerung. Im Übrigen ist die Natur Vorbild für viele »neue« Wirkstoffe in

Streuobstwiesen geben heute einen Hinweis darauf, dass hier Obstbau ohne Kunstdünger und chemische Pflanzenbehandlung betrieben wird. Ihren Namen haben sie von der früheren Mehrfachnutzung: Heu und Blätter wurden früher als Stalleinstreu genutzt.

Bunter Kartoffelsalat

Für 4 Personen

1 kg bunte Kartoffelsorten, überwiegend festkochend
3 mittelgroße Zwiebeln
100 ml Raps- oder Sonnenblumenöl
1 EL mittelscharfer Senf
Salz

Pfeffer aus der Mühle
30 ml Apfelessig
100 ml warme Gemüse- oder Fleischbrühe, alternativ warmes Wasser
1 Bund glatte Petersilie

• Die Kartoffeln in der Schale gar kochen, noch heiß schälen und in Scheiben
schneiden.

• Die Zwiebeln schälen, würfeln und in der Hälfte des Öls anschwitzen. So
kann man den Salat länger aufheben, denn rohe Zwiebeln schmecken nach
einer Weile penetrant metallisch.

• Senf, Salz, Pfeffer, restliches Öl, Essig und Gemüsebrühe zu den Zwiebeln
geben und alles gut mischen. Das Dressing über die Kartoffeln gießen und
alles vorsichtig vermengen.

• Zum Schluss die Petersilie waschen und fein hacken. Unterheben und den
Salat servieren.

Tipps
Mischen Sie die Farben nach Belieben und nach Angebot: Der Blaue Schwede und Violetta sind blau, die Rote Emmalie ist rot, Linda ist gelb. Fragen Sie
beim Gemüsehändler, welche Farbe das Fleisch hat, denn viele Kartoffelsorten mit farbiger Schale sind innen weiß oder gelb. Soll der Salat sämig sein,
dann können Sie auch mehlig kochende Kartoffeln dazu nehmen.

Varianten
Man kann den Salat mit wachsweich gekochten und geviertelten Eiern, grünen gekochten Bohnen, Gurkenscheiben, klein geschnittenem rohem Fen-
chel und halbierten Radieschen ergänzen. Dann wird daraus ein vollwertiges,
wunderbares Frühlings- oder Sommeressen.

Medikamenten, so wie die Pilze für das Penicillin oder Meeresschwämme, die zurzeit in der Aids-Forschung eine wichtige Rolle spielen. Die Natur liefert uns aber auch immer wieder Vorbilder für innovative Lösungen in der Technik. Wenn wir weiterhin die Sorten- und Artenvielfalt verdrängen, berauben wir uns der Möglichkeit, von der Natur zu lernen und die »Dienstleistungen« eines intakten Ökosystems, die uns so selbstverständlich erscheinen, weiterhin zu nutzen. Dazu gehören die frische und saubere Luft, sauberes Wasser, die CO_2-Speicherung in Wäldern, Mooren, Böden und Weltmeeren.

Für unser Essen ist die Qualität des Samens, der Sorte, der Art und der Rasse entscheidend. Haben wir eine alte Gemüsesorte oder Nutztierrasse? Oder haben wir eine auf ein einziges Merkmal gezüchtete Hybrid-Pflanze, die reichlich Mehrertrag nur in der ersten Generation bringt, und Turbo-Schweine, -Hähnchen oder -Rinder aus Intensivhaltung, unter der Tiere so stark ausgebeutet werden, dass sie deformiert, auf ein einziges Merkmal gezüchtet werden und ohne den menschlichen Eingriff nicht lebensfähig sind? Tiertransporte und Massenschlachtungen am Fließband lassen mich erschaudern. Und das gestresste, unglückliche Fleisch mag ich auch nicht essen.

Wir züchten heute Pflanzen und Tiere in hohem Maße für die Weiterverarbeitung in der Industrie. In vielen Fällen entscheidet sich beispielsweise ein Obstbauer lieber für eine Erdbeersorte, die auch noch fünf Tage nach der Ernte frisch und knallrot ist. Denn das verlangt der Handel: Ware, die gut aussieht und von der Masse gekauft wird. Die Natur kennt aber keinen standardisierten Massengeschmack. Jede Pflanze, jedes Tier hat einen eigenen Zyklus und braucht Zeit, um zu wachsen und zu reifen. Gemüse und Obst brauchen einen guten, lebendigen Boden, Wasser, frische Luft und Sonne, um vielfältige Aromen zu entwickeln. Schweine, Hühner und Rinder, die auf Weiden herumlaufen dürfen und sich hier weitgehend wesensgemäß ernähren, haben ein gut marmoriertes, wohlschmeckendes Muskelfleisch, das für jeden Koch und Genießer eine wahre Freude ist. Eine solche Tierhaltung, ein solcher Anbau braucht seine Zeit und kostet den Bauern Geld. Geld, das viele Händler – aber auch Konsumenten – nicht bereit sind zu zahlen. Auch von den Konzernen wird es ihnen nicht leicht gemacht. So beanspruchen einige wenige internationale Agrarkonzerne wie Monsanto, Bayer, Syngenta und Dupont ein Monopol auf Saatgut für sich. Wer bis vor Kurzem noch beispielsweise die Kartoffelsorte »Blauer Schwede« anbauen wollte, tat das am Rande der Illegalität. Laut der EU-Saatgutrichtlinie von 2002 sollten auch Kleingärtner nur noch amtlich zugelassenes Saatgut verwenden, Privatleute selbst gezüchtetes Saatgut nicht einmal mehr verschenken dürfen. Gewinner dieser Lösung wären Konzerne wie Bayer Crop Sciences und Monsanto mit ihren zertifizierten Produkten gewesen. Nachdem Bauern und Kleingärtner dagegen Sturm liefen und auch die EU-Abgeordneten sich dagegen aussprachen, ist die Verordnung seit März 2015 erst einmal vom Tisch. Jetzt hoffen Initiativen wie *Save our Seeds* darauf, dass der Weg frei ist für eine tatsächliche Reform, die den freien Austausch, den Marktzugang von kleinen Saatgutunternehmen, insbesondere auch biologischen Züchtern, und eine an modernen Kriterien der Ökologie und der Vielfalt orientierte Wertprüfung fördert.[4]

Wenn uns die Qualität unseres Essens wichtig ist, müssen wir etwas ändern: Das können wir mit unserer Kaufentscheidung und indem wir alte Obst- und Gemüsesorten, die in einigen Gärtnereien wieder gezüchtet werden, unterstützen.

Die Macht der Giganten über unseren Geschmack

Handelsketten sind heute überall präsent. Ihr Erfolg beruht darauf, dass der Kunde überall die gleichen Waren vorfindet und sich immer in vertrautem Ambiente bewegt. Dies bietet Sicherheit und Geborgenheit. Schon heute erwirtschaften laut des Konzernatlas der Heinrich-Böll-Stiftung 50 Firmengruppen 50 Prozent des weltweiten Umsatzes mit der Herstellung von Lebensmitteln.[5] Die Tendenz geht zu immer weniger Vielfalt. Was passiert aber, wenn diese Ketten immer weiter wachsen und aufgrund ihrer schieren Größe Preise für

MCDONALD'S

McDonald's ist weltweit die umsatzstärkste Fastfoodkette (2011: 27 Mrd. US-Dollar) und größter Fleischverarbeiter. Dem Konzern wird vorgeworfen, den Fleischkonsum auch in Ländern anzu-heizen, in denen traditionell wenig Fleisch gegessen wird. 1990 eröffnete die erste McDonald's-Filiale im südchinesischen Shen-zhen, 2011 waren es in ganz China 1.135 Filialen. Bis 2013 sollen es doppelt so viele sein. 1994 war China noch ein Exportland für Futtergetreide, 1995 war es bereits der weltweit zweitgrößte Im-porteur von Futtergetreide für Mastvieh.

Zulieferer, Bauern, Angestellte diktieren und einfordern können? Wenn sie ein ganzes Marktsegment beherrschen, weil sie billiger an-bieten können und Mitbewerber im Lauf der Zeit aufgeben mussten? Was passiert, wenn unser Geschmack durch wenige Monopolisten nivelliert wird? Was passiert, wenn ein einziger Konzern den Groß-teil an Ackerflächen für seine einzige Sorte Kartoffeln, seine So-japflanzen oder seinen Salat nutzt? McDonald's beispielsweise ist die größte Fastfood-Kette der Welt, der größte Fleischabnehmer und damit einer der wichtigsten Einflussfaktoren auf Gesellschaft und Umwelt. Ich weigere mich ein System zu unterstützen, das unsere Kultur, unsere Ernährungsgrundlage und die Natur zerstört. Und ich sehe nicht ein, dass wir zu reinen Konsumenten degradiert werden.

Die Distanz zwischen den Nahrungsmittelerzeugern und uns ist groß. Marketing und Werbung haben uns den Blick auf das Wesent-liche, auf das Echte im sprichwörtlichen Sinne vernebelt. Keine der großen Firmen hat ein Interesse, uns die Augen zu öffnen für die Wirklichkeit hinter den Kulissen ihres Systems. Für uns, die ganz normalen Menschen, gibt es keine Lobby. Aber wir können etwas tun: Wir können uns bewusst werden, was geschieht. Wir können unsere Ressourcen wertschätzen und Prozesse hinterfragen. Und nicht zuletzt können wir die Verantwortung für uns, unsere Gesundheit und unser Handeln übernehmen.

Großindustrielle Produzenten sind ja der Teil eines Prozesses, den wir alle unterstützen und als Verbraucher natürlich auch mit zu verantworten haben. Politik, Behörden und Handel sind daran auch nicht unbeteiligt. Wenn politisch Verantwortliche und Kontrolleure die Gefahren, die zum Beispiel von der Agrargentechnik oder Medikamentengabe an Tiere ausgehen, einfach ignorieren, warum sollten die Hersteller es besser machen?

Nach Angaben der Europäischen Arzneimittel-Agentur vom 14.10.2016 werden Medikamente, die von der Weltgesundheitsorganisation als »von entscheidender Bedeutung in der Humanmedizin« eingestuft werden, in der Nutztierhaltung in den großen EU-Ländern häufig eingesetzt. Und dies trotz der dringenden Empfehlung der WHO, diese Medikamente nur in den extremsten Fällen, wenn überhaupt, bei der Behandlung von Tieren zu verwenden.

Außerdem zeigen die Zahlen, dass in der EU über 90 Prozent der in der Tierhaltung eingesetzten Antibiotika zur Massenbehandlung (Herdenbehandlung) über Trinkwasser oder Futter gegeben werden. Die positive Ausnahme bildet Schweden, wo über 90 Prozent der Antibiotika nur zur Einzelbehandlung erkrankter Tiere gegeben werden. Setzt man die in den 29 EU-Staaten für die Tierhaltung verwendeten Antibiotikamengen ins Verhältnis zum jeweiligen (geschätzten) Gesamtgewicht der Tierbestände, so ergeben sich riesige Unterschiede zwischen den einzelnen Ländern. Den relativ höchsten Antibiotikaeinsatz hat Spanien mit 419 mg/kg, den niedrigsten Norwegen mit lediglich 3 mg/kg. Der vermeintliche Vorreiter Deutschland liegt mit 149 mg/kg mehr als 6-mal so hoch wie ganz Skandinavien und fast 50-mal so hoch wie Norwegen![6]

Der Bund Naturschutz kritisierte noch Anfang Januar 2016, dass der landwirtschaftliche Antibiotikaeinsatz nach wie vor zu hoch sei. Die für die menschliche Gesundheit besonders wichtigen Reserveantibiotika dürften in der Tierhaltung nicht länger zur Anwendung kommen. So würden laut BUND-Vorsitzendem Hubert Weiger in Deutschland bei der Billigfleischproduktion noch immer über 1200

Tonnen Antibiotika und Reserveantibiotika eingesetzt. Das sind doppelt so viel wie in der Humanmedizin. Die Gesundheit von Nutztieren lässt sich aber nur mit höheren gesetzlichen Tierschutzstandards und einer besseren Tierbetreuung gewährleisten. Der Preisdruck der Discounter sowie tierquälerische Haltungsmethoden müssen durch eine tiergerechte Haltung, die Verwendung einheimischer Futtermittel und angemessene Preise für die Produkte abgelöst werden.[7]

Der Bund Naturschutz fordert schon lange, dass der Missbrauch von Antibiotika strenger bestraft wird und Steuergelder nicht mehr in die Subventionierung der Massentierhaltung fließen. Stattdessen solle die alternative Tierhaltung sowie die regionale Verarbeitung und Vermarktung von Produkten aus alternativen Tierhaltungen gefördert werden. Schade, dass sich das Ministerium diesen Forderungen nicht anschließt, sondern nur halbherzige Maßnahmen trifft.

Die Massentierhaltung steht seit langem in der öffentlichen Kritik. Trotzdem schreitet der Trend zur Industrialisierung der Tierzucht noch voran. Für Laien ist es schwer, wirtschaftliche Interessen, die Notwendigkeiten der Nahrungsmittelversorgung, Gesundheitsaspekte und die Ethik des Tierschutzes vernünftig gegeneinander abzuwägen. Und die Experten? Die stehen häufig im Dienst der Arzneimittelindustrie, der Agrarindustrie, der Chemiekonzerne oder der Politik und vertreten daher die Linie ihrer Dienstherren – oder halten sich vorsichtig zurück. Fakt ist: Die industrielle Fleischproduktion kommt ohne Antibiotika nicht mehr aus. Die sich daraus ergebenden Folgen sind multiresistente Keime, die auch den Menschen bedrohen. Aber wer kann es sich leisten, auf die Gefahren hinzuweisen und Konsequenzen zu fordern? Wer informiert uns überhaupt über den Status quo? Glücklicherweise gibt es Fachleute mit Verantwortung und Zivilcourage. Einer von ihnen ist der Leitende Veterinärdirektor i. R. Dr. Hermann Focke, der mir offen Auskunft gab.

Tischgespräch
mit Dr. Hermann Focke

Dr. Hermann Focke ist Tierarzt und war viele Jahre Veterinäramtsleiter in Südoldenburg, der Region mit der größten Nutztierdichte Europas. In seinem Buch »Die Natur schlägt zurück – Antibiotikamissbrauch in der intensiven Nutztierhaltung und Auswirkungen auf Mensch, Tier und Umwelt« setzt er sich kritisch mit der agrarindustriellen Tiermast auseinander. Er gilt als intimer Kenner und einer der kompetentesten und schärfsten Kritiker der agrarindustriellen Nutztierhaltung. 1994 erhielt er den Tierschutz-Forschungspreis der Freien Universität Berlin, 1995 den Preis für Zivilcourage der Solbach-Freise-Stiftung und 2011 den Tierschutzpreis der Hans-Rönn-Stiftung.

Sarah Wiener: Wie kam es dazu, dass Sie als einer der wenigen kompetenten Veterinärmediziner lautstark Ihre Stimme gegen die industrielle Nutztierhaltung erhoben haben?
Hermann Focke: Während meiner Tätigkeit als Amtstierarzt war ich eingebunden in das gesamte Behördensystem bis hin zu den Ministerien. Aus meinem Selbstverständnis als Tierarzt habe ich mich aber nicht immer widerspruchslos eingefügt in die Vorgaben dieses Systems. Dies führte seit Anfang der 1990er Jahre zu lang anhaltenden Diskrepanzen sowohl mit meinen direkten Vorgesetzten in der Kommunalverwaltung als auch mit den Landwirtschaftsministern Niedersachsens und des Bundes. Von Kurt Tucholsky stammt das Zitat: »In Deutschland gilt derjenige, der auf den Dreck hinweist, als viel gefährlicher als der, der den Dreck verursacht hat.« In meinem Buch »Tierschutz in Deutschland – Etikettenschwindel?! Der gequälten Kreatur gewidmet«[8] habe ich eingehend über die

damalige Situation berichtet. 1998 habe ich dann aus eigenem Antrieb freiwillig den »beamtensicheren Unterstand« verlassen und kann seitdem ohne äußere Zwänge agieren, so wie es mir mein Selbstverständnis als Tierarzt vorgibt.

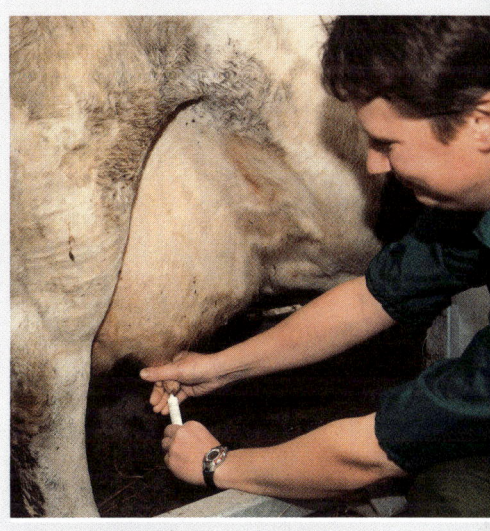

Euterentzündungen sind bei den Hochleistungs-Milchkühen ein häufiges Problem, das mit intensivem Antibiotikaeinsatz bekämpft wird.

Ihr Buch »Die Natur schlägt zurück. Antibiotikamissbrauch in der intensiven agrarindustriellen Nutztierhaltung«[9] beschäftigt sich mit den Risiken des Antibiotikamissbrauchs in der Tierzucht. Wo und warum werden in der Tiermast Antibiotika verabreicht?

In der agrarindustriellen Intensivmast werden vor allem Geflügel, aber auch Schweine, Mastkälber und -bullen behandelt. Gründe dafür gibt es viele. Zum einen sind die Masttiere, insbesondere das Geflügel, wegen übersteigerter Leistungsansprüche oft völlig überzüchtet bis hin zur Qualzucht. Die Immunabwehr dieser Tiere ist schon zu Beginn ihres kurzen Daseins massiv geschädigt. Zum anderen haben die Tiere unter den Haltungsbedingungen zu leiden. So werden etwa in der Junggeflügelmast bis zu 40.000 sogenannte Broiler in riesigen Mastställen mit 26 Tieren pro Quadratmeter eingepfercht. Überzüchtung und nicht artgerechte Haltung führen zwangsläufig zu einem hohen Infektionsdruck und damit zu erhöhten Erkrankungs- und Sterberaten, besonders durch bakterielle Infektionserreger, denen man mit Antibiotika zu begegnen trachtet. Man laboriert also mit Hilfe von Antibiotika an den Symptomen und in keiner Weise an den genannten Ursachen.

Werden Antibiotika nur im Krankheitsfall zur Behandlung eingesetzt?

Keineswegs. In der intensiven agrarindustriellen Tiermast ist es nicht ungewöhnlich, dass auch bei gesunden Tieren Antibiotika eingesetzt werden. Das Ziel ist eine bessere Futterverwertung, also eine Steigerung der täglichen Gewichtszunahmen. Das bedeutet, dass in kürzerer Zeit und mit weniger Futter das angestrebte Schlachtgewicht erreicht werden soll. Das ist Gewinnmaximierung um jeden Preis.

Ist das legal?

Der Einsatz von Antibiotika als sogenannte Leistungsförderer – treffender als Masthilfsmittel oder Mastbeschleuniger bezeichnet – ist seit dem 1.1.2006 EU-weit verboten. Diese bis Ende 2005 häufig geübte Praxis hätte daher in den folgenden Jahren zu einem drastischen Umsatzrückgang bei den Veterinärantibiotika führen müssen. Das Gegenteil aber war der Fall. Im ersten Jahr nach dem Inkrafttreten des Verbots stieg der Umsatz von Antibiotika in Deutschland um 7 Prozent und im folgenden Jahr sogar um 9,2 Prozent. Die bis Ende 2005 zugelassenen antibiotischen Leistungsförderer spielen heute praktisch keine Rolle mehr. Stattdessen werden häufig die für die therapeutische Anwendung zugelassenen Antibiotika verwendet. Sie werden den, wohlgemerkt, gesunden Tieren in geringerer, also nicht therapeutischer Dosierung verabreicht. So wird zum Beispiel die für eine Heilbehandlung von fünf Tagen vorgegebene Antibiotikamenge auf fünfzehn Tage gestreckt, nur um die Mastergebnisse zu verbessern.

Ist der Maststall durch den Einsatz von Antibiotika ein ungefährlicher, weil keimfreier Raum?

Im Gegenteil. Durch die länger andauernde Verabreichung subtherapeutischer Dosen überleben nach dem Darwin'schen Gesetz die vitalsten der bakteriellen Keime und bilden auf Dauer Resistenzen gegen die verabreichten Medikamente. Die erworbenen Resistenzen werden nicht nur an nachfolgende Bakterien-Generationen

NACHHALTIGE LANDWIRTSCHAFT ALS STAATSZIEL

Das Grundgesetz beauftragt den Staat, »auch in Verantwortung für die künftigen Generationen die natürlichen Lebensgrundlagen und die Tiere im Rahmen der verfassungsmäßigen Ordnung« zu schützen. Seit 2002 gibt es sogar eine regelmäßig aktualisierte Nachhaltigkeitsstrategie der Bundesregierung, die helfen soll, dieses Staatsziel zu verwirklichen. In den entsprechenden Managementregeln heißt es: »Eine nachhaltige Landwirtschaft muss natur- und umweltverträglich sein und die Anforderungen an eine tiergerechte Tierhaltung und den vorsorgenden, insbesondere gesundheitlichen Verbraucherschutz beachten.« Trotz dieser recht eindeutigen Ansage sind die Ergebnisse bislang dürftig. Das anvisierte Ziel eines ökologisch genutzten Flächenanteils von 20 Prozent lag 2011 bei gerade einmal 6,1 Prozent.[10] Die höchsten Anteile an Ökolandbaufläche innerhalb der 27 EU-Länder haben Österreich (18,5 Prozent) und Schweden (12,8 Prozent).

weitergegeben, sondern können durch verschiedene Formen des Gen-Austausches auch auf andere Arten von Bakterien übergehen und somit neue Resistenzträger hervorrufen.

Woraus ergibt sich die Gefahr für den Menschen?

Es gibt zahlreiche Infektionserreger, die sowohl beim Tier als auch beim Menschen vorkommen und wechselseitig übertragbar sind, sogenannte Zoonosen. Eine gravierende Bedrohung für die menschliche Gesundheit sind Hospitalkeime, auch nosokomiale Keime genannt. Ein nicht unerheblicher Teil dieser Infektionserreger ist durch Antibiotikamissbrauch in der intensiven agrarindustriellen Nutztierhaltung quasi herangezüchtet worden und über aktive und passive Übertragung in Krankenhäuser, Kliniken, Altenheime und Rehabilitationseinrichtungen gelangt. Hier können sie insbesondere bei Patienten mit geschwächtem Immunsystem wie Babys, alten Menschen und Chemopatienten zu teilweise schweren Sekundärerkrankungen führen. Von jährlich 14 Millionen stationären Patienten in Deutschland erkranken fast eine Million an nosokomialen Keimen. Davon sterben nach Angaben des Robert-Koch-Instituts jedes Jahr 15.000. Durch den Antibiotikamissbrauch schreitet die Resistenzentwicklung ständig fort, so dass die vorhandenen Medikamente bei Mensch und Tier immer mehr ihre Wirksamkeit verlieren – bis hin zum völligen Therapieversagen.

Wie haben Sie die ganze Entwicklung verfolgt?
Schon ab Ende der 1980er Jahre wurde uns in Südoldenburg immer deutlicher vor Augen geführt, dass sich in der Intensivmast der Infektionsdruck in den Betrieben von Jahr zu Jahr verstärkte und man im Wesentlichen mit ständig steigendem Arzneimitteleinsatz darauf reagierte. Daraufhin habe ich für die beiden Landkreise Cloppenburg und Vechta einen Initiativplan kreiert und nicht nur Wissenschaftler und Tierärzte, sondern auch betroffene Verbände und Betriebe dafür gewonnen. Meine Vorschläge zur Einrichtung eines »Instituts für Tiergesundheit Oldenburger Münsterland« mit dem Ziel effizienterer Diagnostik sowie Maßnahmen zur Reduzierung des Infektionsdrucks und des Antibiotikaeinsatzes wurden jedoch letztlich von der Agrarindustrie und deren Lobby abgeschmettert mit dem Argument: »Wir haben in Südoldenburg das Know-how und die Medikamente – sprich Antibiotika – und brauchen eine derartige Einrichtung nicht.« Die Entwicklung der folgenden Jahre und hier vor allem das Ansteigen der eklatanten Antibiotikaresistenz-Problematik ergab jedoch ein völlig anderes Bild. Der eigentliche Grund für die damalige Ablehnung dürfte gewesen sein, dass sich Agrarwirtschaft und Pharmaindustrie nicht in die Karten schauen lassen wollten. Fazit: Nicht nur die Tiere werden krank. Das ganze System ist krank.

Der Antibiotikaeinsatz in der Nutztierhaltung ist um ein Vielfaches größer als in der Humanmedizin. Warum ist das so?

Wie bereits gesagt sind die Züchtung, die desaströsen Haltungsbedingungen und der unreflektierte und missbräuchliche Antibiotikaeinsatz die Hauptfaktoren des ganzen Dilemmas. Hinzu kommt Folgendes: Bis September 2012 waren die in der Veterinärmedizin jährlich eingesetzten Antibiotikamengen eines der größten Geheimnisse der Bundesrepublik Deutschland. Jahrelang haben deutsche Tierarzneimittelhersteller mit falschen Daten über die jährlichen Antibiotikaabgabemengen die Öffentlichkeit getäuscht. Die Anwendungsmengen von Antibiotika in der Tiermedizin wurden vom Bundesverband für Tiergesundheit (BfT) – dem Interessenverband deutscher Pharmaunternehmen für Tierarzneimittel – für 2003 mit 724 Tonnen und für 2005 mit 784,2 Tonnen angegeben. Noch am 11. Januar 2012 erklärte der Geschäftsführer des BfT: »Im Jahr 2011 sind in den Tierställen in Deutschland rund 900 Tonnen Antibiotika eingesetzt worden.« Weiter heißt es: »Mehr als 90 Prozent der eingesetzten Antibiotika werden in der Nutztierhaltung eingesetzt.« Ergo zur Lebensmittelgewinnung.

Genau neun Monate später, am 11.9.2012, wurden vom Bundesamt für Verbraucherschutz und Lebensmittelsicherheit (BVL) erstmals objektivierbare Zahlen veröffentlicht, und zwar für das Jahr 2011 mit insgesamt 1.734 Tonnen! Zu fragen ist, wie so etwas passieren kann, obwohl inzwischen allgemein bekannt ist, dass aufgrund ständig anwachsender Antibiotikaresistenzen in Deutschland jährlich bereits 15.000 Menschen sterben.

Der Nordrhein-Westfälische Landwirtschaftsminister Johannes Remmel erklärte daraufhin in einer ersten Stellungnahme: »Der Einsatz von Antibiotika erreicht neue Horror-Zahlen.« Und obwohl die neuen Daten fast das Doppelte der bisher vom BfT herausgegebenen Zahlen bedeuteten, verkündete der Deutsche Bauernverband in den Medien in völliger Verdrehung der tatsächlichen Ergebnisse: »Der Deutsche Bauernverband wertet die Zahlen als Beleg für den verantwortungsvollen Umgang der Landwirte und Tierärzte mit den antibakteriellen Arzneien.« Für mich dagegen waren die veröffentlichten Zahlen des Antibiotikaeinsatzes ein Skandal, auf den ich am 12.9.2012 mit einer Presseerklärung reagierte mit der Überschrift »Die Antibiotikalüge«.

Warum setzt man eigentlich die gleichen Antibiotikastämme bei Tier und Mensch ein?
Weil das Antibiotika-Reservoir begrenzt ist und kaum neue auf den Markt kommen. Es gibt eine Reihe von Präparaten, die nur für den Menschen zugelassen sind. Aber in »besonderen Fällen« kann der Tierarzt im Rahmen einer sogenannten Umwidmung teilweise auf diese Medikamente zurückgreifen und diese dann auch zur Behandlung bei Tieren anwenden. Also: keine Regel ohne Ausnahme.

Wenn ich mit Vertretern der Nahrungsindustrie rede, höre ich oft: Unsere Lebensmittel sind so sicher und hygienisch wie nie zuvor. Ist das auch Ihre Meinung?
Dies ist nur teilweise richtig. Lassen Sie mich dazu nur drei Bemerkungen machen:
1. Die Verbraucher glauben häufig, dass man sich mit dem Verzehr von Lebensmitteln tierischer Herkunft besonders aus der Massentierhaltung Antibiotika einverleiben würde. Dem ist aber in der Regel nicht so. Denn es gibt sogenannte Wartezeiten, das ist die Spanne, die ausreicht, dass die Medikamente aus dem Tierkörper verschwunden sind. Dies wird durch regelmäßige Probenahme mittels des sogenannten Hemmstofftests überprüft und zieht bei positivem Nachweis empfindliche Sanktionen nach sich. Aus diesem Grund werden, egal ob Therapie oder missbräuchliche Prophylaxe, die Mittel entsprechend der vorgegebenen Wartezeit vor der Schlachtung abgesetzt. Von daher bestehen für den Verbraucher keine besonderen Gefahren.
2. Durch die intensive agrarindustrielle Nutztierhaltung im Gegensatz zu alternativen bäuerlichen Betrieben mit wesentlich geringeren Tierzahlen ist in der Regel mit weit höherer Keimbelastung zu rechnen. Erst durch die küchenmäßige Zubereitung (Braten, Ko-

chen u.a.) und sonstige Bearbeitungsverfahren kommt es zur Eliminierung der Keime. Der Verbraucher nimmt mit dem Lebensmittel zwar mehr Keime, auch pathogene, auf; aber es handelt sich »ja nur« um ein Mehr an abgetöteten Erregern. Und es wächst auch die Gefahr für die Küchenhygiene, wenn sich die Erreger ausbreiten können, bevor sie durch Erhitzen abgetötet sind.

3. Das Hauptproblem liegt aber an den geschilderten systembedingten, ständig anwachsenden Antibiotikaresistenzen. Die Antibiotika werden immer unwirksamer und damit die Verbraucher im Erkrankungsfalle immer gefährdeter.

Was sagen die zuständigen Behörden zu der Problematik?

Diese Zusammenhänge sind den zuständigen Ministerien für Landwirtschaft und Verbraucherschutz seit vielen Jahren bekannt. Trotz dieser Erkenntnis ist von Seiten der zuständigen Ministerien von Bund und Ländern außer pflaumenweichen Erklärungen kaum etwas geschehen. Meine persönliche Erklärung dafür: Die Wirtschaft macht die Politik, die Politiker machen dazu die Rhetorik, und Ministerialbehörde und kommunale Verwaltung verhalten sich devot und angepasst.

Wie verhält es sich mit den rechtlichen Vorgaben in Deutschland?

Aus Kreisen der Lobby der Agrarindustrie wird häufiger erklärt, wir hätten »den besten Tierschutz in Europa«. Dazu muss gesagt werden, dass die geschilderten Haltungs- und Züchtungsvorgaben vorwiegend zwischen Agrarindustrie und Legislative juristisch abgestimmt sind. Von den Interessenvertretern ausgewählte Sachverständige und Ministerialbürokraten betätigen sich dabei als Nachformulierer der Wirtschaftslobby und die verantwortlichen Politiker quasi als Erfüllungsgehilfen. Professor Dr. Gotthard Teutsch, ehemals Lehrstuhlinhaber für Ethik, hat sich zum Deutschen Tierschutzgesetz folgendermaßen geäußert, ich zitiere: »Wie kein anderes Gesetz ist das Tierschutzgesetz ethisch begründet und erhebt einen hohen moralischen Anspruch. Dem Tier wird ein eigenes Lebensrecht eingeräumt, sein Leben und Wohlbefinden unter den Schutz des Gesetzes gestellt. Aber wenn man Satz zwei liest: ›Niemand darf dem Tier ohne vernünftigen Grund Schmerzen, Leiden oder Schäden zufügen‹ und sich vor Augen hält, welches Ausmaß an Tierquälerei im weiteren Gesetzestext ausdrücklich erlaubt, geduldet oder als bloße Ordnungswidrigkeit verharmlost wird, dann wirkt das Gesetz im Ganzen wie moralische Hochstapelei. Es wird viel verbaler Aufwand betrieben, um einerseits die in Tierschutzfragen erheblich empfindlicher gewordene Öffentlichkeit zu beruhigen und andererseits die traditionelle Ausbeutungspraxis nicht ernsthaft zu beschneiden.«

Das Landwirtschafts- und Verbraucherschutzministerium hat versprochen, den Verbrauch an Antibiotika in der Landwirtschaft eindämmen zu wollen.
Versprechen kann man vieles. Was zählt, sind jedoch die Fakten. Weder die Vorschläge von Frau Aigner noch der sogenannte 38-Punkte-Plan des Niedersächsischen Landwirtschaftsministers Lindemann werden greifen. Denn nach meinen Erkenntnissen als ehemaliger Amtsveterinär ist es beim Thema Massentierhaltung und Resistenzentwicklung nicht einmal mehr fünf vor zwölf, sondern bereits weit nach zwölf. Da die Wirksamkeit der Antibiotika ständig abnimmt, werden die Anwendungsmengen ohne einen gravierenden Systemwechsel weiter zunehmen. Ein Weniger an Antibiotika ist nur möglich durch eine radikale Wende weg von der industriellen Tierausbeutung hin zu artgerechter Haltung, Fütterung und Züchtung. Alles andere führt in die Irre.
Und der eigentliche Grund für dies alles aus meiner Sicht als Tierarzt: Seit Bestehen der Menschheit hat es kein derartiges Maß an Tierquälerei gegeben wie in unserer Zeit. Das gilt für die Quantität als auch für die Intensität.

Was kann jeder Einzelne zur Lösung der Probleme beitragen?
Wir brauchen mehr politische Einflussnahme von demokratisch gesinnten Bürgern. Erst wenn die regierenden Politiker und Parteien

merken, dass ihnen die Wähler davonlaufen, sind sie bereit, sich den Forderungen der Wirtschaftslobby zu entziehen. Außerdem fordere ich wie zahlreiche Bürger und Verbände schon seit Jahren eine Änderung der Lebensmittel-Kennzeichnungsverordnung. Lebensmittel tierischer Herkunft sollten so gekennzeichnet sein, dass erkennbar ist, ob sie von Tieren aus artgerechter oder nicht artgerechter Haltung stammen. Wir alle, Verbraucher und demokratisch gesinnte Bürger, haben es in der Hand. Es gibt keinen Erkenntnismangel, es gibt ein Handlungsdefizit.

Herr Dr. Focke, werden Sie trotz aller Widrigkeiten weiter kämpfen?
Ich mache weiter wie bisher, halte Vorträge und Vorlesungen, schreibe Bücher und Artikel, gebe Interviews für unterschiedliche Medien, setze mich mit Landes- und Bundesministern auseinander und, und, und. Denn die Hoffnung stirbt bekanntlich zuletzt. Wenn dann aufgrund des aktuellen Geschehens immer mal wieder Zweifel aufkommen, dann halte ich es mit Martin Luther, der da sagte: »Und wenn ich wüsste, dass morgen die Welt unterginge, dann würde ich heute noch ein Apfelbäumchen pflanzen.«

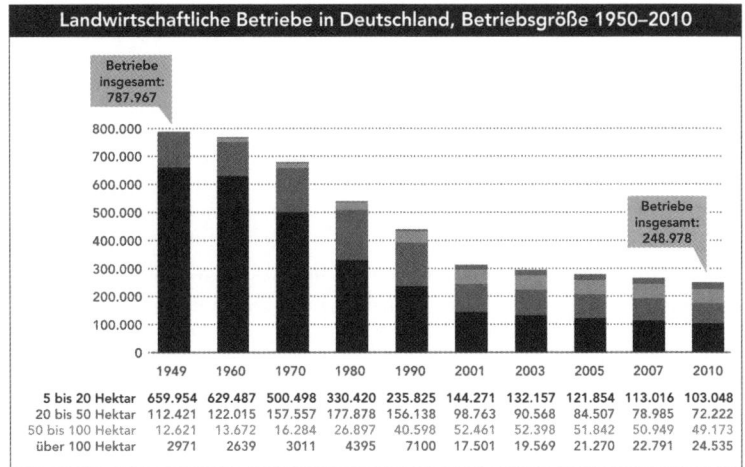

Landwirtschaftliche Betriebe in Deutschland, Betriebsgröße 1950–2010										
	1949	**1960**	**1970**	**1980**	**1990**	**2001**	**2003**	**2005**	**2007**	**2010**
5 bis 20 Hektar	659.954	629.487	500.498	330.420	235.825	144.271	132.157	121.854	113.016	103.048
20 bis 50 Hektar	112.421	122.015	157.557	177.878	156.138	98.763	90.568	84.507	78.985	72.222
50 bis 100 Hektar	12.621	13.672	16.284	26.897	40.598	52.461	52.398	51.842	50.949	49.173
über 100 Hektar	2971	2639	3011	4395	7100	17.501	19.569	21.270	22.791	24.535

Die Zahl der landwirtschaftlichen Betriebe ist seit 1949 auf weniger als ein Drittel zurückgegangen. Vor allem die kleinen Betriebe haben aufgegeben, die Betriebsgrößen haben entsprechend zugenommen.

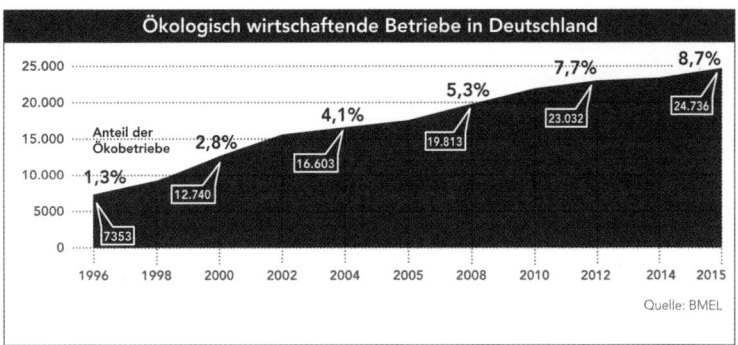

Öko-Betriebe hatten in den letzten Jahren einen beträchtlichen Zuwachs. Sie sind im Durchschnitt etwas kleiner als die konventionellen Betriebe, so dass ihr Flächenanteil in Deutschland 2015 nur bei 6,5 Prozent lag. Die Schweiz ist da mit 13 Prozent schon weiter, Österreich ist mit 21 Prozent Öko-Flächenanteil Spitzenreiter in Europa.

Tierhaltung ohne Tierschutz

Die Deutschen gelten als außergewöhnlich tierlieb, zumindest wenn es um ihre vierbeinigen Mitbewohner wie Hund und Katze geht. Doch der Schutz von Nutztieren wird hierzulande noch immer nicht ernst genug genommen: Laut dem aid-infodienst werden in der EU 100 Millionen Ferkel jährlich kastriert, in Deutschland sind es ca. 18 Millionen – meist ohne Betäubung, bereits 24 Stunden nach der Geburt. Warum? Damit ihr Fleisch gar nicht erst einen möglichen, etwas strengen Ebergeschmack entwickeln kann. Das ist nach dem Deutschen Tierschutzgesetz noch bis zum 31.12.2018 erlaubt. Schnäbel von Legehennen und Masthähnchen werden weggeschmolzen, Schwänze und Zähne bei Schweinen kupiert, damit sie sich auf engem Raum nicht verletzen. Gemeinsam mit anderen Organisationen hat der BUND einen »Tierschutz-TÜV« entwickelt, den der Bundestag zumindest für Legehennen akzeptiert hat. Dieser TÜV soll dafür sorgen, dass in Deutschland nur solche Ställe verkauft werden dürfen, die ein »ethisches Mindestmaß an Tierschutz« gewährleisten. Das bedeutet beispielsweise für Legehennen, dass sie so gehalten werden, dass sie für artgerechtes Verhalten wie Fressen, Trinken, Ruhen, Sandbaden und Eierlegen genügend Platz zur Verfügung haben. Ein Tierschutz-TÜV sollte gewährleisten, dass der Stallbau sich nicht allein an den ökonomischen Ansprüchen der Hersteller und Betreiber orientiert, sondern auf die Bedürfnisse der Tiere abgestimmt wird. Verletzungen, gesundheitliche Schäden und weitere Leiden der Tiere, die auf ein falsches »Stalldesign« zurückzuführen sind, könnten da-

Bodenhaltung ermöglicht den Hühnern wenigstens ein bisschen mehr Bewegungsfreiheit als die Käfighaltung, die seit 2012 in der Europäischen Union verboten ist. Doch die Probleme der Massentierhaltung sind hier mindestens ebenso massiv.

HÜHNER AUS ALTERNATIVER HALTUNG SIND AUF DEM VORMARSCH

Verbraucher haben schon einmal bewiesen, dass sie etwas ändern können: Seit im Jahr 2004 europaweit der Kennzeichnungs-Code auf jedem Ei eingeführt wurde, kaufen wir in Deutschland mehr Eier aus alternativen Haltungen. Laut Statistik hat sich in Deutschland die Zahl der Bio-Eier zwischen den Jahren 2004 und 2009 mehr als verdoppelt: 2004 wurden rund 270 Millionen Bio-Eier produziert, im Jahr 2009 waren es insgesamt 565 Millionen Bio-Eier.[11] Zudem ist Deutschland 2009 aus der konventionellen Käfighaltung ausgestiegen, und die Einzelhaltung in Legebatterien ist seit 2010 nicht mehr erlaubt. Heute stammt jedes zehnte Hühnerei aus ökologischer Produktion (Statistisches Bundesamt 14.10.2016).

mit in serienmäßig hergestellten Stallsystemen verhindert werden. Seit 2012 sind die alten Käfiganlagen in der EU verboten.

Turbohühner für die Masse

Beim Umgang mit Hühnern ist der Gipfel des verantwortungslosen Geschäftemachens erreicht. Aus der wilden Stammform des Haushuhns, dem Bankivahuhn, ist ein hochgezüchtetes Hybridhuhn geworden, das zwischen 215 bis 300 Eier pro Jahr legt. Von diesen Hybridrassen stammen übrigens auch Bio-Hennen und -Hähnchen ab. Doch damit nicht genug: Inzwischen wird an einem Zuchthuhn gearbeitet, das jeden Tag ein Ei legt, so dass der enorme Bedarf an Eiern gedeckt werden kann. Von Natur aus ist die Eierproduktion im Frühjahr am höchsten. Mit zunehmender Dunkelheit setzt dann im Winter die Mauser ein, und während dieser Zeit, die mehrere Wochen dauert, legt ein Huhn nur noch wenige oder gar keine Eier mehr. Diesen Vorgang steuern körpereigene Hormone. Da die Hybridhühner in dieser Phase keinen Ertrag mehr bringen, werden sie in der Regel geschlachtet, wenn sie in die Mauser kommen.

Die Mastzeit von intensiv gehaltenen Hähnchen hat sich in den letzten fünfzig Jahren von 90 auf 30 Tage verringert. Die Hochleistungszucht hat dazu geführt, dass Masthühner bei möglichst geringem Futterbedarf möglichst schnell viel Fleisch ansetzen – insbesondere im Brustbereich. Durch den unnatürlich groß gezüchteten Brustmuskel verlagert sich der Körperschwerpunkt der Tiere, daher können Hühner und Puten in den letzten Tagen vor dem Schlachten weder laufen noch kriechen. In nur 35 Tagen erreichen sie ihr Schlachtgewicht von rund 2 Kilogramm. Ein Hähnchen aus ökologischer Freilandhaltung braucht dafür zwischen 70 und 90 Tage und hat bis zur Schlachtung ein deutlich schöneres Leben gehabt als seine Brüder und Schwestern in den Industriekäfigen. Allerdings hat ein Bio-Hendl unter 3000 anderen auch enormen Stress. Nur eine wesentlich geringere Hühnerdichte pro Stall wäre der richtige Weg zu einer tierfreundlicheren Hühnerhaltung.

Doch was genau sind eigentlich Hybridhühner? Vor knapp hundert Jahren wurden Hühner in erster Linie für die Selbstversorgung von Familien gehalten. Einige Rassen legten mehr Eier, andere setzten mehr Fleisch an. In den 1920er Jahren kreuzten US-amerikanische Züchter Hühner unterschiedlicher Rassen und Familien miteinander. Es entstanden verschiedene Nutz- und Liebhaberrassen. Damit aus der Hühnerzucht ein lukrativer Geschäftszweig entstehen konnte, zählte bei den Nutzrassen nur noch die Leistung. Henry Wallace, ehemaliger Vizepräsident der USA und Gründer des Saatgut-Multis Pioneer »Hi-Bred«, übertrug 1960 das Prinzip der Hybridzüchtung von Mais auf Hühner. Aus Kreuzungen verschiedener bereits optimierter Hühnerrassen entstanden Hochleistungshybriden.

Ihre Zucht liegt in der Hand weniger Konzerne wie dem deutschen Erich-Wesjohann-Konzern (Lohmann), der niederländischen Firma Hendrix sowie der französischen Investmentgruppe Natexis. Alle

UNTERSCHIEDE IN DER HALTUNG VON MASTHÜHNERN IM ÜBERBLICK

EU-Öko-Verordnung	Konventionelle Masthühner (98 Prozent stammen aus konventioneller Haltung)	Masthuhnhaltung bei Bioland und Demeter
Tierbesatz: Max. 580 Masthühner pro Hektar landwirtschaftlicher Nutzfläche. Grundsatz: Der Geflügelhof darf nicht mehr Mist produzieren, als er auf die Felder ausbringen kann.	Tierbesatz: keine direkte Begrenzung; die ausgebrachte Mistmenge pro Hektar landwirtschaftlicher Nutzfläche wird durch die Düngeverordnung begrenzt und damit indirekt die Tieranzahl.	Tierbesatz: Bioland 280, Demeter 280 Masthühner pro Hektar. Mist ist ein wertvoller Dünger, solange das Verhältnis zwischen Mistaufkommen und Bedarf der angebauten Pflanzen ausgewogen ist.
Herdenobergrenze: Max. 4.800 Tiere pro Stall zulässig.	Keine Herdenobergrenze: 20.000 bis 30.000 Tiere pro Stall üblich.	Überbesatz fördert Stress, Aggressivität und Krankheiten. Der Grünauslauf und die Stallfläche begrenzen naturgemäß die Tieranzahl.
Stallfläche: Max. 10 Tiere mit einem Höchstgewicht von 21 kg pro m².	Stallfläche: Ca. 20 Tiere mit einem Höchstgewicht von 35 kg pro m².	
Grünauslauf: 4 m² Grünauslauf pro Tier.	Grünauslauf: Nicht vorgeschrieben.	
Überdachter Schlechtwetterauslauf vorgeschrieben.	Überdachter Schlechtwetterauslauf nicht vorgeschrieben.	Wintergärten ermöglichen ganzjährigen Auslauf, stärken die Abwehrkraft und fördern die Vitamin-D-Bildung.
Stallgestaltung: Mindestens ein Drittel der Stallfläche als eingestreuter Scharrraum; Sitzstangen vorgeschrieben.	Stallgestaltung: Einstreu und Sitzstangen nicht vorgeschrieben.	Hühner können sich artgerecht verhalten und ranghöheren Tieren ausweichen. Mit Sitzstangen wird der Raum besser ausgenutzt und strukturiert.

EU-Öko-Verordnung	Konventionelle Masthühner (98 Prozent stammen aus konventioneller Haltung)	Masthuhnhaltung bei Bioland und Demeter
Schnäbel dürfen bei Biobetrieben nur mit Ausnahmegenehmigung beschnitten oder touchiert werden.	Schnäbel dürfen gekürzt oder touchiert werden.	Schnäbel dürfen bei Bioland und Demeter nicht beschnitten oder touchiert werden; Haltungsbedingungen müssen an das Tier angepasst werden, nicht umgekehrt. Die Verletzung behindert Gefiederpflege und Futteraufnahme.
Futtererzeugung vom eigenen Hof ist nicht eindeutig vorgeschrieben, wobei aber eine standortunabhängige Tierhaltung möglich ist. Konventionelle Futtermittel sind bis max. 10 % zulässig. Bei Nichtverfügbarkeit von Futter ökologischer Herkunft sind ca. 80 Produkte konventioneller Herkunft zugelassen, z.B. konventionelles Soja und Trester aus Zitrusfrüchten.	Konventionelle Futtermittel.	Bei Bioland stammt mind. 50 % des Futters vom eigenen Betrieb oder von Betriebskooperationen. Bei Demeter muss 50 % der Tagesration Demeter-Futter sein und 2/3 der Jahresration. Max. 1/3 der Jahresration darf in Umstellung auf Demeter sein, max. 20 % Ökofutter. Bei Bioland grundsätzlich 100 % Biofutter. Bei Demeter ebenfalls 100 % Biofutter für alle Tierarten. Angestrebt wird 100 % Futter aus biologisch-dynamischer Erzeugung. Auch konventionelle Futtermittelkomponenten in anerkanntem Öko-Mischfutter sind bei allen Tierarten verboten.
Mastdauer: 70–90 Tage	Mastdauer: 32–56 Tage, oft nicht mehr als 35 Tage	Mastdauer: 70–90 Tage. So entwickeln sich Knochen proportional zur Fleischzunahme, Gelenkschäden werden vermieden.

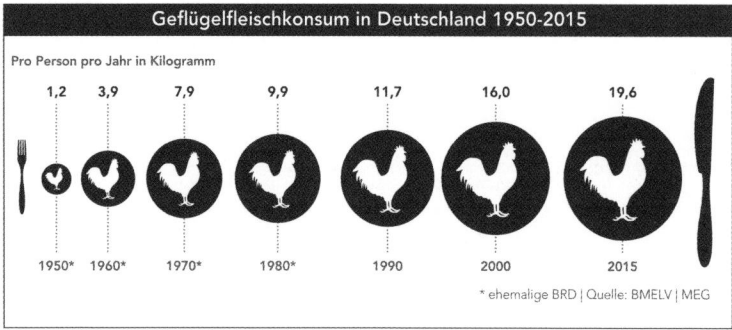

Pro Person pro Jahr in Kilogramm

1,2	3,9	7,9	9,9	11,7	16,0	19,6

| 1950* | 1960* | 1970* | 1980* | 1990 | 2000 | 2015 |

* ehemalige BRD | Quelle: BMELV | MEG

züchten eigene Hühnerfamilien – also die Eltern aller zur Kreuzung verwendeten Elterntiere – und verkaufen den Bauern die Elterntiere. Die Hühnerzucht ist zu einem komplizierten und teuren Verfahren geworden, das sich nur noch große Brüter-Gesellschaften leisten können und das neben ethischen Bedenken auch noch etliche Nachteile für die Hühnerbauern hat: Sie bleiben abhängig von den Großkonzernen, da man mit den meist steril gewordenen Hybriden nicht weiterzüchten kann.

Aber: Die Deutschen essen immer mehr Geflügel und Eier: durchschnittlich knapp 220 Eier pro Jahr und Kopf, insgesamt etwa 15 Milliarden. 13,7 Milliarden stammten im Jahr 2013 aus Eigenerzeugung, der Rest wurde durch Einfuhr gedeckt.

Im Jahr 1980 aß ein Deutscher durchschnittlich rund 10 Kilogramm Geflügel pro Jahr, im Jahr 2015 waren es 19,6 Kilo – ein Höchststand laut der Marktinfo Eier & Geflügel (MEG).

Das sagt der Erzeugercode auf dem Ei

Jeder von uns kann mit Hilfe des Erzeugercodes auf den Eiern, die er kauft, nicht nur das Legedatum, sondern auch die Art der Hühnerhaltung, das Erzeugerland, das Bundesland und die Stallnummer zurückverfolgen. Somit können wir indirekt bestimmte Haltungsformen unterstützen und andere boykottieren.

Beispielsweise könnte ein Erzeugercode so aussehen: 0-DE-1300871

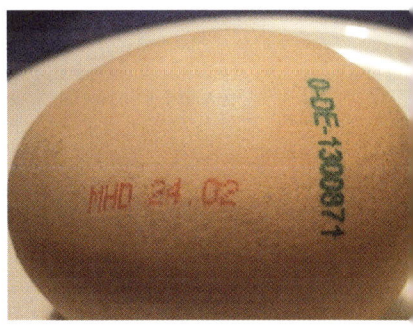

Die erste Ziffer auf dem Stempel steht für das Haltungssystem:

0 = Ökologische Erzeugung, 1 = Freilandhaltung, 2 = Bodenhaltung, 3 = Käfighaltung

Die folgenden Buchstaben verraten, aus welchem Land das Ei kommt: AT = Österreich, BE = Belgien, DE = Deutschland, IT = Italien, NL = Niederlande

Die darauffolgende mehrstellige Nummer zeigt an, in welchem Legebetrieb die Henne lebt, von der das Ei stammt. Ist der Betrieb an den Verein für kontrollierte Tierhaltungsformen (KAT) angeschlossen, erkennbar am Logo auf der Packung, können Sie diese Nummer gezielt über das Internet unter www.was-steht-auf-dem-Ei.de aufschlüsseln.

Bei dem Ei mit der Nummer 0-DE-1300871 handelt es sich beispielsweise um ein Bio-Ei aus dem Betrieb 0087, Stall 1 in Mecklenburg-Vorpommern.

0	**Ökologische Erzeugung** (»Bio-Eier«): Futter aus ökologischem Anbau, Auslaufhaltung, Belegdichte im Stall höchstens 6 Legehennen pro m².
1	**Freilandhaltung**: Stallhaltung wie bei Bodenhaltung, zusätzlich tagsüber Auslauf ins Freie; jedem Huhn stehen im Auslauf mindestens 4 m² Fläche zur Verfügung.
2	**Bodenhaltung**: Stallhaltung, 9 Tiere auf 1 m² ohne Auslauf; ein Drittel des Stalls ist eingestreut, um den Hennen artgerechtes Verhalten zu ermöglichen, Nester auf mehreren Etagen.
3	**Käfighaltung** (Legebatterie): Haltung in herkömmlichen Käfigen, keine Sitzstangen oder Nester, sehr beengte Lebensweise ohne Möglichkeit für die Hühner, sich artgerecht zu verhalten.

Aufklärung tut not

Ein wesentlicher Grund dafür, warum es unseren Nutztieren, also auch den Schweinen und Rindern, so schlecht geht, ist, dass keiner von uns so recht weiß, wie Zucht, Haltung und Schlachtung funktionieren. Kühe beispielsweise werden mit Hilfe automatischer Fütterung und Gen-Soja auf rekordverdächtige Milchmengen getrimmt, für die es gar keinen Bedarf gibt. Sie werden mit Melkrobotern gemolken, in der Folge leiden 40 Prozent der Kühe unter Eutererkrankungen. Heute ist eine Milchkuh gerade mal 1,7 Jahre lang leistungsfähig, früher waren es 4 bis 5 Jahre. Die Tiere landen also im besten Alter ausgelaugt und krank auf dem Schlachthof.

Fleisch essen wir, verdrängen aber gerne, dass dafür ein Tier getötet werden muss. Früher war das Schlachten noch ein traditionelles

Ein Naturland-Familienbetrieb mit Direktvermarktung im Hofladen: Wenn die Bauern ihren Hof herzeigen, können alle sehen, woher die Produkte kommen.

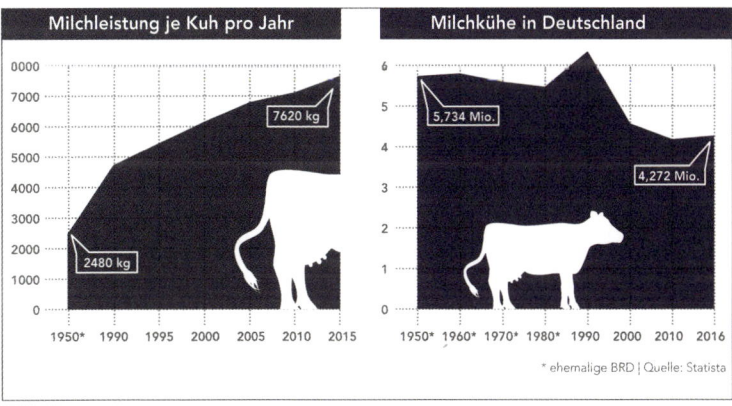

Milchleistung je Kuh pro Jahr

0000
7000 ········· 7620 kg
6000
5000
4000
3000
2000 ····· 2480 kg
1000
0

1950* 1990 1995 2000 2005 2010 2015

Milchkühe in Deutschland

6
5 ····· 5,734 Mio.
4
3 ····· 4,272 Mio.
2
1
0

1950* 1960* 1970* 1980* 1990 2000 2010 2016

* ehemalige BRD | Quelle: Statista

Handwerk, heute ist es ein automatisierter Vorgang. Ein Metzger, der in einem Schlachthof arbeitet, kann weder richtig töten noch schlachten. Weil er es nicht gelernt hat. Er kann den Tieren, die vom Transport gestresst und erschöpft sind, nicht die Angst nehmen, da er selbst unter Zeitdruck steht. Da das Schlachten im Akkord geschieht, reicht die Betäubung oft nicht aus, wenn die Tiere gebrüht oder Gliedmaßen amputiert werden. Selbst Tiere aus ökologisch wirtschaftenden Betrieben landen in den Massenschlachtereien. Der Metzger von heute ist auch nicht in der Lage, Warmfleisch von Hand zu verarbeiten, so wie es früher am Schlachttag üblich war. Das erledigen Maschinen für ihn. Wie soll er da eine Beziehung zu dem entwickeln, was er tut?

Hühner in Freilandhaltung gehören zum traditionellen Bild eines Bauernhofes. So gut sollen es meine Hühner haben: kleine Gruppen, viel Auslauf.

Die Automatisierung hat nicht nur den Tieren, sondern auch uns einen Teil der Seele geraubt. Das Einzige, was zählt, ist die billige industrielle Massenproduktion. Weil angeblich alle Schweinefilet oder Geflügel essen wollen, das im Einkauf weniger kostet als eine Stunde Parken in Wien. Wollen wir das wirklich? Bei handfesten wirtschaftlichen Interessen helfen wahrscheinlich nur eine Verschärfung der Tierschutzgesetze und stärkere Kontrollen.

Aber auch wir können etwas tun:

- Wir können uns beim Einkauf nach Stallgröße, Rasse, Fütterung und Weidehaltung der Tiere erkundigen.
- Wir können konsequent nachfragen, wie und wo das Fleisch verarbeitet wurde.
- Wir können weniger Fleisch essen.
- Wir können das ganze Tier essen.
- Wir können direkt beim Erzeuger kaufen.
- Wir können uns für mobile Schlachteinrichtungen und den Weideschuss starkmachen.

Was ist unser Essen wert?

Stellen Sie sich vor, Sie machen am Freitagnachmittag den Wocheneinkauf für die Familie. Sie laden den Einkaufswagen voll mit Joghurt, Brot, Müsli, Äpfeln, Bananen, Käse, Wurst und Keksen. Sie zahlen und auf dem Weg zum Parkplatz werfen Sie die Hälfte Ihrer Einkäufe in einen großen Müllcontainer – jeden zweiten Joghurt, jede zweite Packung Wurst, jeden zweiten Apfel und so weiter. Was übrig bleibt, verarbeiten Sie zu Hause. Sie kochen und backen, brauchen Zeit, Strom und Energie. Kaum sind die Speisen fertig, landet wieder die Hälfte im Müll. – Sie finden das übertrieben? Seien Sie ehrlich zu sich: Der einzige Unterschied zur Realität besteht darin, dass Sie mit dem Wegwerfen ein bisschen warten. Verrückt, oder? Fleisch, Fisch, Wurst, Obst, Gemüse, Brot … Nahrungsmittel sind heute so billig, dass wir achtlos damit umgehen.

Aber ich kann dieses Verhalten gut verstehen, denn jahrelang habe ich das Gleiche gemacht: mich nach Wegwerfmentalität ernährt. Begann ein Apfel an einer Stelle zu faulen, habe ich ihn in den Müll geworfen. Ebenso die verschrumpelte Möhre und das letzte Stück hart gewordenen Käse, das schwitzend im Kühlschrank lag. Wie oft habe ich rohe Eier weggeschmissen, weil ich vergessen hatte, wie lange sie schon bei mir lagerten, und keine Ahnung hatte, ob sie noch gut waren. Ebenso verfuhr ich mit Milch. Riecht die nicht schon ein bisschen komisch …? Lieber weg damit! Der Joghurt, der kann doch gar nicht mehr gut sein … Und die Wurst, die ist ja schon angetrocknet. Also weg damit. Auch Brot und Brötchen, die mich in der Kindheit ernährt hatten, »entsorgte« ich im großen Maßstab. Ihr Schicksal: Sie waren alt, trocken, unansehnlich. Und sie kosteten kaum etwas. Denn inzwischen verdiente ich genug Geld, um mir den Luxus zu erlauben, der unseren Ernährungsüberfluss kennzeichnet: Essen, was und wann ich will, so viel ich will – und auch wegschmeißen, was ich nicht mehr will. Vor allen Dingen fehlte mir das Bewusstsein für die Folgen meiner Verschwendung.

WIE LANGE SIND LEBENSMITTEL FRISCH?

Eier: Legen Sie ein rohes Ei in ein Glas mit Wasser. Bleibt das Ei auf dem Boden liegen, ist es ganz frisch. Wenn es sich aufrichtet, ist es noch immer zu verwenden. Schwimmt es oben, ist es nicht mehr genießbar. Der Auftrieb kommt durch die allmählich größer werdende Luftkammer am stumpfen Ende des Eis zustande. Übrigens: Wann genau ein Ei gelegt wurde, weiß man, wenn man vom Mindesthaltbarkeitsdatum drei Wochen rückwärts rechnet. Wenn man ein Ei aufschlägt und es hat ein schön pralles, nicht zerlaufendes Dotter, ist auch dies ein Zeichen von Frische. Die Dotterfarbe sagt übrigens nichts über die Qualität eines Eis aus. Heute bekommen viele Hühner Betacarotin ins Futter gemischt, damit das Eigelb schön orange leuchtet. Der etwas schwefelige Geruch und der berühmte grüne Dotterrand bei gekochten Eiern sagt nichts über die Frische aus, sondern nur, dass sie zu lang gekocht wurden. 8 bis 9 Minuten reichen völlig aus, um ein Hühnerei hart zu kochen.

Käse: Ich habe schon Hartkäse gegessen, der drei Jahre alt war. Er sah zwar zugegebenermaßen nicht mehr wirklich appetitlich aus, schmeckte aber hervorragend. Solange er nicht verschimmelt ist, kann man beruhigt reinbeißen. Einfach den Anschnitt wegschneiden. Fein reiben geht auch, dann kann man ihn zum Würzen oder Überbacken für diverse Speisen verwenden.

Joghurt: Wird nicht so schnell schlecht, wie man denkt. Wenn, dann schimmelt er oder er riecht sehr unangenehm. Beides kann man unschwer erkennen.

Gut essen ist keine Frage des Geldes

Als Kind war Essen für mich von überragender Bedeutung. Ich aß schon immer gern, das ist meiner ganzen (zum Großteil unerklärlich schlanken) Familie zu eigen. Dass ich auch gerne koche, verdanke ich wahrscheinlich meiner Großmutter väterlicherseits. Sie war eine sehr mütterliche Tschechin, die außer ihrem warmen Akzent auch diverse Rezepte aus ihrer Heimat mit nach Wien gebracht hatte. Und ich habe wohl ihr kulinarisches Erbe angetreten.

Die Oma mütterlicherseits, Oma Gerda, war dagegen ein kulinarisches Fiasko. Sie war auch die Dünnste in unserer Familie, und schon als kleines Mädchen habe ich mich gefragt, wie man als Oma nur so mager sein kann. Oma Gerda war sehr resolut. Was auf den Tisch kam, wurde gegessen. Ihre im kochenden Wasser vollgesogenen geplatzten Würstchen ohne eine Chance auf Widerspruch essen zu müssen gehört zu meinen traumatischsten Esserinnerungen. Dazu war sie eine der sparsamsten Personen, die ich je kennengelernt habe. So pinselte sie die Brotscheibe mit Margarine ein, kratzte dann mit dem Messer das überschüssige Fett wieder ab, bevor sie eine akkurat passende halbe Scheibe Lyoner darauf platzierte. Heute denke ich mir, das hat wohl mit ihren Kriegserfahrungen zu tun.

Dafür hat meine Mutter beinahe göttergleich gekocht. Ich und meine beiden Geschwister, wir haben ihr Essen geliebt. Meine Mutter kochte zwar nicht täglich für uns, denn sie war alleinerziehend und berufstätig. Das Geld reichte hinten und vorne nicht, und ihr blieb nicht viel Zeit für ein großes Mittagessen, daher aßen wir meist in der Schule und ansonsten sehr viele Margarinebrote mit Extrawurst. Wenn meine Mutter aber kochte, dann war es ein Fest. Es gab krosse Bratkartoffeln und manchmal Bratwürstel dazu, Kohlrouladen mit Gehacktem und ab und an einen Gugelhupf oder einen gedeckten Apfelkuchen. Ich stibitzte oft die Rosinen, die für den Kuchen bestimmt waren. Mutti kochte immer frisch, Konserven oder Fertigprodukte waren in den späten 1950er und frühen 1960er Jahren unerschwinglich und kamen erst allmählich in Mode. Für meine Familie war das also überhaupt keine Option. Zum Glück.

Als ich später in Berlin wohnte, ohne Schulabschluss und folglich auch ohne Berufsausbildung, allein, ohne Geld und mit einem drei Monate alten Säugling, musste ich Sozialhilfe beantragen, damit ich etwas zu essen kaufen konnte. Ich habe mich sehr dafür geschämt, dass ich staatliche Hilfe in Anspruch nehmen musste, und war gleichzeitig unendlich dankbar für diese Möglichkeit. Die Sozialhilfe war meine Rettung, ich hätte sonst nicht gewusst, was ich hätte machen sollen. Aber sie schwächte mich auch gleichzeitig. Sie nagte an meinem Selbstwertgefühl und an meinem Wunsch nach Eigenständigkeit. Nach achtzehn Monaten fand ich dann endlich die Kraft, mich aus der Sozialhilfe zu lösen, fand einen Job als eine Art Sekretärin bei einem Bekannten und nach langem Betteln auch einen Kindergartenplatz für meinen Sohn. Das war meine Fahrkarte in ein anderes Leben. Aber bis dahin musste ich mit dem Geld haushalten. Ich musste von Tag zu Tag wirtschaften, Großeinkäufe gab es natürlich nicht. Und ich musste entscheiden, ob ich das letzte Geld für einen Milchkaffee ausgebe oder Brötchen und Joghurt für meinen Sohn und mich einkaufe. Damals begann ich, sorgsam mit Essensresten umzugehen: Übrig gebliebene Brötchen habe ich aufgehoben und zu Knödeln verarbeitet, zu Scheiterhaufen, zu Brotsalat, zu gerösteter Brotsuppe oder als Arme Ritter ausgebacken. Geröstete Grießsuppe war ein billiges und herrliches Essen, genauso Nudeln mit Öl und Knoblauch oder ein mit Wasser gestreckter Palatschinken. Erstaunlich, wie viele ich davon essen konnte! In meiner Erinnerung habe ich die ganze Zeit gegessen. Vielleicht habe ich aber auch immer nur ans Essen gedacht.

Als ich mit den Jahren mehr Geld verdiente, änderte sich dies. Aus der ehemals einsamen Orange zu Weihnachten wurde ein ganzes Süßwarensortiment: Stollen, Lebkuchen, Kekse – zwar meist selbst gebacken, aber manchmal so viel, dass ich den Rest, der alt und trocken und bröselig war, in den Müll warf. Und mit den selbst gemachten Knödeln war es für viele auch vorbei: Die Knödel aus der Tüte waren unschlagbar schnell zubereitet und unschlagbar billig. Eine ganze Generation verliebte sich in die Suppe aus der Tüte. Sie war ebenso schnell fertig und ebenso billig. Der Geschmack vieler Le-

Muttis Kohlrouladen (meine Krautwickel)

Für 4 Personen

2 Brötchen vom Vortag oder noch älter
Salz
1 TL Kümmel, ganz
1 großer Kopf Weißkohl
schwarzer Pfeffer aus der Mühle
3 Zwiebeln
1 EL Butter oder Öl
2 Eier

400 g gemischtes Hackfleisch
je 1/2 TL Majoran und Thymian
1/2 TL frisch gemahlener Kümmel
1/2 TL Paprikapulver, edelsüß
1 Karotte
60 g Räucherspeck (nach Belieben)
3 EL Butterschmalz
1 EL Mehl

• Brötchen in heißem Wasser einweichen und gut ausdrücken.

• In einem großen Topf Salzwasser mit Kümmel zum Kochen bringen. Den Krautkopf putzen, den Strunk entfernen und die äußeren Blätter ablösen. Den Kopf im kochenden Wasser blanchieren und kalt abspülen. Das Kochwasser nicht wegschütten.

• Eine Zwiebel abziehen, klein würfeln und in der Butter oder in Öl andünsten. Zwiebelwürfel, Brötchen und Eier unter das Hackfleisch mischen. Kräftig mit Salz, Pfeffer und den übrigen Gewürzen würzen.

• 8 große Krautblätter auf der Arbeitsfläche auslegen, auf jedes große Blatt 2 bis 3 kleinere legen. Je 2 EL Hackfleischmischung daraufgeben, die Blätter seitlich über die Füllung schlagen, fest aufrollen und mit Küchengarn zubinden.

• Karotten waschen und in Scheiben schneiden, die Zwiebeln schälen und vierteln. Den Speck in Scheiben schneiden, etwas von dem restlichen Kraut in Streifen schneiden. Den Backofen auf 200 °C (Umluft 180 °C) vorheizen.

• In einem großen Bräter das Schmalz erhitzen, die Kohlrouladen darin von allen Seiten kräftig anbraten. Speck, Zwiebeln, Karotten und Kraut einlegen, kurz mitbraten. 1/2 l Kochwasser vom Kraut zugießen. Zugedeckt im Ofen auf der mittleren Schiene 50 Minuten schmoren.

• Die fertigen Kohlrouladen aus dem Bräter nehmen. Das Mehl mit 3 EL Wasser verquirlen, unter die Sauce rühren und kurz aufkochen lassen.

Tipp
Dazu passen Salzkartoffeln, grüner Salat oder Rote-Bete-Gurkensalat.

bensmittel veränderte sich allerdings auch recht schnell – in unschlagbar künstlich und, sagen wir mal, gewöhnungsbedürftig.

Aus süßen Kuchenresten und Broten mache ich Desserts, Aufläufe oder Punschkrapfen. Aber natürlich auch süße Knödel. Oder ich mische süße Brösel mit ein paar gemahlenen Nüssen für Nusskuchen.

Wider die Verschwendung

Ein Blick auf die Weltkarte des Hungers zeigt, dass die meisten Lebensmittel dort verderben, wo die Menschen entweder zu wenig oder zu viel zu essen haben. Ein Drittel aller weltweit produzierten Lebensmittel wird verschwendet oder geht verloren. Das ist das Ergebnis der von der Welternährungsorganisation der Vereinten Nationen (FAO) in Auftrag gegebenen Studie »Verlust und Verschwendung von Nahrungsmitteln«, die im Mai 2011 vorgestellt wurde. Demnach verschwendet in Europa und Nordamerika jeder Mensch pro Jahr durchschnittlich bis zu 115 Kilogramm Lebensmittel. In ärmeren Regionen, wie Südostasien oder Afrika, sind es bis zu 11 Kilogramm. Hier gehen die Rohstoffe hauptsächlich beim Transport zwischen Ernte und Verkauf verloren, weil Mäuse und Ungeziefer sich über das Korn hermachen. Fleisch, Fisch oder Obst verdirbt auf langen Transportwegen, wenn es keine funktionierenden Kühlketten gibt und keine Möglichkeit, die Produkte vor Ort zu verarbeiten oder haltbar zu machen. In den wohlhabenden, industrialisierten Regionen sind überwiegend Händler und Konsumenten dafür verantwortlich, dass viele Lebensmittel auf dem Müll landen. Laut Joachim von Braun vom Zentrum für Entwicklungsforschung an der Universität Bonn könnten von dieser Menge problemlos alle Hungernden dieser Welt ernährt werden.

Vor allem aber führt unsere Wegwerfmentalität dazu, dass zu viel an guten Nahrungsmitteln produziert wird: Weil wir von unserem Bäcker erwarten, dass er auch abends um sechs eine große Auswahl bietet, vom Dinkelbrot bis zum Ciabatta, produzieren die Backstuben bis zu einem Drittel mehr an Backwaren, als benötigt werden.

Und wann hört man an der Fleischtheke schon mal: »Koteletts? Die sind ausverkauft«? Salatköpfe mit einem welken Blatt gelten als unverkäuflich, Pfirsiche werden stiegenweise auf den Müll gekippt, wenn nur einer von ihnen zu schimmeln beginnt. Wenn neue Ware ins Regal geräumt wird, fliegt die alte in den Container. Und dass die Europäische Kommission im Jahr 2009 die völlig absurde »Gurkenverordnung« kippte (übrigens gegen die Mehrheit der EU-Mitgliedstaaten sowie der Handels- und Bauernverbände), nach der eine Gurke der Handelsklasse »Extra« maximal eine Krümmung von zehn Millimetern auf zehn Zentimetern Länge aufweisen durfte, ist dem Handel egal. In seinen Auslagen landen nach wie vor nur kerzengerade Exemplare.

Die Verschwendung der Lebensmittel ist nicht nur ein ethischer Skandal, sie hat auch handfeste Konsequenzen. Wer sich wirklich um die hungernde Bevölkerung der armen Länder kümmert, der merkt schnell: Am häufigsten hungert die Bevölkerungsgruppe, die der Nahrung am nächsten ist: die Bauern. Nach dem Welthungerbericht der FAO von 2015 leiden weltweit rund 795 Millionen Menschen an Hunger. Besonders groß ist der Hunger in Entwicklungsländern, vor allem in Asien und in den afrikanischen Ländern südlich der Sahara, wo der Prozentsatz der hungernden Bevölkerung mit 23,2 Prozent weltweit am höchsten ist. Es sind Menschen, die direkt in die Produktion von Nahrungsmitteln involviert sind. Dazu kommen Umweltkatastrophen wie Überflutungen und Dürre oder Kriege, die zusätzlich jedes Jahr erneut Hungerkrisen in ganzen Regionen auslösen.

Den Kleinbauern dort fehlt es an fruchtbarem Land, an Saatgut, an Werkzeugen, Krediten und oft auch an Informationen, wie sich mit geringen Mitteln viel bewegen ließe. Doch statt diese Bauern zu unterstützen, die den Hunger vor Ort nachhaltig zum Verschwinden bringen könnten, verordnen Weltbank und IWF Strukturanpassungsprogramme, wie der Nobelpreisträger Walden Bello meint. In seinem Buch »Politik des Hungers«[12] zeigt er, wie Hunger durch politische Fehlentscheidungen entsteht, und propagiert eine »Rückverbäuerlichung« der Landwirtschaft. Als Modell dient ihm die 1993 gegründete internationale Vereinigung La Via Campesina, die für eine umweltfreundliche, kleinbäuerliche Landwirtschaft zur lokalen Versorgung eintritt.

Noch aber wird die Landwirtschaft fast überall kapitalisiert und Armut und Hunger so weiter befeuert. Dass die Kleinbauern nicht genug Nahrungsmittel für sich herstellen können, liegt auch an den örtlichen Regierungen. Deren Politik vernachlässigt die ländliche Bevölkerung und Landwirtschaft zugunsten der politisch einflussreicheren Stadtbevölkerung. Keine gesicherten Landbesitzverhältnisse, zu niedrige Erzeugerpreise, mangelnder Zugang zu Saatgut – diese und andere Aspekte führen dazu, dass die Kleinbauern sich nicht selbst versorgen können.

»Die politischen Versäumnisse der Hungerländer müssen ebenso klar benannt werden wie unsere Verantwortlichkeit für das Leid in der Welt«, berichtet foodwatch. »Mit 55 Milliarden Euro und damit dem größten Etat, der der EU zur Verfügung steht, subventioniert die Staatengemeinschaft die europäischen Landwirtschaftsbetriebe und verbilligt damit unsere Exporte in die Entwicklungsländer – mit verheerenden Folgen für deren Landwirtschaft: Ein EU-Hähnchen auf dem Markt von Dakar im Senegal ist billiger als das eines einheimischen Geflügelproduzenten, und auch mit subventioniertem Rindfleisch oder billigem Schweinefleisch aus Europas Fleischfabriken können die kleinen Produzenten aus afrikanischen Ländern nicht mithalten.«[13] Sie finden keine Abnehmer für das, was in ihren Ställen aufwächst und auf ihren Äckern gedeiht.

Und westliche Regierungen und Agrarkonzerne reden lieber von neuen, teuren Techniken: Gentechnik auf dem Acker, neues (teures) Saatgut und neue (teure) Maschinen. Zunehmend werden die Äcker und das Wasser vor allem in Afrika auch für den Bedarf an Lebensmitteln, Futterpflanzen, Schnittblumen, Fleisch oder angeblich ökologischen Biotreibstoffen genutzt, die den armen Ländern nur geringe Einnahmen bringen und ihre Ernährungssicherheit gefährden.

Umso ungerechter ist es, wenn die Orangen aus Brasilien oder die Äpfel aus Südafrika hier nach zwei Tagen im Regal weggeworfen werden, weil sie Druckstellen haben. Wie oft haben wir als Kinder

WAS MAN AUS ALTBACKENEM MACHEN KANN

Altbackenes Brot eignet sich wunderbar zur Vorratshaltung. Allerdings sollte man es luftig gut durchtrocknen lassen und in einem Leinen- oder Baumwollbeutel aufheben. Ich mache aus Brotresten beispielsweise Brösel, also Paniermehl, oder Würfel für meine Semmelknödel (mehr dazu auf Seite 267 f.). Wunderbare Restegerichte für festes Brot sind Brotsalat, Arme Ritter und Scheiterhaufen (siehe Seite 55). Suppen und Saucen lassen sich sehr schön mit Bröseln binden, und man kann aus dem klein gewürfelten Brot Füllungen für Braten und Knödel zubereiten. Dazu röste ich die Würfelchen mit Zwiebeln, Knoblauch, Kräutern oder Speck an.

gestöhnt, wenn unsere Mütter sagten: »Iss den Teller leer, die armen Kinder in Afrika würden sich freuen ...« Was hätte denn unser Essen den Kindern in Afrika geholfen? Heute ist die Verbindung manchmal ganz einfach nachvollziehbar: Der Victoriabarsch auf unserem Teller, an dem wir rummäkeln, ist aus dem fernen Uganda eingeflogen worden – und liegt deshalb eben nicht auf dem Teller einer ugandischen Familie.

Dazu kommen die Ressourcen, die benötigt werden, bis das Essen auf unseren Tellern landet, also Boden, Wasser, Dünger und Arbeit, aber auch die Treibhausgase bei Produktion, Transport und Zubereitung – nur um das alles in die Tonne zu treten. Machen Sie sich einmal bewusst, dass für die Produktion von einem Stück Kuchen Folgendes verwendet wurde: Das Getreide für das Mehl wurde gesät, geerntet, transportiert, gereinigt, gewaschen, gemahlen, abgefüllt, verpackt, gelagert, wieder transportiert, verteilt und landete schließlich beim Bäcker oder Konditor. Für die Eier im Kuchen wurde ein Hühnerstall gebaut, Hühner wurden gefüttert. Dann wurden die Eier eingesammelt, gestempelt, sortiert, verpackt, transportiert, eingeord-

WEGWERFVERHALTEN DEUTSCHER KONSUMENTEN

Eine vom Bundesverbraucherministerium in Auftrag gegebene Forsa-Umfrage im Mai 2011 liefert erste Erkenntnisse über das Wegwerfverhalten deutscher Konsumenten: 58 Prozent gaben an, dass in ihrem Haushalt regelmäßig Lebensmittel weggeworfen werden, oft noch originalverpackt. Rund 84 Prozent der Deutschen werfen Lebensmittel weg, weil das Haltbarkeitsdatum abgelaufen oder die Ware verdorben ist. 19 Prozent nennen zu große Packungen als Hauptgrund, 16 Prozent schmeckt es schlicht und einfach nicht. Und rund ein Viertel gibt an, zu viel gekauft zu haben. 69 Prozent der Bürger bereitet das Wegwerfen von Lebensmitteln ein schlechtes Gewissen.

WAS BEDEUTET EIGENTLICH MINDESTHALTBARKEITSDATUM?

Ein Mindesthaltbarkeitsdatum (MHD) auf einem Lebensmittel bedeutet nicht, dass es ab diesem Zeitpunkt schlecht ist. Dieses Datum ist vielmehr eine Garantie des Herstellers für die Qualität des Produkts. Die Fristen variieren dabei sehr stark, wie die Stiftung Warentest herausfand. Ein Fruchtsaft hält demnach ungeöffnet zwischen sieben Monaten und zwei Jahren, Reis zwischen einem Jahr und drei Jahren. Bis zum angegebenen Datum garantiert der Hersteller, dass die Produkteigenschaften unverändert erhalten bleiben, vorausgesetzt, das Produkt wird wie empfohlen aufbewahrt. Nach Ablauf des Mindesthaltbarkeitsdatums kann ein Lebensmittel also durchaus noch verzehrt werden.

Davon zu unterscheiden ist das Verbrauchsdatum, das man auf leicht verderblichen Lebensmitteln wie abgepacktem Hack oder Geflügel findet. Dies besagt, dass das Lebensmittel bis zu dem angegebenen Datum verzehrt sein sollte.

net, etikettiert. Das Gleiche gilt für den Zucker, die Gewürze, die Nüsse und so weiter …

Wenn Sie also dieses Stück Kuchen wegwerfen, weil Sie einfach zu viel gekauft haben und es schon leicht vertrocknet ist, dann ist das leider kein Privatvergnügen, das nur Sie und Ihren Geldbeutel etwas angeht.

Wenn man dies alles bedenkt, sollte einem die Entscheidung leichtfallen, in Zukunft achtsamer mit Sonderangeboten und Lockangeboten umzugehen. Kaufen Sie nur so viel, wie Sie wirklich benötigen. Keiner von uns verhungert innerhalb von einem Tag! Aber das Sonderangebot von heute ist morgen schon wieder Müll.

Regionale Produkte haben kurze Transportwege und sind deshalb frisch. Und sie schaffen Verbindung und Zusammenhalt.

Achtsam einkaufen

Keiner von uns denkt daran, dass uns in unserem System der kapitalistischen Marktwirtschaft garantiert niemand etwas schenkt und wir genau deshalb ganz sicher kein Schnäppchen machen. Wenn dies so wäre, dann würden wir dieses Schnäppchen nur auf Kosten anderer machen – auf Kosten der Natur, der Umwelt, der Tiere, der Lebensmittelhandwerker und Bauern. Der Händler macht immer einen Preis, der zuallererst ihm selbst noch einen Gewinn bringt. Alle anderen, die an der eigentlichen Wertschöpfung beteiligt sind, sind von einem ausgeklügelten Vertriebssystem abhängig und werden beim Preis gedrückt. Daher ist der Direkteinkauf das, was wir anstreben sollten.

- Unterstützen Sie Gärtner, Bäcker und Bauern in Ihrer Nachbarschaft. So bewahren Sie auch die Vielfalt Ihrer Region.
- Kaufen Sie kein Fleisch, das aus industrieller Massentierhaltung stammt (siehe dazu das Kapitel »Was bedeuten die verschiedenen Ökosiegel?«, Seite 145 ff.).

- Kaufen Sie nichts, dessen Herkunft Sie nicht kennen. Das ist oft nicht ganz einfach. Auf Nachfragen zucken viele Verkäufer die Achseln, oder sie erzählen vielleicht etwas, das eher nach einer Notlüge klingt. Trotzdem: Fragen Sie immer wieder nach! Seien Sie lästig! Sagen Sie dem Verkäufer, er könne sich ja bis zum nächsten Mal erkundigen. Machen Sie ihm deutlich, dass es Ihnen nicht egal ist, woher Ihre Lebensmittel kommen.
- Unterstützen Sie kleine Lebensmittelmärkte, dort haben Sie auch Einfluss auf das Warenangebot. Meiden Sie Läden, bei denen Sie nichts anfassen oder nicht an der Ware schnuppern dürfen. Sie probieren ja auch Schuhe an, bevor Sie sie kaufen.
- Lesen Sie das Kleingedruckte. Die Abbildungen täuschen (Früchte kommen nur als Aroma vor, Kühe auf grünen Wiesen verschleiern lichtlose Tierfabriken) und die Etiketten geben Aufschluss über Inhaltsstoffe des Produkts. Wenn Sie auch nur ein Wort davon nicht verstehen: Warum sollten Sie es dann kaufen geschweige denn essen?
- Wenn Sie gutes Trinkwasser zu Hause haben, ist es nicht nötig, Mineralwasser einzukaufen. Wieso sollten Sie Geld für teures, schlechter kontrolliertes Wasser ausgeben, das oft von weither importiert wird, und noch dazu für die Herstellung von Plastik- und Glasflaschen Ressourcen an Energie und Rohstoffen verschwenden? Die Trinkwasserqualität in Deutschland ist in den meisten Regionen sehr gut. Erkundigen Sie sich bei Ihrem örtlichen Wasserwerk.
- Packen Sie nicht jede einzelne Paprikaschote in eine extra Tüte. Man kann das Preisetikett auch direkt auf den Apfel oder die Banane kleben und zu Hause entfernen. Kaufen Sie möglichst keine plastikverpackte Ware.
- Kaufen Sie keine Fertigwürze, Fertigsaucen oder Tütensuppen, denn darin stecken meist Geschmacksverstärker und andere Zusatzstoffe. Je feiner etwas gemahlen und vermischt ist, desto weniger wissen Sie, was der Ursprung war und wie frisch es ist.
- Wenn Sie zu viel gekauft haben oder in den Urlaub fahren, fragen Sie Nachbarn oder Freunde, ob sie Ihre Lebensmittel über-

EINKAUFTIPPS

Zum Schluss noch ein paar Tipps zum sinnvollen Einkaufen. Sie sind zwar alles andere als neu, man kann sie aber nicht oft genug wiederholen.

- Schauen Sie vor dem Einkauf ins Regal und in den Kühlschrank. Sind noch Möhren da? Was machen wir heute Abend aus dem Blumenkohl im Gemüsefach? Wie sehen die nächsten Tage aus? Sind wir eingeladen und kochen eh nicht zu Hause? Planen Sie für eine Einladung eher kleinere Hauptspeisen und Vor- und Nachtische: Dann sind Sie flexibler, wenn plötzlich jemand absagt.

- Wenn es geht, vermeiden Sie den wöchentlichen Großeinkauf, sondern gehen lieber öfter kleine Mengen einkaufen. Trauen Sie sich, notfalls die Nachbarin um ein Ei zu bitten, statt immer eine halbe Legebatterie im Kühlschrank zu haben. Daraus ergeben sich manchmal sogar ausgesprochen nette Kontakte.

- Keine Angst vor der Leere im Kühlschrank. Vielleicht fordert das Sammelsurium an angebrochenen Lebensmitteln ja Ihre Kreativität heraus? Oder wie wäre es mit einem offiziellen Reste-Essen, bei dem kleine Tapas anstelle eines durchkomponierten Menüs auf den Tisch kommen?

- Schreiben Sie einen Einkaufszettel, und kaufen Sie nur das, was daraufsteht.

- Gehen Sie nie hungrig einkaufen.

- Kaufen Sie möglichst nicht bei Discountern. Der niedrige Preis ist nur auf den ersten Blick ein Schnäppchen. Discounter reduzieren die Auswahl der Lebensmittel und drücken ihre Produzenten und Lieferanten im Preis. So begünstigt man mit jedem Einkauf eine Abwärtsspirale in Sachen Qualität. Darüber hinaus werden die Angestellten oft schlecht bezahlt, damit befördern Discounter die Ausbeutung von Mensch und Tier und verderben unseren Geschmackssinn.

nehmen wollen. Genieren Sie sich nicht, so gut wie jeder freut sich über diese kleine Aufmerksamkeit. Sie helfen damit, wertvolles Essen nicht zu vergeuden und Ressourcen zu schonen. Nebenbei festigen Sie noch Ihre gute Nachbarschaft.

- Trauen Sie Ihren Augen und Ihrer Nase. Mindesthaltbarkeitsdaten sind keine Dogmen, sondern werden aus Sicherheitsgründen auf die Lebensmittel gedruckt. Wie schmeckt der Joghurt, der vor drei Tagen abgelaufen ist? Sehr wahrscheinlich noch genau so, wie er schmecken sollte.

- Auch wenn es länger dauert: Nehmen Sie Ihre Kinder mit zum Einkaufen und erklären Sie ihnen, woran man reife und unreife oder verdorbene Ware erkennt. Lassen Sie die Kinder die Lebensmittel holen und benennen. So machen Sie Ihre Kinder für ein eigenverantwortliches Leben fit.

- Kaufen Sie keine Sonderangebote, die Sie nicht brauchen. Sie wollten zwei Stück Kuchen und nicht drei zum Preis von zwei! Dieses dritte Stück Kuchen landet überflüssigerweise auf Ihren Hüften oder im Müll.

Tischgespräch
mit Prof. Dr. Michael Braungart

Professor Dr. Michael Braungart studierte Chemie und Verfahrenstechnik. In den 1980er Jahren engagierte er sich bei der Umweltorganisation Greenpeace und half mit, dort den Bereich Chemie mit aufzubauen, deren Leitung er 1985 übernahm. Seitdem ist Braungart mit Forschung und Beratung für öko-effektive Produkte befasst – also Produkte und Produktionsprozesse in einem Kreislauf, die nicht nur nicht schädlich für Mensch und Natur sind, sondern nützlich. Er ist unter anderem Gründer und wissenschaftlicher Geschäftsführer von EPEA, einem internationalen Umweltforschungs- und Beratungsinstitut mit Hauptsitz in Hamburg, sowie Mitbegründer und wissenschaftlicher Leiter des Hamburger Umweltinstituts e.V. (HUI). Außerdem hält er die Professur Cradle to Cradle® & öko-Effektivität an der Leuphana Universität Lüneburg sowie den Lehrstuhl für Cradle to Cradle® Innovation & Qualität an der Rotterdam School of Management (RSM).

Sarah Wiener: Sie erforschen seit Jahrzehnten Umweltgifte und Schadstoffe in unserer Umgebung und in unserem Körper. Was halten Sie von unserer Art der Industrienahrung? Es heißt ja immer: Sie sei so sicher und gesund wie nie zuvor in der Geschichte der Menschheit.

Michael Braungart: Es ist beides richtig. Zum einen sind die Lebensmittel heute sicherer und besser, als sie jemals zuvor waren, weil zum Beispiel die Konservierung, die Lagerung und die Verpackung die Lebensmittel so viel besser haltbar machen. Früher waren viele Lebensmittel verschimmelt und haben damit zum Beispiel Magenkrebs verursacht. Zum anderen aber sind Lebensmittel erstaunlich primitiv, weil sie anstatt echten natürlichen Geschmacks, künstliche Aromen, Hilfsstoffe sowie Farbstoffe enthalten. Vielfach wird mit Zucker und Salz ein gutes Lebensmittelrezept vorgetäuscht. Über die Hälfte aller Lebensmittel enthalten Zucker. Die hohe Menge an Salz in der Industrienahrung hat zur Folge, dass wir mehr als ein Kilo Wasser mit uns herumschleppen, um den Salzgehalt der Lebensmittel auszugleichen. Gleichzeitig sind Lebensmittel wenig lokal an die Bedürfnisse der Menschen angepasst und die Verpackungen geben vielfach Schadstoffe ab, weil sie für Lebensmittelkontakt in vielen Fällen nicht geeignet sind. Durch hohe Kontamination aufgrund von Kunstdünger und Pestiziden reichern sich in der Nahrungskette auch Schadstoffe an. Ein Beispiel: Kompost aus normalen Marktabfällen und Marktgemüse vom beliebten Hamburger Isemarkt kann nicht als natürlicher Dünger in die Landwirtschaft zurückgehen, weil die Schadstoffgehalte darin zu hoch sind. Der Kompost, der nicht rückgeführt werden darf, wird durch Kunstdünger ersetzt, der jedoch noch viel höher belastet ist.

Ein weiteres Beispiel für Umweltbelastung zeigt sich beim Thema Muttermilch. Sie untersuchen seit 28 Jahren Muttermilch. Was haben Sie in den Proben gefunden?
In der Tat untersuchen meine Kollegen und ich seit Langem Muttermilchproben und wir finden dabei etwa 2.500 Chemikalien, die sich in Muttermilch anreichern. Wenige Belastungen sind so hoch, dass sie das Vielfache von tolerierbaren Werten erreichen.

Kann man denn sein Kind dann noch unbedenklich stillen oder sollten wir lieber Milchpulver füttern?
Es ist trotzdem immer noch besser ein Baby zu stillen, aber nur für maximal neun Monate. Der Grund hierfür ist, dass sich die Funktion der Leber bei einem Baby nur langsam aufbaut – viele Schadstoffe gelangen daher nicht in den Stoffwechsel, sondern rauschen einfach durch. Ab neun Monaten sieht das anders aus, dann ist die Leber voll funktionsfähig. Es ist wirklich »chemical harassment«, wenn ein Baby dann noch gestillt wird, wie es bei etlichen gut mei-

nenden bzw. »übereifrigen« Müttern der Fall ist. Es gibt ganz viele Gründe, ein Baby bis zum Alter von neun Monaten zu stillen, die natürlich auch mit der Mutter-Kind-Beziehung zusammenhängen, und jedes Nestlé-Milchpulver ist dabei minderwertig.

Sie untersuchen auch die Entwicklung der Anzahl von virilen männlichen Spermien in Deutschland/Europa. Konnten Sie in den letzten zwanzig Jahren eine Veränderung feststellen?
Bereits 1984 habe ich ein Papier geschrieben, wo ich gezeigt habe, dass zum Beispiel PVC-Weichmacher unfruchtbar machen. Das gilt auch für viele andere Substanzen, die endokrin wirksam sind, das heißt sich auf das Hormonsystem auswirken und dabei Änderungen des Hormonspiegels verursachen. Das trifft auch auf Schwermetalle und andere technische Hilfsstoffe zu. Die Fruchtbarkeit der jungen Männer hat sich innerhalb von dreißig Jahren nahezu halbiert. Darum ist es wichtig, den Einsatz von Substanzen wie Weichmachern, Hilfsstoffen in Kunststoffen und Pestiziden unverzüglich zu stoppen, wenn sie hormonell wirksam sind. Viele dieser Substanzen finden wir in Lebensmitteln in erheblichen Konzentrationen, und sie reichern sich dann im menschlichen Körper an.

Zumindest beim Plastik gab es doch positive Entwicklungen. Weichmacher sind so gut wie überall aus den PET- und PVC-Flaschen verschwunden. Das ist doch ein Schritt in die richtige Richtung?
Es gibt sicher positive Entwicklungen, aber manche sind nur Pseudoentwicklungen. In PET wurden nie Weichmacher verwendet. Aus PVC sind einige Weichmacher verschwunden, aber selbst in Kinderspielzeug sind Weichmacher noch zulässig. In Tapeten, Fußbodenbelägen, in ganz vielen Bereichen, die nachher in die Nahrungskette gelangen, wurden Weichmacher erst in ganz kleinen Teilen durch solche, die nicht hormonell wirksam sind, ersetzt. Gleichzeitig werden in der PET-Produktion Katalysatoren wie Antimon, ein giftiges Halbmetall, verwendet, welches ausgewaschen

wird und in das Lebensmittel übergeht. Ein Limonadenhersteller kann dann natürlich sagen, dass Antimon ja nur in Trinkwasser und nicht in Limonade gesetzlich reguliert ist und dass es daher aus Verpackungen ausgewaschen werden darf.

Zum Glück bevorzuge ich persönlich reines Wasser, schon aus geschmacklichen Gründen. Am liebsten direkt aus der Natur! Es gibt aber doch auch technische Entwicklungen, die in die richtige Richtung weisen, zum Beispiel Autoreifen, die nun dank einem besonderen Belag länger haltbar sind. Das ist doch ein Fortschritt!

Das ist ein weiteres Beispiel für eine Pseudoentwicklung. Das Thema Feinstaub. 50.000 Menschen verlieren ihr Leben frühzeitig durch die Auswirkungen von Feinstaub. Das ist 15-mal mehr als durch Verkehrsunfälle. Der Feinstaub wird durch Laserdrucker verursacht, durch Reifenabrieb, durch Bremsbeläge. Sie werden eingeatmet und zerstören unser Immunsystem und unsere Zellen, weil sie sich im ganzen Körper verteilen. Es werden zwar Produkte als »frei von ...« bezeichnet – ein Beispiel wären hier Bremsbeläge »frei von« Asbest. Dennoch ist auch in diesem Falle Antimonsulfid in Verwendung, was viel stärker krebserzeugend ist als Asbest. Der Reifenabrieb ist heutzutage zudem viel feinteiliger. Die Reifen halten zwar länger und man denkt, das sei gut für die Umwelt, aber der Reifenabrieb verteilt sich großflächiger. Unsere Lebensmittel enthalten folglich Abrieb von Reifen und Brems- sowie Kupplungsbelägen. Dies ist auch auf die dichte Besiedlung zurückzuführen. Früher blieben die Reifenabriebe auf der Straße, jetzt kontaminieren sie Lebensmittel.

Manche Unternehmen bemühen sich, weniger Müll zu erzeugen oder werben damit, dass man ihre Produkte recyceln kann. Alle Welt spricht von einem persönlichen CO_2-Fußabdruck, der minimiert werden muss. Ist dieser Weg der Beschränkung und des bewussten Verzichts, dann vielleicht die einzige Möglichkeit für eine lebenswerte Zukunft unserer Enkel?

Wir denken es wäre Umweltschutz, wenn wir »etwas weniger zerstören«. So werden zum Beispiel in Verpackungen 600 Chemikalien verwendet, nur um etwas Gewicht und Materialkosten einzusparen. Diese chemischen Stoffe gelangen aber als Spuren in die Lebensmittel.

Es werden nach wie vor die giftigsten Pigmente verwendet, um Kartons zu bedrucken oder um Kunststoffe zu färben. Alle diese Materialien dienen nur der Kosten- und Gewichteinsparung, aber man meint, dadurch die Umwelt zu schützen. Das ist jedoch kein Umweltschutz, das ist nur weniger Zerstörung.

Und die Lösung heißt Cradle to Cradle? Wie ist die Idee entstanden?

Cradle to Cradle, von der Wiege zur Wiege, entstand als Reaktion auf die Sandoz-Katastrophe, als die schweizerische Chemieindustrie die bisherigen Prozesse nicht mehr weiterführen konnte und an allgemeiner Nachhaltigkeit interessiert war. Doch wie Albert Einstein einmal erklärte, dass kein Problem durch dieselbe Denkweise gelöst werden kann, die es verursacht, so brauchte es neue und andere Antworten.

Cradle to Cradle wurde von Anton Schaerli, Kaspar Eigenmann, Peter Donath, Klaus von Grebmer, Alex Krauer und Ralf Saemann ins Leben gerufen. Sie hatten in führender Position beim Schweizer Chemiekonzern Ciba-Geigy begriffen, dass die bestehende Chemie so nicht weitergeführt werden kann. Es entstand ein Forschungsprojekt, bei dem viele Menschen in verschiedenen Ländern, indigene Völker genauso wie Denker und Gelehrte, befragt wurden.

Cradle to Cradle verbindet die europäische Denkweise von Problemen mit der amerikanischen Handlungsorientierung, mit asiatischem Kreislaufdenken und südlicher Lebensfreude. Es entstehen damit auf der einen Seite Produkte, die in biologische Systeme, in die Biosphäre, zurückgeführt werden können, wie zum Beispiel Waschmittel, Schuhsolen, Bremsbeläge oder Autoreifen, also Produkte, die verschleißen. Auf der anderen Seite funktionieren zum

Beispiel Fernseher und Waschmaschinen in technischen Kreisläufen, das heißt sie werden nicht verbraucht, sondern sie werden nur genutzt. Es entsteht also kein Abfall, alles wird Nährstoff.

Cradle to Cradle wurde in Europa entwickelt und in den USA als Konzept durch die Kooperation mit dem amerikanischen Architekten William McDonough groß. Dadurch erreichte es Popularität auch innerhalb der amerikanischen Regierung und bei Berühmtheiten aus Hollywood. Ohne die amerikanische Popularität hätte es in vielen europäischen Ländern sicher keinen Anklang gefunden.

Was genau ist jetzt Cradle to Cradle, kurz C2C, und zu Deutsch »von der Wiege zur Wiege«?

Cradle to Cradle ist ein Designprojekt, bei dem Innovation umgesetzt werden kann. Es können damit 40 Jahre Weltuntergangsdiskussion als Innovation genutzt werden. Es ist ein strategischer Ansatz, um Innovationen in Unternehmen zu fördern. Und dies mit dem Fokus auf gesunde Produkte, außerhalb des Lebensmittelbereiches. Hersteller müssen wissen, was in ihren Produkten enthalten ist, um Gesundheit garantieren zu können. Bisher ist dies häufig nicht der Fall.

Zudem geht es bei C2C darum, dass in der Herstellung und besonders beim Produktdesign darauf geachtet wird, dass die verwendeten Materialien vollkommen recycelbar sind. Und dies zu 100 Prozent, damit die Produkte nicht in ein Downcycling überführt werden müssen, sondern tatsächlich wieder in gleicher Qualität verwendet werden können. Die Dinge, die verschleißen und wiederverwertet werden sollen, sind für die Biosphäre geeignet. Die Dinge, die nur genutzt werden, so wie eine Waschmaschine, der Fernseher oder der Teppichboden, gehen in die Technosphäre. Es entsteht aber nur dann kein Abfall, wenn die Materialien für die Nutzung in einer Kreislaufwirtschaft auch geeignet sind.

Können Sie das konkretisieren?

Produkte, die verschleißen, also Verbrauchsgüter, werden für die Biosphäre gestaltet. Kompostierbare Schuhe, T-Shirts, essbare Bezugsstoffe, das heißt alle Zutaten werden so hergestellt, dass sie faktisch in die Biosphäre zurückgehen können.

Anstatt Produkte aus technischen Kreisläufen, wie zum Beispiel einen Fernseher, also Gebrauchsgüter, als Gegenstand zu verkaufen, wird dem Kunden lediglich die Dienstleistung, also in diesem Fall das Fernsehen, verkauft.

Ach, ich verstehe: Man kauft also zum Beispiel eine bestimmte Anzahl an Fernsehstunden und gibt danach das Gerät zurück, welches ohne Verluste an Ressourcen zu 100 Prozent in ein neues Design oder in andere Konsumgüter transformiert werden kann. Dadurch können Produzenten natürlich sehr langlebige und nachhaltige Güter herstellen. Die Rohstoffe bleiben ja in deren Besitz. Gibt es denn schon Beispiele aus der Praxis, die zeigen, dass es funktioniert?

Ja, hierfür gibt es viele Beispiele: die ersten Textilien, deren Inhaltsstoffe für Hautkontakt entwickelt wurden, Teppichböden, die aktiv die Luft reinigen, Gebäude, die aktiv das Wasser reinigen, Gebäude, die wie Bäume funktionieren, und andere Lebewesen unterstützen.

Wo sehen Sie in unserer Gesellschaft den größten Handlungsbedarf?

Der größte Handlungsbedarf in der Gesellschaft ist hierbei, nicht die falschen Dinge perfekt zu machen. Wenn Solarzellen zum Beispiel nicht in Kreisläufe zurückkommen und es keine Rücknahmeverpflichtung für den Sondermüll gibt, dann hat die Solarindustrie in Europa keine Chance. Dann machen wir nur High-Tech-Abfallmanagement für Sonderabfall aus China. Dadurch wird der Standort Europa unnötigerweise teuer. Genauso läuft es in vielen Stoffströmen, also bei Textilien, Papier und Mobilität. Hier besteht dringender Handlungsbedarf. Wenn ein Katalog in Europa gedruckt wird, enthält er etwa 50 giftige Stoffe, die ein Recycling eigentlich unmöglich machen. Wenn er in Asien gedruckt wird, enthält er sogar etwa 90 dieser Stoffe, ist aber auf dem deutschen

Markt dann 40 Prozent billiger. Und was machen wir? Sondermüll-recycling für asiatischen Sonderabfall. Wir sagen: Wo ist der Unter-schied, ob man 50- oder 90-mal erschossen wird? Wir haben also wesensmäßig keine Änderung geschaffen. Die Lösung: Papier muss ein biologischer Nährstoff sein und ohne giftige oder unver-wertbare Substanzen hergestellt werden.

Bei technischen Kreisläufen klingt dieses Prinzip absolut ein-leuchtend und elegant. Wie ist es in der Landwirtschaft und mit ökologischen Kreisläufen?
Unsere heutige Landwirtschaft ist absurd. Um eine Kalorie Nah-rungsmittel zu erzeugen, muss man zurzeit zehn Kalorien Energie investieren. Aber noch viel schlimmer ist, dass es keinen Bioland-bau der Welt gibt, der erlaubt, dass unsere eigenen Nährstoffe zu-rückgehen. Es benötigt ein neues Bio!
Wir fühlen uns so schuldig, dass wir denken, es sei nur Bio, wenn wir nicht involviert sind. Dafür sind wir aber zu viele Menschen auf der Welt, die dem Boden Phosphor entziehen. Das Phosphor-Vor-kommen ist jedoch viel begrenzter als Öl. Wenn es uns nicht ge-lingt, unsere eigenen Fäkalien zurückzugewinnen und einzusetzen, um dem Boden das notwendige Phosphat zurückzugeben, sind wir allein dafür zu viele Menschen. Mehr als 70 Prozent der Vorräte an Phosphor weltweit werden von zwei Ländern kontrolliert. Durch den Phosphatbergbau wird viel mehr Radioaktivität in die Umwelt eingebracht, als in allen Atomanlagen verwendet wird.
Der besonders im Biolandbau romantisierende Naturbegriff, der dadurch entstand, dass die Menschen systematisch die Natur zer-stört haben und sich deswegen jetzt schuldig fühlen, erreicht ge-nau das Gegenteil. Wenn die Natur zur Mutter erklärt wird, sind die Kinder immer klein und hässlich. Die Natur ist jedoch keine Mutter, die giftigsten Stoffe sind Naturstoffe und bei Weitem auch die am stärksten krebserzeugenden Stoffe. Die Natur ist unsere Lehrerin! Wir können deshalb von ihr ohne Ende lernen, aber es gibt keinen Grund, sie zu romantisieren. Ganz hart gesagt: Unsere natürliche

Lebenserwartung sind 30 Jahre, denn die Natur braucht uns nicht, wenn wir älter als 30 sind.

Haben Sie vielleicht für diejenigen, die trotzdem etwas älter werden wollen, einen Tipp, worauf man bei seiner Ernährung, speziell beim Einkauf achten sollte und was man auf keinen Fall essen sollte?
Die überwiegende Menge der Schadstoffe nehmen wir über tierisches Fett auf, darum ist es insbesondere bei Eiern, bei Butter und Milchprodukten von großer Bedeutung, auf Biolebensmittel zu achten. Diese enthalten tatsächlich deutlich weniger an solchen Schadstoffen, die sich in Lebewesen anreichern. Zudem ist es auffällig, dass es bestimmte Lebensmittel gibt, die hochkontaminiert sind. Gemüse und Salate sind hierfür ein Beispiel.

Besonders in Rucola und Paprika werden immer Höchstmengen an Pestiziden gefunden.
Ja, beim Kauf dieser Produkte sollte man die Herkunft wirklich kennen. Auch dafür lohnt sich Bioanbau in ganz besonderer Form.
Von besonderer Bedeutung ist es außerdem, wesentlich weniger Salz zu essen, da wir im Moment zwischen 12 g und 16 g Salz jeden Tag aufnehmen. Das ist weit mehr als der tägliche Bedarf. Bekanntermaßen sollten Lebensmittel im Haushalt frisch verarbeitet werden, anstatt Fertigsalate oder Fertigspeisen zu kaufen. Dadurch kann vieles an Zuckeraufnahme, an Emulgatoren und Hilfsstoffen und Kontamination aus der Verpackung vermieden werden.
Das Wichtigste ist jedoch Lebensmittel zu feiern. Selbstverständlich gilt es auch, regionale und saisonale Lebensmittel zu bevorzugen.

Prof. Braungart, vielen Dank für dieses Gespräch.

Nachhaltig essen

*Wie wäre es, wenn wir beim Essen
auf unsere Grenzen achten? Weil die eigene
sinnvolle Beschränkung Freude macht.
Weil wir nicht mehr Knecht unserer Gier sind,
sondern Herr unseres Genusses.*

Warum ich kein Plastik in meiner Küche mag

Ich weiß noch, wie ich als kleines Mädchen mit der Familie im Auto Sonntagsausflüge in die Umgebung gemacht habe. Wir saßen zu dritt auf dem Rücksitz: ich, meine Schwester Una und mein Bruder Adam. Weil ich älter als mein Bruder war, durfte ich oft am Fenster sitzen. Auch weil mir während der Fahrt oft schlecht wurde und ich dann schnell das Fenster runterkurbeln konnte (manchmal allerdings zu spät).

Am schönsten war es, wenn wir ein paar Zuckerln zum Naschen bekamen. Ich lutschte die Zuckerln genießerisch zu dünnen Sicheln, so spitz, dass ich mir manchmal die Zunge daran aufschnitt. Ein Problem war allerdings das Zuckerlpapier, das ich längere Zeit in der Faust hielt, bis es lästig wurde. In einem unbeobachteten Augenblick schmiss ich es dann einfach aus dem Fenster, erleichtert, dass es niemand gemerkt hatte, und erleichtert, dass es nun weg war. Irgendwo da draußen. Weit weg. Nicht mehr zu sehen.

Als Kind habe ich überhaupt so manches einfach weggeworfen. Aus dem Auto, manchmal auch beim Spazierengehen, aber da war die Hemmschwelle etwas größer. Es lag dann ja unübersehbar vor einem – auf der Straße oder auf dem Weg. Also schnell Augen zu und weiter. So dachte ich. Ich habe mir auch nie Gedanken gemacht, was mit den Gegenständen, den Papieren, Taschentüchern, Plastikverpackungen und Stanniolpapieren passiert, die überall herumlagen. Wer hebt sie auf? Ach, irgendeiner wird's schon machen, dann kommen sie auf die Müllkippe. Dort gehören sie ja auch hin. Die Müllkippe war in meiner Fantasie ein kleiner Hügel, der nie größer wurde. In einem übersichtlichen, eingezäunten Gelände, etwas abseits von der Stadt, falls es mal riechen sollte. Der Müll verrottete in meiner Vorstellungswelt so schnell und effizient, dass man sich nicht weiter damit beschäftigen musste. Den Müllberg konnte man ja nicht sehen.

Und er war weit weg. Da, wo niemand wohnt und niemand wohnen will. Wie praktisch.

Als ich etwas älter war, habe ich die Reste, die bei Ausflügen und Spaziergängen anfielen, meist wieder eingepackt und in die Mülltonne geworfen. Heute hat der Gang zur Mülltonne für mich etwas Reinigendes, Befreiendes – so als hätte ich mich von unnützem Ballast erfolgreich getrennt. Mittlerweile sortiere ich, so wie die meisten, den Müll sogar nach Wertstoffen. Das Glas je nach Farbe in die verschiedenen Container, das Papier dort rein, Verpackungen hier rein. Schwups: weg damit. Ein Wurf und das schlechte Gewissen darüber, dass ich wieder einmal allzu sorglos eingekauft hatte, ist beruhigt. So dachte ich. Lange Zeit.

Eine Afrika-Reise öffnete mir die Augen

Meine erste Reise nach Afrika hat mich in Sachen Müll dann regelrecht entsetzt: Müll, vor allem Plastik, hing in den Bäumen, in den Sträuchern, lag auf den Feldern, zwischen dem Vieh. Er türmte sich vor Mauern und am Strand und ja, er trieb im Meer. Zerdrückt, abgerieben, verschmiert, verfärbt. Hier konnte man sie sehen, die Massen aus Plastik, die in Südafrika schon »national flowers« genannt werden.

Mein erster Gedanke war typisch europäisch: »Himmel, ist es hier schmutzig! Kann da keiner mal aufräumen?« Und: »Ist denen das hier alles gleichgültig?!« Nach meinem ersten Entsetzen tauchte der Gedanke auf: »Na ja, die Afrikaner können sich eine gut organisierte Müllabfuhr, so wie wir in Mitteleuropa, nicht leisten und haben wahrscheinlich auch viel größere Sorgen.« Und schon folgte die Erkenntnis: »Wir können uns diese immensen Müllmengen auch nur leisten, weil wir unseren problematischen Elektronikschrott und Giftmüll in Drittweltländer mit laxeren Umweltstandards abtransportieren, nur damit wir ihn nicht mehr sehen.«

Das Problem: Auch in Afrika gehen die Menschen kaum noch mit Körben und Taschen einkaufen. Sie lassen sich Gemüse, Obst und

STATT PLASTIK ...

Auch die biologisch abbaubare Tüte, die es mittlerweile in Supermärkten und Bioläden gibt, ist noch nicht der Weisheit letzter Schluss. Sie wird aus Mais hergestellt, worunter langfristig die Böden und das Klima leiden. Für das Problem der Vermüllung ist sie ebenfalls nicht die optimale Lösung: Sie verrottet erst in der 60 °C warmen Industriekompostierung und im Meer gar nicht. Deshalb:

• Gehen Sie besser mit Korb oder Stofftasche einkaufen.
• Bewahren Sie in der Küche Ihre Vorräte in Behältern aus Glas oder Emaille auf.
• Kaufen Sie Milch und Sahne in Glasbehältern.

Brot in vorwiegend aus Asien importierte billige Plastikbeutel packen, wie Worldwatch berichtet. Mangels flächendeckender Abfallentsorgung weht der Wind die benutzten Tüten übers Land. Doch nicht nur in Afrika, an jedem Strand der Weltmeere findet man Plastik. Laut Unep, dem UNO-Umweltprogramm, dauert es Tausende von Jahre, bis eine ganz normale Plastiktüte in ihre Bestandteile zerfällt. Denn normaler Kunststoff ist nicht biologisch abbaubar. Sollten sich Kunststoffe aber doch schneller zersetzen als bislang vermutet, wie eine 2009 veröffentlichte japanische Studie herausgefunden haben will, werden Giftstoffe frei. So oder so besteht der Sand an den Stränden unserer Küsten bereits zu einem gewissen Prozentsatz aus Kunststoff.[13]

Dann irgendwann war mir klar: Das ist ja auch unser Müll! Mein großzügiger täglicher Lebensmitteleinkauf, für den gleich meterweise Verpackungsmaterial verbraucht wird. Eine Plastiktüte für drei Bananen, ein Plastiknetz für fünf Zitronen. Plastikfolie zum Einwickeln von Fleisch oder Wurst. Ach ja, und dann steht da ja noch Plastikschrott in Form von Jahrmarktnippes herum, einmal benutzt, dann kaputt gegangen. Plastikpuppen, Plastiksets für den Tisch, Plastiktuben und -tiegel in jeder Größe für die Schönheit, für die Hygiene, für Shampoo, Festiger, Haarlack, Deos. Feuerzeuge und Billigkugelschreiber. Der Plastikschrott verschwindet nicht, nur weil ich ihn nicht mehr sehe. Der ist da. Lange. Sehr lange.

Doch im Grunde genommen sind diese Plastiktüten, die in Bangladesch schon für Hochwasser sorgten, weil sie die Gullys und Siele verstopfen, die in den afrikanischen Steppen Tiere verenden lassen, weil die diese Tüten fressen, nur die Spitze des Eisbergs. 80 Prozent des Kunststoffmülls (laut UNO sollen es weltweit jährlich insgesamt rund 6 Millionen Tonnen sein) gelangen über Flüsse in die Ozeane. Laut einer vom Weltwirtschafsforum beauftragten Studie landet jede Minute ein Müllwagen voll Plastik in den Ozeanen. Die Forscher der Ellen MacArthur Foundation haben ausgerechnet, dass im Jahr 2050 die Menge an Plastik in den Meeren die der Fische übersteigen könnte. Allein im Jahr 2010 gelangten zwischen 4,8 und 12,7 Millionen Tonnen Müll ins Meer, so Melanie Bergmann, Biologin am Alfred-Wegener-Institut für Polar- und Meeresforschung in Bremerhaven. 80 Prozent davon waren Plastik, der Rest illegal entsorgter Müll, über Bord gegangene Container oder Öl von Bohrplattformen. Nach einer Studie der Unep treiben auf jedem Quadratkilometer der Weltmeere bis zu 18.000 Plastikteile. Besonders schlimm ist das Problem in fünf Ozeanwirbeln, darunter der im Nordpazifik, der inzwischen »Östlicher Müll-Strudel« genannt wird. Er ist nach Einschätzung von Wissenschaftlern doppelt so groß wie der US-Bundesstaat Texas. Jährlich sterben etwa 100.000 Meeressäuger qualvoll durch den Müll. Schildkröten, Robben, Fische und Krebse fressen den Müll, den sie für Plankton oder Quallen halten, und verenden teilweise daran. Über eine Million Seevögel, wie zum Beispiel Albatrosse, die die Plastikteile irrtümlich als Nahrung zu sich nehmen und damit auch ihre Küken füttern, sterben an Plastik, wie Greenpeace berichtet. Bangladesch hat im Jahr 2002 übrigens als erster Staat der Welt Plastiktüten verboten. 2008 kündigte die australische sowie die chinesische Regierung ein Plastiktütenverbot an. Im pazifischen Staat Palau müssen Reisende, die eine Tüte bei sich haben, einen

Dollar Strafe zahlen. Noch strenger geht es auf Sansibar zu: Wer hier Plastiktüten einführt oder verteilt, wird mit bis zu 1.560 Euro Geldstrafe belegt. In Deutschland sind Plastiktüten nach einer Selbstverpflichtungserklärung des Einzelhandels seit 2016 in einem Großteil der Geschäfte wenigstens kostenpflichtig.

Nach meinen nachhaltigen Erlebnissen in Afrika hatte ich mich entschieden, genauer hinzuschauen.

Tischgespräch
mit Prof. Franz-Theo Gottwald

Franz-Theo Gottwald ist Vorstand der Münchner Schweisfurth-Stiftung, Honorarprofessor für Umwelt-, Agrar- und Ernährungsethik an der Landwirtschaftlich-Gärtnerischen Fakultät der Humboldt-Universität zu Berlin und Dozent für Politische Ökologie an der Hochschule für Politik in München.

Sarah Wiener: Vor dem Hintergrund des Klimawandels stellt sich die entscheidende Frage für die moderne Industriegesellschaft des 21. Jahrhunderts: Was bedeutet nachhaltiger Konsum?

Franz-Theo Gottwald: Nachhaltiger Konsum mit Blick auf Klimawandel heißt eigentlich, dass die Verbraucher sich schlaumachen und sich für CO_2-verringerte Produkte engagieren. Auf manchen Produkten ist der »carbon footprint«, also der CO_2-Fußabdruck, die CO_2-Bilanz des Produkts, sogar angegeben. Habe ich diese Größe ermittelt, weiß ich: Mein Verbrauch an Lebensmitteln belastet mein CO_2-Jahresbudget nicht mit zwei oder drei Tonnen, sondern nur mit einer. Das wäre der Weg, auf dem Verbraucher selbstverantwortlich und klimarelevant Einfluss nehmen können. Nur saisonal und regional einzukaufen reicht nicht.

Welche Rolle spielt die Verbraucherpolitik zwischen Industrie, Verbraucher und Konsument?

Die aktuelle Verbraucherpolitik ist eher eine Schutzpolitik, die immer aktiv wird, wenn mal wieder ein Skandal passiert. Das ist auch wichtig. Ich darf nur an BSE erinnern oder an chemische Substanzen in Futtermitteln, die, selbst wenn sie nur in Spuren in den Verkehr kommen, ein Problem sind. Oder an die Richt- und Grenzwerte bei Pestiziden. Da ist die deutsche Politik zwar mit einem guten Regelwerk, aber nur mäßigem Vollzug ausgestattet. Wenn sich also der Verbraucherschutz in der Lebensmittelwirtschaft behaupten will, müssen seine Mittel und Maßnahmen gestärkt werden. Das heißt, es müssen mehr Veterinäre eingestellt werden, die in den Ställen stärker kontrollieren. Es muss in den Landratsämtern mehr Menschen geben, die die Gewässerqualität genauer untersuchen und all die anderen Kollateralschäden, die die industrielle Landwirtschaft mit sich bringt. Genau genommen darf sich Verbraucherschutz nicht nur auf das stürzen, was an Lebensmitteln in den Verkehr kommt, er muss schon bei der Produktion, also bei dem Entstehungsprozess von Lebensmitteln, ansetzen.

Wer bezahlt für die Kollateralschäden, die uns und unseren Nachkommen entstehen?
Es gibt genügend Berechnungen, die bestätigen, dass unser Handeln für die kommende Generation nicht billiger wird. Und dass es fatal wird, wenn der Boden weiter erodiert, die Meere weiter verschmutzt werden und die Fische, dank des Plastiks, das sie gefressen haben, nicht mehr genießbar sind. Da macht jeder Konsument, der sagt, er steige da aus, einen Unterschied.

Jetzt sehe ich in manchen Discountern Preise für Bio-Produkte, die oft gar nicht oder nur geringfügig höher sind als die Preise für konventionelle Nahrung. Wie kann das sein?
Da wird gut eingekauft seitens der Discounter. *(lacht)*

Ist Bio immer gleich Bio?
Nein, die Ware von Betrieben, die sich Verbänden angeschlossen haben, unterscheidet sich erheblich von der Nichtverbandsware, die über den EU-Minimalstandard läuft. Es gibt aber durchaus Verbandsware, wie Bioland-Kartoffeln, die auch über Discounter vertrieben werden. Bio ist inzwischen industrialisiert – so erschütternd das auch für mich ist. Bio folgt derselben Industrielogik und dersel-

Wer auf dem Feld oder im Garten arbeitet, macht praktische Erfahrungen mit den Urprodukten und erlebt, was wie und wann wächst.

ben Logik kapitalistischer Märkte wie alle anderen Produkte auch: wachse oder weiche. Das führt dann zu Discountern in der Biowelt, was wiederum Bioprodukte herabstuft. Da wird wieder die Schnäppchenmentalität befriedigt, wobei der Käufer sich noch damit brüsten kann: Immerhin ist es ein gesundes Schnäppchen. Der Handel folgt schließlich dem, was der Verbraucher will.

Was wäre denn ein gangbarer Weg, die Industrialisierung, Zentralisierung und Monopolisierung zu zerschlagen, um wieder Vielfalt zu ermöglichen?
Man müsste die Schnittstellen des Wirtschaftskreislaufs vom Acker über die Läden bis auf den Teller stärker miteinander vernetzen. Das wäre die Lösung.

Was kann ich als Privatmensch machen? Ganz konkret?
Geben Sie Ihre Ernährungskompetenz ab, geben Sie auch Bewusstsein ab. Selbst zu kochen ist also der erste Schritt. Der nächste ist, Rohwaren aus der Region saisonal und biologisch zu nutzen. Und zum Schluss können Sie schauen: Wie komme ich an die Urprodukte? Und dann können Sie noch einen Schritt weitergehen, indem Sie auf den Feldern mitarbeiten oder im Stall helfen. So schließt sich die Kette nicht nur über den Konsum, sondern auch mit den Händen, mit allen Sinnen. Sie sind dort präsent, wo die Lebensmittel gemacht werden, wo ihr Ursprung ist. Das ist natürlich etwas idealistisch, weil man keine 80 Millionen Städter auf das Land hinausschaffen kann. Aber Gartenarbeit beispielsweise oder kleine Farming-Projekte geben Ihnen schon eine Idee davon, wie es sein kann.

Bio ist nicht immer Bio

Natürlich hat die Nahrungsmittelindustrie längst entdeckt, dass viele Verbraucher sich nachhaltig produzierte Kost wünschen. »Bio« ist ein Riesenmarkt geworden. Kauft man aber Bioprodukte im Supermarkt, dann macht man sich ehrlich gesagt etwas vor. Hergestellt werden diese Marken in der Regel von denselben Unternehmen, die konventionelle Nahrungsmittel produzieren.

Der ursprüngliche Gedanke von Bio war ein ideeller. Da ging es um die Gesamtheit von Boden, Pflanze und Tier, um den Erhalt der Natur, um die Steuerung und Stärkung ökologischer Kreisläufe. Die meisten heutigen Produkte hingegen, die gerade mal einen Tick besser sind als konventionelle Nahrungsmittel, werden mit einem völlig verwässerten EU-Bio-Label ausgezeichnet. Ein Hof mit 3000 Bio-Hühnern ist nämlich nicht das, was mit »Bio« gemeint war.

Hühner organisieren sich naturgemäß bis zu einer Gruppengröße von etwa fünfzig Tieren selbst und ohne Stress. Sie erkennen Gesichter, ihre Gruppe und halten sich an die Hackordnung. In Gruppen, die größer sind, verlieren sie die Orientierung. Was, bitte, ist dann bei 3000 Bio-Hendln Bio? Außer dass sie vielleicht Bio-Soja zu futtern bekommen, für das in Brasilien hektarweise der Regenwald abgeholzt wird. Ganz davon abgesehen, dass ein Huhn kein reiner Getreidefresser ist, sondern sich auch gerne mal eine Portion Eiweiß in Form von Würmern oder Schnecken aus dem Boden scharrt.

Der kritische Konsument gibt mittlerweile viel Geld für Bio aus, die Umsätze steigen jährlich. 2015 lag der Bioumsatz in Deutschland nach Informationen des Bundes Ökologische Lebensmittelwirtschaft (BÖLW) bei 8,62 Mrd. Euro – das ist eine Steigerung um rund 11 Prozent gegenüber dem Vorjahr. 2014 gaben deutsche Verbraucher pro Kopf 97 Euro für ökologisch produzierte Lebensmittel aus. In absoluten Zahlen ist Deutschland zwar der größte Biomarkt in Europa, beim Pro-Kopf-Umsatz liegen allerdings andere Länder vorne. Das meiste Geld für Ökoprodukte geben die Schweizer aus

(222 Euro). In der EU ist der Umsatz mit Bioprodukten 2014 um rund 8 Prozent gestiegen, er liegt jetzt bei 23,9 Mrd. Euro. Den allergrößten Teil des Kuchens sichern sich in Österreich allerdings große Supermarktkonzerne wie Rewe (Billa & Co.), Spar und Hofer, in Deutschland sind es Lidl, Aldi und Penny. Die Handelsriesen mischen mit ihren Bio-Eigenmarken den gesamten Markt auf.

Was bedeuten die verschiedenen Ökosiegel?

In Deutschland, Österreich und der Schweiz gibt es über 100 Biomarken und Ökosiegel. Hier werden die wichtigsten vorgestellt.

 *Bio-Siegel*

Das staatliche Bio-Siegel gibt es seit 2001. Derzeit nutzen es 4.828 Unternehmen auf 75.743 Produkten (Stand: 30. November 2016). Nur Erzeuger und Hersteller, welche die Bestimmungen der EU-Öko-Verordnung einhalten und sich den vorgeschriebenen Kontrollen unterziehen, dürfen ihre Lebensmittel mit dem Bio-Siegel kennzeichnen. Die wesentlichen Kriterien für das Bio-Siegel sind:

- Die Zutaten stammen zu mindestens 95 Prozent aus ökologischem Landbau.
- Weitgehendes Verbot chemisch-synthetischer Pflanzenschutzmittel und synthetischer Düngemittel.
- Der Gebrauch von Tierantibiotika ist stark eingeschränkt.
- Kein Einsatz gentechnisch veränderter Organismen (GVO). – Dabei werden unbeabsichtigte Verunreinigungen einzelner Zutaten mit GVO bis zu einem Anteil von 0,9 Prozent toleriert.
- Weitestgehende Kreislaufwirtschaft unter Verwendung betriebseigener Mittel wie zum Beispiel Dünge- und Futtermittel. Zugekaufte Betriebsmittel sollen ebenfalls aus ökologischem Landbau stammen.

- In Ausnahmefällen können chemisch-synthetische Betriebsmittel zugelassen werden, wenn geeignete Alternativen fehlen.
- Es gelten Mindeststandards für artgerechte Tierhaltung.
- Falls in einem Betrieb sowohl konventionelle als auch Bio-Lebensmittel produziert werden, müssen beide Herstellungsprozesse klar voneinander abgegrenzt sein.

 ## *Bioland*

Bioland ist der bedeutendste Zusammenschluss im Ökolandbau in Deutschland. 2016 wirtschafteten 6.235 Erzeuger und 1.034 Hersteller nach den Bioland-Richtlinien. Garantiert wird mit dem Bioland-Siegel ein organisch-biologischer Anbau ohne Kunstdünger und Pestizide. Bio-Saatgut ist ebenso vorgeschrieben wie eine naturheilkundliche Behandlung von kranken Tieren.

BIOPARK® *BIOPARK*
Ökologischer Landbau

Landwirtschaft und Naturschutz in Einklang bringen, ökonomische und ökologische Anliegen verbinden und die ländlichen Regionen wirtschaftlich und sozial stärken – das ist das Konzept von BIO-PARK. BIOPARK ist eine eingetragene und geschützte Marke zur Kennzeichnung von ökologischen Lebensmitteln, 1991 wurde der BIOPARK Verband gegründet. Über 600 Landwirte, Fleischer, Bäcker, Mühlen, Molkereien, Händler und Gastronomen arbeiten heute nach den strengen Richtlinien des ökologischen Anbauverbandes, unter anderem verzichten sie auf Insektizide, Herbizide und Fungizide sowie auf gentechnisch veränderte Organismen. Die Haltung von Nutztieren ist artgerecht. Die Bodenfruchtbarkeit wird durch Fruchtfolge und betriebseigenen Dünger gefördert. Die ökologischen Produkte der Landwirte werden überwiegend über Erzeugergemeinschaften und dann an den Lebensmitteleinzelhandel vermarktet.

 *Demeter*

Das Demeter Bio-Siegel garantiert eine biologisch-dynamische Wirtschaftsweise nach äußerst strengen anthroposophischen Richtlinien. Diese sind geprägt von dem Respekt vor allen natürlichen Lebens- und Wachstumsprozessen, der Lebendigkeit von Böden, Pflanzen und Tieren. 1928 wurde das Demeter-Warenzeichen eingeführt, und es wurden erste Qualitätsmerkmale für Demeter-Produkte formuliert. Nur streng kontrollierte Vertragspartner dürfen ihre Produkte mit dem Siegel kennzeichnen. Die Demeter-Ansprüche gehen weit über die EU-Bio-Richtlinien hinaus. Ein Demeter-Betrieb muss komplett auf eine biologisch-dynamische Wirtschaftsweise umgestellt werden. Dazu gehören folgende Aspekte:

- Der gesamte Betrieb muss ökologisch bewirtschaftet sein.
- Für alle Tiere gibt es 100 Prozent Bio-Futter. Mindestens 80 Prozent der Futterration für Wiederkäuer und mindestens 50 Prozent des gesamten Tierfutters muss Demeter-Qualität haben, 50 Prozent davon müssen vom eigenen Hof stammen.
- Das Saatgut wird selbst gezüchtet, teils durch Weiterzüchtung Jahrtausende alter Kulturpflanzen.
- Art- und wesensgerechte Tierhaltung muss gewährleistet sein.
- Durch eine biologisch-dynamische Wirtschaftsweise wird die Bodenfruchtbarkeit aktiv natürlich gefördert.
- Beachtung kosmischer Rhythmen bei Aussaat, Pflanzung und Ernte.
- Keine Verwendung von Aroma- oder anderen Zusatzstoffen.
- Keine gentechnisch veränderten Organismen (GVO) in Lebensmitteln, im Tierfutter oder bei der Weiterverarbeitung, keine Verfütterung von Hormonen und Antibiotika.
- Zusatzstoffe in der Lebensmittelverarbeitung sind nur dann erlaubt, wenn sie unabdingbar sind.
- Regionale, bäuerlich-handwerkliche Produktion wird gefördert.

In Deutschland wirtschaften etwa 1400 Landwirte mit über 50.000 Hektar Fläche biologisch-dynamisch. Weltweit werden in über 3500 Betrieben mit etwa 100.000 Hektar Fläche Demeter-Produkte im Wert von schätzungsweise 220 Millionen Euro produziert.

 *Ecovin*

Mit dem Ecovin Bio-Siegel werden Weine, Säfte, Trauben und Sekte aus ökologischem Weinbau gekennzeichnet. Neben dem ökologischen Anbau werden widerstandsfähige Rebsorten bevorzugt. Ebenso wichtig ist: Wiederherstellung und Erhaltung der natürlichen Bodenfruchtbarkeit; Förderung und Mehrung der Artenvielfalt im Ökosystem Weinberg; Reduzierung der Gewässer- und Bodenbelastung.

 *Gäa Bio-Siegel*

Das Gäa Bio-Siegel kennzeichnet in erster Linie ökologische Produkte aus Ostdeutschland, der Verband ist aber heute bundesweit tätig. 1988 wurde er als Arbeitsgemeinschaft für ökologischen Landbau in der ehemaligen DDR gegründet. Im Zentrum der Arbeit von Gäa stehen Landschaftspflege und Naturschutz. Die Richtlinien gehören zu den strengsten in Deutschland und werden durch EU-zugelassene Kontrollstellen geprüft. Besonders erwähnenswert ist der Standard der Grundwasserschonung, der Verzicht auf chemisch-synthetische Dünge- und Pflanzenschutzmittel sowie auf gentechnisch veränderte Zusatzstoffe.

 *Naturland*

Produkte mit dem Naturland Bio-Siegel wurden in ganzheitlich wirtschaftenden Betrieben nach strengen biologischen Standards er-

zeugt. Naturland gehört seit 1982 zu den bekannten Zertifizierungs-
organisationen für Produkte aus ökologischem Landbau und betreut
etwa 53.000 Landwirte und Erzeugergruppen.

 *Neuform*

Für Produkte aus ökologischem Anbau haben die Reformhäuser ein
eigenes Biosiegel entwickelt. Die Rohstoffe für Reformhausproduk-
te sind hochwertig, natürlich, rückstandsarm, nicht gentechnisch verändert und stammen vorwiegend aus Bio-Anbau. Absolut tabu sind
chemisch-synthetische Zusätze, Fetthärtung und radioaktive Be-
strahlung. Tierische Erzeugnisse wie Milch, Käse und Eier stammen
aus artgerechter Tierhaltung. Und die Kosmetika und Körperpflege-
mittel werden nicht im Tierversuch getestet. Die Philosophie zielt ab
auf ganzheitliches Denken, Respekt vor der Natur, verantwortungsvollen Umgang mit den Rohstoffen auf unserer Erde und eine faire
Zusammenarbeit mit kleinen Manufakturen und Herstellern.

 *KAT-Siegel*

Der Verein für kontrollierte alternative Tierhaltungsformen (KAT) ist
die Kontrollinstanz in der Hennenhaltung und steht für Qualität und
Rückverfolgbarkeit in der Eierproduktion. Die von KAT gestellten
Anforderungen gehen über die gesetzlichen Vorgaben an Bio-, Bo-
den- und Freilandhaltung hinaus und werden durch akkreditierte
Prüfinstitute kontrolliert. Dazu finden Verbraucher das Tierschutzlabel des Deutschen Tierschutzbundes auch auf Eierverpackungen im
deutschen Lebensmitteleinzelhandel. Betriebe, die ihre Eier bislang
unter »KAT Tierschutz geprüft« vermarktet haben, dürfen seit dem
01.01.2016 das zweistufige Tierschutzlabel des Deutschen Tierschutzbundes führen.

FLEISCH

Die Umweltorganisation WWF (World Wide Fund for Nature) macht sich mittlerweile stark für einen bewussteren Umgang mit Fleisch. Ihr Rat: Weniger und dafür besseres Fleisch essen. Was heißt das genau? Um diese Frage für den Verbraucher schnell und übersichtlich zu beantworten, hat der WWF im Jahr 2015 den »Einkaufsratgeber Fleisch und Wurst« veröffentlicht. Auf der Website des WWF gibt es die Broschüre unter www.wwf.de/fleisch auch zum Download.

 *Neuland*

Das Siegel wird durch den Deutschen Tierschutzbund unterstützt und kontrolliert. Alle Tiere werden nach strengen Richtlinien artgerecht gehalten. Sie haben Auslauf ins Freie, liegen auf Stroh, bekommen nur einheimische, gentechnisch nicht veränderte Futtermittel zu fressen und haben viel Tageslicht im Stall. Wegen der strengen Anforderungen an die Tierhaltung ist Neuland in Deutschland das einzige Programm, welches sich mit Genehmigung der Bundesanstalt für Landwirtschaft und Ernährung (BLE) als *besonders* artgerecht« bezeichnen und auch damit werben darf. Futtermittel nach Bio-Kriterien sind allerdings nicht vorgeschrieben, auch der Einsatz von Pestiziden und Kunstdünger im Ackerbau ist nach wie vor erlaubt.

 *AMA-Biosiegel*

Mit Abstand den größten Bekanntheits- und Akzeptanzgrad unter den Biosiegeln Österreichs hat das AMA-Biozeichen. Das AMA-Biozeichen steht für konsequente und unabhängige Kontrollen und für 100

Prozent Biogarantie. Sämtliche Rohstoffe müssen aus Österreich stammen, sofern dies realistisch ist. So dürfen etwa für einen Bananenjoghurt die Bananen aus dem Ausland kommen – bis zu einem Drittel Gewichtsanteil sind importierte Bio-Rohstoffe zulässig – , die Milch muss aber zu 100 Prozent aus heimischer Produktion stammen. In jedem Fall garantiert das AMA-Biozeichen, dass das betreffende Lebensmittel den strengen Bio-Richtlinien des Österreichischen Lebensmittelkodex entspricht, das Produkt unter keinen Umständen gentechnisch verändert wurde (gilt auch für Futtermittel) und nur von zugelassenen österreichischen Kontrollstellen überprüft wurde.

 *BioSuisse*

Die Richtlinien bei Bio Suisse sind strenger als die vom Schweizer Gesetzgeber vorgeschriebenen Mindestanforderungen für den biologischen Landbau. Einem Produkt, welches dem Image der Marke abträglich ist, kann das Knospen-Siegel verweigert werden. Die Kriterien sind Ökologie, Tierwohl, Transportdistanz, Verpackung und Konsumentenerwartung. So ist zum Beispiel der Import per Luftfracht untersagt. Nur Produkte, deren Rohstoffe zu mindestens 90 Prozent aus der Schweiz stammen, tragen die Knospe mit dem Vermerk »Bio Suisse«. Produkte, die mehr als 10 Prozent im Ausland produzierte Rohstoffe enthalten, tragen nur den Vermerk »Bio«. Aber auch sämtliche im Ausland produzierten Waren müssen die Bio-Suisse-Richtlinien erfüllen.

Was können wir tun?

- Wenn Sie auf dem Land wohnen, kaufen Sie direkt beim Erzeuger und unterstützen Sie ihn. Seien Sie ihm aber vielleicht auch ein wenig lästig und bitten Sie ihn, zum Beispiel eine alte Kartoffelsorte anzubauen, verschiedene Zwiebelsorten, Brokkoli und Kohl, die es sonst bald nicht mehr geben wird. Machen Sie sich klar, dass die dicken Kartoffelknollen nur so groß sind, weil sie jede Menge Wasser eingelagert haben oder zu schnell gewachsen sind, was für die Geschmacksausbildung eher hinderlich ist. Nur die Nischenprodukte abseits von Lagerfähigkeit und Vermarktung garantieren Ihnen heute beste Qualität.

- Bringen Sie anderen und vor allem Ihren Kindern das Kochen bei. Kaufen Sie nicht nur die ewig gleich schmeckenden roten, süßen Äpfel! Trauen Sie Ihrem Kind mehr zu, Entdeckerfreude zum Beispiel. Als wir klein waren, haben wir auf dem Land in jeden reifen Apfel direkt vom Baum gebissen. Und es war ein Vergnügen und ein großer Erkenntnisgewinn, dass Äpfel sauer, mehlig, mürbe, spritzig, fruchtig oder blumig, aber auch bitter und holzig schmecken können. Machen Sie Ihre Kinder resistent gegen den monotonen Einheitsbrei. Nehmen Sie sie mit zum Einkaufen beim Bauern und ermuntern Sie sie, verschiedenes Obst und Gemüse zu probieren.

- Unterstützen Sie nicht die Dumping-Politik der Discounter und Ketten. Kaufen Sie am besten in kleineren, inhabergeführten Läden oder hochwertigen Supermärkten.

- Alternativen gibt es bei Lebensmittelkooperativen und solidarischen Landwirtschaftsprojekten. Mehr Informationen dazu finden Sie im Infoteil unter »Nützliche Adressen und Links«, Seite 305 ff.

- Eine Alternative ist die »Genussgemeinschaft Städter und Bauern«, ein Bündnis für eine regionale Agrar- und Esskultur. Dabei beteiligen sich Kunden an Bio-Höfen, indem sie eine vorher vereinbarte monatliche Summe zahlen und im Gegenzug Lebensmittel erhalten. Auf diese Weise entfallen lange Transportwege und Lagerungskosten. Die Lebensmittel sind frisch, saisonal und heimisch. Je nach Jahreszeit gibt es Rüben, Kartoffeln, Kohl, Erdbeeren und andere regionale Produkte. So ist der Bauer gegen größere Ernteausfälle und schwankende Preise abgesichert, und seine Kunden wissen, woher ihre Lebensmittel stammen und wie sie angebaut wurden. Weitere Initiativen im Infoteil unter »Nützliche Adressen und Links«, Seite 305 ff.

Tischgespräch
mit Dr. Johannes Coy

Dr. Johannes Coy studierte Biologie an der Universität Tübingen und war anschließend elf Jahre am renommierten Deutschen Krebsforschungszentrum (DKFZ) in Heidelberg tätig, wo er die molekularen und biochemischen Grundlagen von Erkrankungen wie Krebs erforschte. Dort entdeckte er 1995 das Gen Transketolase-like1 (TKTL1), das Zellen einen veränderten Stoffwechsel ermöglicht, der keine Radikale (reaktive Oxygen Spezies – ROS) bildet. Dieser sauerstoffunabhängige Zuckerstoffwechsel ist in der Krebszelle entscheidend für die Metastasierung und Resistenzbildung gegenüber Chemo- und Strahlentherapien, aber auch der Schutzmechanismus für besonders wichtige Zellen wie Nerven-, Stamm- und Keimzellen. Nach seiner akademischen Forschungszeit gründete er eine Pharmafirma und zwei Diagnostikfirmen, um die Erkenntnisse rund um das TKTL1-Gen für die Entwicklung neuer Krebstherapien und Krebsdiagnosetests zu nutzen. Außerdem ist er u.a. Autor des Bestsellers »Die neue Anti-Krebs-Ernährung«.

Sarah Wiener: Lieber Dr. Coy, danke, dass Sie mit mir über Ernährung und deren gesundheitlichen Nutzen sprechen. Für mich sind unsere Essgewohnheiten und das Kochen der Boden, der uns zu dem gemacht hat, was wir heute sind.
Johannes Coy: Ich teile Ihre Ansicht. Die Agro- und Lebensmittelindustrie trägt zudem durch die stark verarbeiteten und falsch zusammengesetzten Lebensmittel wesentlich dazu bei, dass der Stoffwechsel des Menschen so verändert wird, dass nicht nur Krankheiten wie Krebs und Neurodegenerationen entstehen, sondern auch die Funktionalität des Gehirns negativ beeinflusst wird, wodurch letztlich sogar unsere kulturelle Identität verändert wird. Aufgrund

der Wichtigkeit dieses Themas führe ich dieses Interview gerne mit Ihnen. Schließlich sollten solche wichtigen Informationen auch einem größeren Teil der Bevölkerung zugänglich sein.

Immer wieder hört und liest man, dass es keinen gesundheitlichen und wirksamen Unterschied zwischen konventionellen Nahrungsmitteln und jenen aus der ökologischen Landwirtschaft gibt. Gibt es denn einen messbaren Unterschied zwischen neuen Hochleistungszüchtungen und alten Rassen oder Sorten?
Ja, es gibt messbare Unterschiede. Ein Beispiel: Die älteste Rinderrasse in Europa, das Hinterwälder Rind trotzt noch heute auf den Hochweiden des Schwarzwaldes ohne Antibiotikaeinsatz den widrigen, harten klimatischen Bedingungen. Da es aber weniger Milch und Fleisch liefert, wechseln die Bauern auf andere Rinderrassen, die mehr Milch und mehr Fleisch liefern. Milch und Fleisch der Hinterwälder Rinder weisen aufgrund der artgerechten Ernährung mit Gras und Heu einen hohen Omega-3-Fettsäuregehalt auf. Gleichzeitig sind die Produkte nicht mit Antibiotika belastet. Für unsere Gesundheit und unsere Gesellschaft wäre es besser, solche Produkte zu konsumieren, da in Regionen wie dem Hochschwarzwald kein Ackerbau betrieben werden kann und bäuerliche Kleinbetriebe mit deren kulturell alter Form der Bewirtschaftung gesichert werden können. Fleisch dagegen, das aus Massentierhaltung mit nichtartgerechter Fütterung (Getreide und Soja) stammt, belastet unsere Gesundheit und unsere Umwelt. Ich kann daher nur empfehlen, weniger, aber dafür artgerecht erzeugtes Fleisch alter Haustierrassen zu essen, das nicht aus Massentierhaltung mit entsprechender Antibiotikabelastung stammt.

... und wie sieht es bei den Pflanzen aus?
Es gibt auch hier einen messbaren Unterschied in der Zusammensetzung von Pflanzen und Samen, die wir als Nahrung konsumieren, in Abhängigkeit von der Art des Anbaus. Ich habe in meinem Buch »Die neue Anti-Krebs-Ernährung« die Zusammenhänge zwischen der Produktion von Inhaltsstoffen (sekundären Pflanzenstof-

BIO IST BESSER

Forscher der Monfort University in Leicester konnten nachweisen, dass Obst und Gemüse aus biologischem Anbau tatsächlich gesünder ist als konventionell angebautes. Das liegt am Vorkommen sogenannter **Salvestrole** (von lat. *salvere* – retten).
Salvestrole sind Bitterstoffe, die eine Pflanze bildet, um sich vor »Gefahren« wie Schimmelpilzen, Viren, Bakterien, UV-Strahlung und Insekten zu schützen. Die Wissenschaftler konnten beweisen, dass diese Abwehrstoffe eine krebshemmende Wirkung haben und so auch für den Menschen nützlich sind. Nachweislich treten Salvestrole vor allem in biologisch angebautem Obst und Gemüse auf. Denn ihre Bildung wird bei konventionellem Anbau durch den Einsatz von Pflanzenschutzmitteln überflüssig gemacht. Außerdem werden Pflanzensorten, die reich an Salvestrolen sind, in der konventionellen Landwirtschaft kaum angebaut, da ihr oft bitterer oder scharfer Geschmack weniger verkäuflich ist.
Man geht davon aus, dass heute 80 bis 90 Prozent weniger Salvestrole in unserer Nahrung enthalten sind als noch vor 50 oder 100 Jahren. Dies könnte auch eine Erklärung für die Zunahme von Krebserkrankungen sein. Um einer Krebserkrankung vorzubeugen, wird daher der Verzehr unverarbeiteter, biologisch angebauter Obst- und Gemüsesorten empfohlen, die nachweislich Salvestrole enthalten. Damit ist wissenschaftlich belegt, dass die Ernährung mit Bioprodukten tatsächlich gesünder ist als konventionelle Ernährung.

Welche Pflanzen enthalten Salvestrole?
Gemüse: Artischocke, Aubergine, Avocado, Blattgemüse, Brunnenkresse, alle Kohlsorten, Kürbis, Paprika, Rucola, Salatgurke, Sellerie, Sojabohnensprossen, Spargel, Spinat, Wildmöhren, Zucchini

Obst: Ananas, Äpfel, Birnen, Erdbeeren, Feigen, Himbeeren, Johannisbeeren, Mandarinen, Mango, Maulbeeren, Melone, Oliven, Orangen, Pflaumen, rote Früchte, Weintrauben
Kräuter/Tees: Basilikum, Hagebutte, Kamille, Löwenzahn, Mariendistel, Minze, Odermennig, Petersilie, Rooibos, Rosmarin, Salbei, Thymian, Wegerich, Weißdorn(beeren), Zitronenverbene[15]

fen) in Nutzpflanzen und dem Schutz vor einer Krebserkrankung beschrieben. Die Auswirkung der Art des Anbaus auf die Bildung von Pflanzeninhaltsstoffen gilt auch für Stoffe, die eine generell gesunde Wirkung auf den Körper haben.

So führt der Einsatz von Pestiziden, die die Pilzbildung hemmen, dazu, dass die Pflanzen keine Abwehrstoffe gegen Pilze bilden müssen. Genau diese Abwehrstoffe wirken aber gegen Krebszellen äußerst effektiv. Aufgrund der heilenden Wirkung dieser Pflanzeninhaltsstoffe wurden sie von ihrem Entdecker als Salvestrole (von lat. *salvere* – retten) bezeichnet. Des Weiteren führt der Anbau von Nutzpflanzen im Gewächshaus dazu, dass diese nicht mehr dem UV-Licht ausgesetzt sind und deshalb auch keine Abwehrstoffe bilden. Auch dadurch kommt es zu einer deutlichen Verminderung der Salvestrolbildung.

Neben den Salvestrolen wird durch das Sonnenlicht (insbesondere den UV-Anteil des Lichtes) auch die Bildung von anderen sekundären Pflanzenstoffen wie den Polyphenolen ausgelöst, die anti-entzündlich auf den Körper wirken und die Alterung verlangsamen sowie dem Abbau von Nervenzellen entgegenwirken. Oftmals haben diese sekundären Pflanzenstoffe wie Polyphenole oder Bitterstoffe einen nicht ganz optimalen Geschmack, so dass sie bei der Züchtung von Pflanzen reduziert wurden. Daher kommt der Pflanzenzüchtung eine wichtige Rolle zu. Alte Nutzpflanzensorten haben einen viel höheren Anteil an gesunden sekundären Pflanzenstoffen. Es gibt zum Beispiel alte Kohlsorten, bei denen die Konzentration an sekundären Pflanzenstoffen mehr als hundertfach höher ist als bei modernen Kohlsorten. Unsere Vorfahren hatten durch diese alten Pflanzensorten eine viel bessere Versorgung mit sekundären Pflanzenstoffen. Alleine durch die starke Reduzierung dieser sekundären Pflanzenstoffe in Nutzpflanzen verlor die Ernährung einen wichtigen Schutzfaktor.

Als sinnliche Köchin und Genießerin bedaure ich den Verlust von Vielfalt besonders. Das Abschaffen von gutem handwerklichem Brot zum Beispiel ist etwas, das sich in den letzten Jahren massiv, aber ohne gesellschaftlichen Protest vollzogen hat.
Ja, ein weiteres Beispiel hierfür ist die Verwendung von modernen Weizensorten in Brot und Backwaren. Da Weizen eine Nacktgetreidesorte ist, die keine Spelze als mechanischen Schutz vor Fressfeinden wie Käfern und Vögeln aufweist, ist Weizen reich an Giften, die das Fressen der Samen durch Käfer und Vögel verhindern soll. Natürlich sind diese Gifte auch nicht gut für den Menschen. Brot aus bespelzten Getreidesorten wie Emmer, Einkorn und Dinkel weist diese Problematik nicht auf, da diese Samen mechanisch durch die Spelze geschützt sind und keine oder deutlich weniger Gifte enthalten.

Die Sorte und der Anbau ist das eine, dann geht es ja noch mit dem Back-Prozess weiter.
Noch vorhandene ungesunde Inhaltsstoffe des Getreides werden durch einen längeren Backprozess mit ausreichend hoher Hitze thermisch-chemisch abgebaut, so dass ein Brot aus Urgetreidemehl, das mit ausreichend langer Hitze gebacken wird, gesund ist. Während ein Weizenbrot, das meistens nur noch vom Bäcker aus industriell vorgefertigten Rohlingen kurz aufgebacken wird, gesundheitsschädlich ist. Inzwischen sind wir ja so weit gekommen, dass man bei Discountern diese Weizenbrötchen selbst aufbacken kann – mit all den negativen Folgen.
Durch das Wegzüchten von wertvollen Inhaltsstoffen weisen viele unserer heutigen Nutzpflanzen nur noch wenige Ballaststoffe auf. Auch dies ist sehr negativ für unsere Gesundheit. Unsere Vorfahren haben immer Lebensmittel konsumiert, die ausreichend Ballaststoffe enthielten, aber heute ist das ganz anders. Das moderne

Weizenmehl und daraus hergestellte Backwaren enthalten kaum noch Ballaststoffe. Als Folge hat sich unser Mikrobiom massiv verändert. Fehlt die Nahrung für die guten Darmbakterien in Form der Ballaststoffe, so nehmen die ungesunden Bakterien in unserem Darm zu. Dies führt zur Schädigung der Darmschleimhaut, und es entsteht ein löchriger Darm (leaky gut). Durch diese Schädigung des Darms können dann Nahrungsbestandteile in den Körper gelangen, die wiederum Entzündungen und Unverträglichkeiten auslösen. Damit besteht ein klarer kausaler Zusammenhang zwischen Ernährung und Entzündungen bzw. Unverträglichkeiten.

Das wäre eine einleuchtende Erklärung für die Zunahme von Allergien, Unverträglichkeiten und sensitiven Reaktionen. Können Sie den Zusammenhang zwischen Weizen und entsprechenden Unverträglichkeiten näher erklären?
Ein spannender wie gefährlicher Zusammenhang besteht hierbei zwischen dem Gluten des Weizens und seinem unvollständigen Abbau. Dadurch entstehen Gluten-Fragmente, die direkt ins Gehirn gelangen und dort wie Morphium wirken. Etwa ein Drittel der Bevölkerung kann Gluten nicht mehr richtig abbauen. Dies hat nichts mit der Glutenunverträglichkeit, also Zöliakie, zu tun, die zu einer massiven Schädigung der Darmschleimheit führt. Durch einen Urintest (Exorphintest) kann man feststellen, ob man Gluten nicht richtig abbauen kann und es dadurch zu einer Beeinträchtigung der Gehirnfunktion kommen kann. Wenn man das Gluten nicht richtig abbauen kann, wirken Weizenprodukte wie Drogen, wodurch eine sehr starke Abhängigkeit von Weizenprodukten entsteht, die zunächst ein sehr gutes Gefühl im Gehirn auslösen. Nach dem Abklingen des guten Gefühls ist man aber oft müde und antriebslos. Gerade für Schulkinder zum Beispiel hat das fatale Folgen.[16]

Was würden Sie dem Durchschnittsmenschen angesichts dieser Erkenntnisse in Sachen Ernährung empfehlen?
Ich empfehle:
- eine Reduzierung bzw. Minimierung prozessierter Fertignahrung,

- die Bevorzugung von Fleisch von artgerecht ernährten und gehaltenen Tieren,
- eine Reduktion von bzw. den gänzlichen Verzicht auf Weizen und die Bevorzugung von Urgetreidesorten,
- den Konsum von Leguminosen (Kichererbse, Erbse, Bohnen) als Kohlenhydratquelle und Ballaststoffquelle,
- die Verwendung von Kohlenhydraten mit niedrigem glykämischem Index (Topinambur, Pastinaken, (Kicher)-Erbsen oder Schwarzwurzeln enthalten Kohlenhydrate, die nur teilweise oder gar nicht verdaulich sind und als Nahrungsgrundlage für gute Darmbakterien dienen – Stichwort Mikrobiom),
- keine kohlenhydratebetonte Ernährung, aber auch nicht zu wenig Kohlenhydrate,
- den Einsatz von Zuckern mit niedrigem glykämischem Index (Galactose, Tagatose, Isomaltulose)
- eine ballaststoffreiche Ernährung,
- die Bevorzugung von Pflanzen und Nahrung, die reich an sekundären Pflanzenstoffen sind (zum Beispiel alte, ursprüngliche Gemüsesorten wie Schwarzkohl und Grünkohl oder Beeren wie Heidelbeeren, Johannisbeeren, Aronia, Himbeeren)
- ausreichend Omega-3, Vitamine und Mineralien.

Was halten Sie von bestimmten diätischen Einschränkungen in der Ernährung, zum Beispiel von Veganismus?
Es ist nicht notwendig, Fleisch (oder Fisch) zu konsumieren, aber man muss dann sehr darauf achten, alle Vitamine und Mineralien in ausreichender Menge aufzunehmen.

Die man sich dann zum Teil aus der Apotheke zuführen muss. Und was halten Sie von Paleo-Ernährung, also der Orientierung an der vermuteten Ernährungsweise der Steinzeit?
Prinzipiell geht das in die richtige Richtung. Aufgrund der Erhöhung der kognitiven Belastung (Stress, Beruf, ständige Erreichbarkeit, keine Großfamilie mit Ruhezeiten) ist der Zuckerbedarf des Gehirns allerdings gestiegen, so dass die Paleo-Ernährung zu we-

nig Kohlenhydrate und zu viel Eiweiß aufweist. Daher bin ich für eine Modifizierung der Paleo Diet, indem mehr gesunde Zucker/Kohlenhydrate eingebaut werden.

Auch Rohkost ist ein Trend.
Das ist nicht für jeden geeignet, da die Verdauung und Aufnahme der Nahrungsinhaltsstoffe erschwert ist und es manchmal zu Fäulnisbildung im Darm kommen kann.

Das kann sicher jeder bestätigen, der Rohkost schon einmal ausprobiert hat. (lacht) Außerdem bereichert das Kochen die Vielfalt und Möglichkeiten ins Unermessliche.
Ich möchte Ihnen noch ein Beispiel nennen, wie das Kochen sogar zur Bildung von Stoffen führen kann, die vor Krankheiten schützen oder deren Schäden reduzieren.
In Japan waren früher Krankheiten wie Beriberi häufig, die mit einem Thiamin-Mangel (Vitamin-B1-Mangel) assoziiert sind. Der überwiegende Konsum von geschältem Reis und rohem Fisch führt dazu, dass es zu einem Vitamin-B1-Mangel kommt, weil geschälter Reis kein Vitamin B1 enthält und roher Fisch ein Enzym aufweist, das Vitamin B1 zerstört.
Ein Japaner bemerkte nun in den 1960er Jahren, dass beim Kochen mit Knoblauch ein Sud entsteht, der besonders gut vor Beriberi und anderen Thiamin-assoziierten Krankheiten schützt. Eine nachfolgende chemische Analyse des Suds zeigte, dass durch das Kochen mit Knoblauch eine chemische Reaktion entsteht, die das Vitamin B1 (Thiamin) so verändert, dass es viel besser wirkt als das herkömmliche Vitamin B1. Dieses veränderte Vitamin wurde Benfotiamin genannt und patentiert. In den letzten Jahren wurden mit diesem Vitamin Studien bei Diabetikern durchgeführt – mit sensationellenen Ergebnissen. Es zeigte sich, dass diese besondere Form des Vitamin B1 extrem gut vor Diabetesschäden schützt. Das ist ein Beispiel dafür, dass Kochen weit mehr ist als die Zubereitung von Nahrung, die satt macht. Kochen kann zur Bildung von Stoffen führen, die enorm positive Wirkungen auf den Körper haben.

Im Grunde genommen wissen wir doch sehr wenig über unseren Stoffwechsel und die Tausende Stoffe und ihre Beziehung, Bedeutung und Funktionsweise in unserem Körper. Gilt nicht für alle Vitamine und Nährstoffe allgemein, dass sie in natürlichen Lebensmitteln erst ihre ganze Bedeutung und ihren Nutzen entfalten können?

Ja, eine Aufnahme von Vitaminen im natürlichen Kontext der Lebensmittel ist sicher besser. Vitamin E zum Beispiel spielt eine enorm wichtige Rolle für die Gesunderhaltung des Menschen. Wichtig ist aber, dass es sich um eine natürliche, also nichtsynthetische Form des Vitamin E handelt. Durch synthetisch hergestelltes Vitamin E dagegen können gesundheitlich negative Wirkungen im Körper ausgelöst werden. Man unterscheidet zwei Unterfamilien von Vitamin E: Tocopherole und Tocotrienole. Die Tocotrienole sind wahre Gesundheitselixiere. Es gibt schon mehrere Hundert Studien zur einzigartigen Wirkung der Tocotrienole. Tocopherol auf der anderen Seite nehmen wir durch den generellen Zusatz seiner künstlichen Form in Margarine und Pflanzenölen ständig zu uns. Meistens ist es schon oxidiert, was dazu führt, dass es die wirksamen, natürlichen Tocopherole sowie Tocotrienole aus dem Körper verdrängt. Das ist ein Beispiel dafür, dass die Nahrungsmittelkonzerne durch das Zusetzen von synthetischen Vitaminen in der Nahrung gesundheitsschädigende Effekte auslösen. Daher ist es so wichtig, dass man die natürlichen Tocotrienole aufnimmt, um Alterung und Entzündungen vorzubeugen.

Ein weiteres wichtiges Thema ist der Zucker, dem Sie sich verschiedentlich angenommen haben. Sie haben ja sogar eine Art »gesunde Schokolade« entwickelt.

Ich glaube, es ist wichtig, dass wir einerseits ein Bewusstsein für natürliche Lebensmittel schaffen, aber andererseits auch »Convenience«-Lebensmittel hergestellt werden, die aufgrund ihrer Zusammensetzung gesund sind, aber auch in der schnelllebigen, hektischen Gesellschaft die bisher ungesunden Fertiglebensmittel ersetzen.

Warum nach Saison essen?

Wer jemals frische, reife Erdbeeren direkt vom Feld genascht hat, der weiß, dass die geschmacksstarken Beeren nach der Ernte mit jeder Stunde an Aroma verlieren. Viele Früchte werden aber unreif geerntet und über den halben Globus geschippert, um dann hier vor Ort nachzureifen. Nur damit wir zu jeder Jahreszeit eine große Auswahl im Supermarkt vorfinden. Aber nur reif geerntetes Obst und Gemüse entfaltet das volle Aroma und besitzt alle wichtigen Inhaltsstoffe.

Obst und Gemüse strukturieren mein Jahr genauso wie die Jahreszeiten. Ich mag diesen Wechsel der verschiedenen Lebensmittel und die Vorfreude auf bestimmte Düfte und Geschmäcker. Zudem liefert uns die Natur saisonal immer genau das, was wir und unser Körper brauchen: im Herbst und Winter zum Beispiel Lebensmittel mit viel Vitamin C und erkältungsvermeidendem Zusatznutzen, wie Sanddorn, Schlehe, Äpfel und Kohl. Saisonal essen ist also sinnvoll. Wenn man sich beim Kauf von Obst und Gemüse am Saisonkalender orientiert, hat das noch viele weitere Vorteile:

Es ist besser fürs Klima: Wer heimisches Obst und Gemüse kauft, hilft, Energie für weite Transportwege zu sparen. Optimal ist Freiland-Ware: Zusätzliche Energie für beheizte Treibhäuser oder Abdeckmaterialien, wie Folie oder Vlies, fallen weg.

Es ist weniger schadstoffbelastet: Heimisches Obst und Gemüse, insbesondere Öko-Ware, enthält weniger Pestizid-Rückstände als importierte Ware. Freilandpflanzen sind auch deutlich ärmer an Nitrat, das durch Sonne abgebaut wird.

Es steckt mehr drin: Da heimische Obst- und Gemüsearten vollständig ausreifen dürfen, enthalten sie mehr Vitamine, Mineralstoffe und wertvolle sekundäre Pflanzenstoffe.

Es ist günstiger: Heimisches Obst und Gemüse nach Saison ist qualitativ hochwertige Ware für einen relativ geringen Preis, weil Lagerkosten und lange Transportwege entfallen.

Es schmeckt besser: Werden Obst und Gemüse zu ihren natürlichen Reifezeiten im Freiland geerntet, ist ihr Geschmack am intensivsten. Sie bekommen genügend Luft und Sonne, um ihr ganzes

Aroma zu entfalten. Bei importierter Ware ist dies wegen des langen Transports meist nicht möglich.

 verfügbar aus dem Gewächshaus bzw. Lagerung

frisch verfügbar aus heimischem Anbau

Saisonkalender · Obst

Zutat (Obst)	Jan	Feb	Mär	Apr	Mai	Jun	Jul	Aug	Sep	Okt	Nov	Dez
Apfel	▦	▦	▦	▦				🍎	🍎	🍎	▦	▦
Aprikose							🍑	🍑				
Birne								🍐	🍐	🍐	▦	
Brombeere								🫐	🫐			
Erdbeere					▦	🍓	🍓					
Heidelbeere							🫐	🫐				
Himbeere							🍓	🍓				
Johannisbeere							🍒	🍒				
Kirsche						🍒	🍒					
Mirabelle							🍈	🍈				
Pflaume							▦	🍑	🍑	🍑		
Rhabarber				▦	🌿	🌿						
Stachelbeere							🍇	🍇				
Wassermelone							🍉	🍉	🍉			
Weintraube									🍇	🍇	▦	
Zwetschge							▦	🍑	🍑	🍑		

 Beim Obst bietet der Sommer jede Menge Sortenvielfalt. Im Winter sieht es dagegen mau aus. Heimische Äpfel sollten hier den Großteil des Obstverzehrs ausmachen. Wer in der kalten Jahreszeit nicht nur Äpfel essen möchte, sollte beim Kauf von Südfrüchten auf das Fair-Trade-Siegel achten.

Saisonkalender · Gemüse

Zutat (Gemüse)	Jan	Feb	Mär	Apr	Mai	Jun	Jul	Aug	Sep	Okt	Nov	Dez
Aubergine								●	●			
Blumenkohl		▒	▒			●	●	●	●	●		
Bohnen, dicke						▒	●	●				
Bohnen, grüne					▒	●	●	●		▒		
Brokkoli						▒	●	●	●	▒		
Champignon	●	●	●	●	●	●	●	●	●	●	▒	▒
Fenchel						▒	▒	●	●	▒		
Frühlingszwiebel						●	●	●	●	●		
Grünkohl	●	●									▒	●
Karotte					▒	▒	●	●	●	●	▒	
Kartoffel						▒	▒	●	●	●	●	
Kohlrabi					▒	●	●	●	●	●		
Kürbis								●	●	●	▒	
Lauch						▒	●	●	●	●	●	▒
Mais								●	●	●		
Mangold						▒	●	●	●			
Paprika							▒	●	●	●		
Pastinaken								●	●	●		
Radieschen			▒	▒	●	●	●	●	●	●	▒	
Rosenkohl	●	▒								▒	●	●
Rote Bete								●	●	●		

Zutat (Gemüse)	Jan	Feb	Mär	Apr	Mai	Jun	Jul	Aug	Sep	Okt	Nov	Dez
Rotkohl	▒	▒	▒						●	●	●	▒
Salatgurke						●	●	●	▒			
Schwarzwurzel	●									●	●	●
Spargel				▒	●	●						
Spinat	▒			●	●			●	●	▒		
Spitzkohl				●	●			●	●	▒	▒	
Staudensellerie							●	●	●	●		
Steckrüben	●									●	●	●
Tomaten			▒	▒			●	●	●			
Topinambur									●	●	●	
Weißkohl	▒					●			●	●	●	▒
Wirsingkohl						●			●	●	●	
Zucchini						▒	●	●	●	●		
Zuckererbse						●	●	●	▒			
Zwiebel	▒	▒	▒	▒	▒	▒	●	●	●	●	▒	

Beim Obst bietet der Sommer jede Menge Sortenvielfalt. Im Winter sieht es dagegen mau aus. Heimische Äpfel sollten hier den Großteil des Obstverzehrs ausmachen. Wer in der kalten Jahreszeit nicht nur Äpfel essen möchte, sollte beim Kauf von Südfrüchten auf das Fair-Trade-Siegel achten.

Saisonkalender · Salat

Zutat (Salat)	Jan	Feb	Mär	Apr	Mai	Jun	Jul	Aug	Sep	Okt	Nov	Dez
Batavia						■	■	■	■			
Chicorée	■										■	■
Eichblattsalat						■	■	■	■			
Eisbergsalat						■	■	■	■			
Endiviensalat							■	■	■			
Feldsalat	■	■								■	■	■
Kopfsalat						■	■	■	■			
Lollo Rosso						■	■	■	■			
Portulak	■	■	■				■	■	■	■	■	■
Radicchio							■	■	■	■		
Rucola					■	■	■	■	■	■		

Die Sehnsucht nach dem Richtigen

Ich möchte bei meiner Arbeit zuallererst Freude bereiten, aber auch aufklären und versuche in meinen Sendungen eine Sehnsucht nach dem Richtigen, Ursprünglichen zu wecken. Wenn ich das zu offensiv machen würde, dann befürchte ich, dass die meisten Menschen innerlich abschalten. Es geht ja auch nicht darum, alles jederzeit zu hinterfragen und alle zu Vegetariern zu machen. Es wäre schon ein Beginn, wenn die Menschen ihren Fleischkonsum einschränken und bewusster einkaufen würden. Wenn sie anfangen würden, sich mit dem, was sie essen, bewusster zu beschäftigen. Ich bin davon überzeugt, dass Gedanken Energie sind. Wenn wir viele sind, die so denken und im Kleinen handeln, dann ändert sich das Gefüge. Das ist meine Hoffnung.

Tischgespräch
mit Karl Huober

Karl Huober, Jahrgang 1949, ist Unternehmer und Dauerbrezel-Fabrikant. 1980 übernahm er die von seinem Vater im schwäbischen Erdmannhausen gegründete »Erste Württembergische Brezelfabrik«. Dabei hatte sich Karl Huober für die Aufgabe, das von den Eltern begonnene Unternehmen weiterzuführen, erst relativ spät entschieden. Nach Zivildienst und Mitarbeit in einer heilpädagogischen Schule absolvierte er ein Volkswirtschaftsstudium. Die Erkenntnis-Prämissen der etablierten Wirtschaftswissenschaften bewegten ihn zu einem parallelen Studium der Philosophie und zur Mitarbeit an dem von Hans Georg Schweppenhäuser in Berlin gegründeten »Institut für soziale Gegenwartsfragen«. Karl Huober war Mitbegründer der linksalternativen Tageszeitung TAZ. Probleme im Familienbetrieb veranlassten ihn, ins Unternehmen zu gehen. 1982 begann er mit der Herstellung einer separaten Dauerbackwarenlinie aus biologisch-dynamisch angebautem Getreide und gründete 1989 für die gemeinsame Arbeit mit DEMETER-Bauern die Firma »ErdmannHAUSER Getreideprodukte«.

Karl Huober ist Vorstandsmitglied der »Assoziation oekologischer Lebensmittelhersteller« (AoeL) und engagiert sich in überbetrieblichen Kooperationsprojekten und in der Berufsbildung. Im April 2012 traf Sarah Wiener ihn in ihrem Restaurant »Das Speisezimmer« zu einem Gespräch.

Sarah Wiener: Herr Huober, als Sie vor über dreißig Jahren den Betrieb Ihres Vaters übernommen haben, was war da Ihre größte Herausforderung?

Karl Huober: Die größte Herausforderung lag für mich ganz entschieden in einem Widerspruch: Auf der einen Seite wollte ich mich der Verantwortung gegenüber der Mitarbeiterschaft – zu vielen hatte ich eine persönliche Beziehung – stellen und fühlte mich schuldig, meinen Teil zur Gesundung beizutragen. Der Wert des historisch gewachsenen Betriebes sollte nicht achtlos verramscht werden. Menschlich und sachlich war deshalb viel zu tun und viel zu lernen. Auf der anderen Seite hatte mich die Auseinandersetzung mit den herrschenden Formen der Wirtschaftswissenschaft zu der Erkenntnis gebracht, dass unser Wirtschaftssystem als Ganzes verwandelt werden müsse und dass der Antrieb dazu nicht so ohne Weiteres aus einem einzelnen Wirtschaftsbetrieb kommen könne.

Aber ist das wirklich ein Widerspruch?

Freilich können Sie sagen: Du kannst doch mit deinem Unternehmen ein Beispiel geben, wie du dir die Verwandlung der Wirtschaft vorstellst. Schön. Aber auch wenn die neuen Wege, um die es heute geht, nur von Einzelnen und in konkreten Gegebenheiten gebahnt und beschritten werden können, müssen zuallererst doch die ideellen Grundlagen gelegt, die gedanklichen Wurzeln gefunden werden, aus denen etwas Neues wachsen kann. Mit bloßem Gutmenschentum und naiver Bastelei kann man ein kollektives System, das auf Zwängen aufgebaut ist, nicht verwandeln. Zwang zur Konkurrenz, Zwang zur Rationalisierung, Zwang zum Wachstum. Dagegen geht es in jedem Einzelunternehmen und bei den Entscheidungen, die einem täglich abverlangt werden, sachlich und menschlich persönlich, immer nur um Kontinuität in praktischen Einzelfragen.

Also zum Beispiel: Sollte ich etwa mit Mitarbeitern, die Angst um ihren Job haben oder auch einfach nur hoffen, mehr »Kohle« zu verdienen, über die Zusammenhänge unseres Wirtschaftssystems reden? Man kann und muss in Konflikten wohl immer Verständnis wecken, aber nicht auf der Ebene der gesellschaftlichen Systemfrage. Die Leute würden denken: »Der Mann kommt nicht auf den Punkt.«

Ein anderes Beispiel sind die Banken, auf deren Kredite du angewiesen bist. Der Bankangestellte, mit dem du verhandelst, schaut für sein Geschäft auf Sicherheit und Solidität, aber nur in dem Sinne, wie man es ihm beigebracht hat. Neben Besitz, Haftung und Zahlen spielt schon auch das Persönliche eine Rolle. Aber dazu musst du dem Mann die Füße wärmen, und würden Sie zu diesem Zweck über die »blinden Flecken« des Geldsystems, über die historischen Verkapselungen der modernen Kreditwirtschaft oder über den fehlenden Kapitalbegriff des heutigen Kapitalismus reden? Da würden die Füße aber schnell kalt werden!

Auf den Einkauf der Lebensmittelhandelskonzerne, auf die man angewiesen ist, will ich nicht näher eingehen. Aber soll man einem Einkäufer von der sachlich notwendigen Brüderlichkeit im Wirtschaftsleben erzählen? Der würde sich nur wundern, auf was für Verschrobenheiten Leute kommen, die einem doch auch bloß ihr Zeugs verkaufen wollen. So kann man alle Bereiche im Betrieb und im Betriebsumfeld durchgehen, überall bleibt ein gewisser Gegensatz zwischen den Anforderungen, die dem Einzelunternehmen existenzhalber auferlegt sind, und den eigentlichen großen sozialen Herausforderungen unserer Zeit.

Gibt es oder fand sich für Sie eine Lösung ohne faule Kompromisse?

Es war und ist ein weiter Weg, aber die Lösung des angesprochenen Widerspruchs finden wir, wenn wir ihn suchen, immer nur in allernächster Nähe: bei uns selbst. Anfangs musste ich mir öfter als heute eine gewisse unterschwellige Furcht eingestehen, dass ich den Widerspruch verdränge, vielleicht die moderne Schizophrenie zwischen Denken und Handeln nur ein wenig zu beheben trachte, die eigentliche Problematik aber lieber verheimlichen würde. Im Denken selbst kann man keine Kompromisse machen – darf man keine Kompromisse machen! Man dringt gar nicht ins DENKEN

Über den Zyklus vom Saatkorn zur reifen Ähre und den Weg vom reifen Weizen bis zum Brot auf unserem Tisch staunen die Menschen seit Urzeiten.

ein, wenn man Kompromisse macht! Das Handeln dagegen trägt Kompromisse schon in sich und besteht vor allem durch die Fantasie, die jeweils richtigen Kompromisse zu finden. Und der Widerspruch zwischen Denken und Wollen steckt letztlich hinter der sozialen Frage, die ich beschrieben habe. Wir Menschen sind dieser Widerspruch selbst. Aber auch die Brücke zwischen den polaren Gegensätzen liegt in uns selbst: in dem tieferen Wahrheits-Gefühl, das am Erleben des Widerspruches erzogen wird und das kein bloßes »Bauchgefühl« ist. Keimhaft liegt in allen Menschen die Fähigkeit dazu. So gesehen können wir darauf vertrauen, zur rechten Stunde vielleicht auch verbündete Mit-Menschen für die Verwandlung der Gesellschaft zu finden. In manchen Phänomenen der Gegenwart drückt sich etwas davon schon aus.

Wie sind Sie nach der Übernahme vorgegangen?

Es ging zunächst um Umsätze und Verkaufsaktivität, zudem immer wieder um Bankverhandlungen, manchmal nur, um zeitlich Spielraum zu gewinnen. Und es ging darum, den Mitarbeitern Sicherheit zu geben. Aufgrund der Gegebenheiten und gegen meine eigene Natur ging es auch darum, die Spezialisierung auf das Kerngeschäft voranzutreiben. Was dabei half, war die Verbundenheit mit dem Motiv der Brezel, die besondere Geschichte, in die wir uns hineingestellt sahen. Da steckte ein »Geheimnis«, ein besonderes Rätsel darin; also etwas Bewegendes.

Nach zwei Jahren war es uns sogar möglich, eine Produktionsanlage für die Massenproduktion von billigen Salzsticks vom Markt zu nehmen und trotzdem Leute einzustellen.

Worin steckt in Ihrem Unternehmen dann das größte Potenzial?

Darin, dass es sich um einen Lebensmittelbetrieb handelt. Alles, was wir im nächsten Jahr produzieren, war seiner physischen Substanz nach vor einem Jahr noch gar nicht vorhanden. Es musste erst aus dem Erd-Boden herauswachsen. Als ich anfing, sprach man zwar noch nicht von Nachhaltigkeit, aber viele Menschen, jedenfalls im ländlichen Raum, waren näher an diesem Kriterium unseres Wirtschaftslebens als die meisten Nachhaltigkeitsbeschwörer heute. Die Abstraktion »die Wirtschaft« wird eigentlich immer von zwei Seiten gespeist, deren polare Zusammengehörigkeit wir nicht verstehen, weil die lebendigen Vorstellungen von Zahlenbegriffen absorbiert sind. Das ist nicht nur ein moralisches Problem, sondern ein Bildungsproblem, mit dem wir uns heute in unserer Firmengemeinschaft beschäftigen. Im Grunde steht also substanzielle Wirtschaft in der Polarität zwischen Landwirtschaft und Industrie. Solange wir das nicht recht erkennen wollen, stülpen wir der Landwirtschaft suggestiv industrielle Prinzipien über und zerstören – weltweit – jeden Tag ein wenig von unserer Ernährungsgrundlage. Die Landwirtschaft hat es mit dem Geist in der Natur zu tun, setzt ihn voraus. Das industrielle Prinzip kommt aus dem Geist des Menschen, setzt damit auch etwas voraus. Die Nachhaltigkeitsfrage ist im Grunde zuallererst eine Geistfrage: Der Geist darf nicht ausgebeutet, der Geist will erkannt werden. Die Naturkostbewegung zeigt ein gewisses Gespür dafür. Aber es ist eine Schande, wenn wir es nicht zu einem »anständigen« Geist-Begriff bringen.

Und die Brezeln?

Die Brezel ist als Form eigentlich der symbolische Ausdruck für diesen Zusammenhang. Das Gebäck, durch das drei Mal die Sonne scheint! Also ziemlich aktuell in unserer Eintagsfliegenwelt. Wir haben das »betriebspädagogisch« zu den drei Fragen genutzt: Was setzt unsere Produktion voraus? Was leisten wir? Für wen sind unsere Erzeugnisse? Mit der ersten Frage rückte auch und vor allem die Landwirtschaft ins Bewusstsein.

Aber die allermeisten Bauern – von den Großgrundbesitzern einmal abgesehen – können doch von ihrem eigentlichen Beruf gar nicht mehr leben...

Genau genommen lebt ein Bauer schon seit fünfzig Jahren eigentlich nicht von seiner Arbeit, sondern er muss zusätzlich zu dem, was er verkaufen kann, Papiere ausfüllen, damit ihm Subventionen gezahlt werden. Er wird also zum Bittsteller transformiert, noch dazu zu einem spekulativen, und sein Bauern-Bewusstsein wird gebrochen. Das Absurde an den Subventionen ist: Unsere Art, miteinander zu wirtschaften, erzeugt ein Problem, und der Staat soll es lösen. Damit er es lösen kann, braucht er wieder das Geld aus der Wirtschaft. Wenn wir darüber nachdenken, sehen wir, dass es da eine Fehlkonstruktion in der Maschine gibt, die dualistisch funktioniert – »Wirtschaft«, »Staat«, »Wirtschaft«, »Staat« usw. –, sich aber am Ende selbst zerstört.

Und wie wollen Sie diesen Kreislauf durchbrechen?

Wir müssen den Bauern ihren Stolz wiedergeben. Nicht nur den Bauern. Unser ganzes Sozialverhalten ist sehr stark obrigkeitsstaatlich durchsetzt. Was wir auf der einen Seite demokratisch errungen haben, wird auf der anderen Seite von kollektiven Gedankenformen und Ängsten aufgesaugt. Wir wollen den Bauern, aber auch den Produkten selbst und den – schreckliches Wort – Verbrauchern ihre Würde zurückgeben, wenn wir zum Beispiel auf ErdmannHAUSER Produkten vermerken: »Der Dinkel, aus dem dieses Produkt für Sie hergestellt wurde, wurde auf dem Hof der Familie Mayer in der Hohenlohe angebaut.« Dem Kunden wird vermittelt, dass das, was er kauft, nicht im Supermarktregal wächst. Der Bürger der Zukunft drängt auf eine autonome, von staatlicher Kontrolle befreite Kultur. Als Konsument wird er sich als aktiver Teilnehmer am Wirtschaftsprozess einbringen müssen. Als passive Marketing-Zielscheibe, die sich über ihre Kollektiveigenschaften bedienen lässt, hat er ausgedient. Es geht nicht nur um den horizontalen Herkunftsnachweis der »Wertschöpfungskette«. Wichtiger ist, dass wir in der Globalisierung zur Vertikalen, zur Senkrechten finden. In gegenseitiger Beziehung – denn unser elementarstes Geheimnis ist die Kraft des Denkens. Und das ist unsere Krise, auch »Chance« genannt. Chance zum Überleben? Nein – zum Er-leben!

Gesund essen

Gesund essen heißt zuallererst: sinnlich und vernünftig essen. Sich Zeit nehmen und Zeit lassen. Selbst kochen und Freude am Genuss haben.

Gesund essen heißt sinnlich essen

Gesund essen! Diese Aufforderung führt bei jedem normalen Menschen zu einem gewissen freudlosen Gesichtsausdruck. Wir alle kennen Sätze wie »Iss mal mehr Gemüse, das ist gesünder!« oder »Du solltest dich mal ein bisschen gesünder ernähren«. Wir hören sie, wenn wir gerade genüsslich in eine Cremeschnitte beißen oder es uns mit der Chipstüte auf dem Sofa gemütlich gemacht haben.

Der Anspruch »gesund essen« ist in den allermeisten Köpfen verbunden mit kargem, geschmacklosem, langweiligem Essen, das wir freiwillig ganz sicher nicht herunterwürgen würden. Das ganze Grünzeug zum Beispiel, das auf unseren Kindertellern herumdümpelte und von links nach rechts geschoben wurde, in der Hoffnung, auf dem Weg ginge die Hälfte verloren, wie eine Handvoll Stroh, die man über eine Wiese trägt. Oder der gefürchtete Grünkernbratling, der im Mund zu Staub zerkrümelt, und das geschmacklose Stück Tofu mit der Konsistenz von Gelatine und der Farbe von Kalk. »Bio? Nee, danke, das schmeckt doch nicht. Das sind doch die verschrumpelten Äpfel und Karotten.«

Merkwürdig, dass wir alle denken, nur wenn's wehtut, ist es auch gesund. Eine Medizin muss bitter sein, und genauso muss es sich wohl mit dem Essen verhalten.

Doch das Gegenteil ist der Fall! Nur schmackhaftes, duftendes frisches Essen, das wir gerne riechen und essen, ist auch wirklich gesund.

Meine Mutter macht ein Gemüse aus so unscheinbaren Lebensmitteln wie Kichererbsen oder mit Vollkornreis, was die allermeisten Menschen als trocken, unsexy und fad bezeichnen würden. Dabei gehe ich jede Wette ein: Neun von zehn Leuten würden sich danach die Finger lecken. Oder ist auch das nur eine Frage der Verpackung? Schließlich ist Hummus, der hippe Snack der Städter, auch aus Ki-

Reis mit geschmortem Gemüse

Makrobiotisches Rezept von
Sarahs Mutter Lore Heuermann

400 g Vollkornreis
1 Kohlrabi
2 Möhren
ca. 150 g Brokkoli
ca. 150 g Blumenkohl
200 g Sojasprossen
200 g Tofu
2 Bund Petersilie

2 Bund Koriander
10 EL Sonnenblumen- oder
Maiskeimöl
2 TL Currypulver
4 EL Tamari (fermentierte
Bio-Sojasauce)
4 EL Gomasio (Sesamsalz)

• Vollkornreis abends in 800 ml Wasser einweichen und am nächsten Morgen ca. 20 Minuten im Dampfkochtopf kochen, dann mit geschlossenem Deckel einige Stunden stehen lassen.

• Kohlrabi und Möhren schälen, klein würfeln. Brokkoli und Blumenkohl in kleine Röschen teilen, waschen. Sojasprossen verlesen, abspülen und abtropfen lassen. Tofu in kleine Würfel schneiden. Petersilie waschen und klein schneiden, Koriander waschen und die Blätter abzupfen.

• 4 EL Öl in einem Wok erhitzen und bei starker Hitze zuerst Kohlrabi, Möhren und Blumenkohl ca. 5 Minuten garen, dann Petersilie, Tofu und Brokkoli und kurz vor Ende die Sojasprossen mitbraten. Korianderblätter zugeben und mit Curry würzen.

• Den Reis separat im restlichen heißen Öl anbraten, bis sich leichte Krusten bilden. Dann mit dem geschmorten Gemüse in einer Schüssel vermengen und zum Schluss Tamari und Gomasio dazugeben. Köstlich!

chererbsen. Und wenn meine Mutter einen Teller Reis mit Gemüse serviert, dann stöhnen die meisten Leute vor Lust, weil es so gut riecht und so herrlich schmeckt.

Zugegeben: Gemüse köstlich zuzubereiten ist schwieriger, als ein Kotelett in die Pfanne zu werfen. Aber es ist um Klassen vielfältiger und abwechslungsreicher. Wir haben unzählige wunderbar frische (Wild-)Kräuter direkt vor unserer Haustür. Wie wäre es, wenn wir mit ihnen würzen statt mit Fertigbrühe oder Brühgewürz?

Unser Körper sagt uns eigentlich sehr genau, worauf er Appetit hat, und was er braucht. Wir müssen nur lernen, auf ihn zu hören. Das können wir aber nur, wenn die Lebensmittel genau die Stoffe für uns bereithalten, die unser Organismus gewöhnt ist und erwartet. Industrielle Zusatzstoffe und Aromen, eine zu große Energiedichte, Transfette und stark verarbeitete Nahrungsmittel kann unser Körper nicht mehr einordnen. Er verliert die Orientierung. Und ganz nebenbei wird unser Geschmack manipuliert und verschlammt.

Gesund essen heißt zuallererst: sinnlich und vernünftig essen. Sich Zeit nehmen und Zeit lassen. Selbst kochen und Spaß am Genuss haben. Wie man Genuss bei einem Stück abgepackten Industriekuchen empfinden soll, ist mir ein Rätsel. Ich halte es nicht für gänzlich abwegig, dass wir so schlingen, weil uns beim bewussten Kauen und Nachschmecken das Schlucken gehörig vergehen würde.

Das Gehirn sitzt im Bauch

Unser Bauch, oder besser gesagt unser Darm, verfügt über eine Art Gehirn. Über diese etwas seltsam klingende These unterhielt ich mich mit Josef Bernd Aldenhoff, Facharzt für Psychiatrie und Psychotherapie. Er erklärte mir, dass diese Aussage darauf basiert, dass der Magen-Darm-Trakt extrem gut mit Nervenzellen versorgt ist, es sind etwa 1 Million. Diese Nervenzellen haben in vielerlei Hinsicht ähnliche Eigenschaften wie unser richtiges Gehirn, die eigentliche Schaltzentrale unseres Körpers. Die Amerikaner sprechen vom »gut brain«, dem Gehirn im Bauch. Der große Unterschied zwischen

Gesund essen heißt zuallererst: sinnlich und vernünftig essen. Selbst zu kochen und sich Zeit zu nehmen zu genießen ist das Beste, was wir für uns tun können.

Großhirn und Magen-Darm-Trakt ist, dass uns das, was in unserem Verdauungsorgan passiert, nicht bewusst ist. Aber dieses »Bauch-Gehirn« sendet ständig Signale an unsere Schaltzentrale. »Neurologische Untersuchungen lassen vermuten, dass unser ganzes Befinden, also ob ich mich wohlfühle oder ob ich Angst habe und so weiter, aus dem Magen-Darm-Trakt kommt«, so Dr. Aldenhoff.

»In diesem Nervengeflecht des Bauchs werden die gleichen Botenstoffe ausgeschüttet wie in unserem Kopfhirn, und zwar vor allen Dingen Serotonin, das unter anderem bei Depressionen eine große Rolle spielt. Andere Botenstoffe, die für Stress verantwortlich sind, sind vor allem im primären Darm lokalisiert. Deshalb nehmen wir Stress besonders stark in den Bauchorganen wahr, als Magengrummeln oder Magenschmerzen zum Beispiel.«

Wenn ich daran denke, wie wir unseren Darm mit zu viel und zu falscher Nahrung traktieren, dann wäre das vielleicht auch eine zusätzliche Erklärung für die massenhaft melancholisch herumschleichenden Jugendlichen, die sich in den letzten Jahren scheinbar stark vermehrt haben. Oder bilde ich mir das nur ein?

Warum die Menschen immer dicker werden

Was jedoch eindeutig nachgewiesen wurde, ist: Wir Menschen, gerade in den Industrienationen, werden immer dicker. Laut einer Studie des Robert-Koch-Instituts (GEDA 2012) ist der Anteil der krankhaft fettleibigen Männer von 12 Prozent im Jahr 1999 auf 23 Prozent in den Jahren 2008–2011 gestiegen. Bei den Frauen wuchs der Anteil von 11 auf 24 Prozent.

Auf der Suche nach einem anerkannten Ernährungswissenschaftler, der mir mehr über die Zusammenhänge zwischen unserem Lebensstil und unserer Gesundheit erzählen konnte, bin ich auf Dr. Nicolai Worm gestoßen. Er ist seit Jahren ernährungspolitisch engagiert, und seit unserem Gespräch versorgt er mich regelmäßig mit den neuesten ernährungswissenschaftlichen Studien über Low Carb und Low Fat, Studien über Zucker sowie mit den neuesten Informationen über die immensen Auswirkungen des Softdrink-Konsums auf die Gesundheit.

Tischgespräch
mit Prof. Dr. Nicolai Worm

 **Nicolai Worm** ist Diplom-Ernährungswissen-schaftler und Bestsellerautor aus München. Seit 2009 lehrt er als Professor an der Deutschen Hochschule für Prävention und Gesundheitsmanagement (DHPG) in Saarbrücken.

Sarah Wiener: Herr Prof. Worm, die Deutschen geben immer weniger Geld für ihr Essen aus. In den 1950er Jahren waren es noch 50 Prozent des Haushaltsbudgets, jetzt sollen es um die 13 Prozent sein. Woran liegt das Ihrer Meinung nach?
Nicolai Worm: Nun, die Lebensmittelbranche schafft es durch entsprechende Maßnahmen, die Kalorien, die wir zum Leben brauchen, für immer weniger Geld zur Verfügung zu stellen. Dass das mit einem immensen Qualitätsverlust einhergeht, ist die andere Seite. Dazu kommt die Verschiebung der Prioritäten im alltäglichen Leben. Früher musste man jeden Tag körperlich hart arbeiten, oft war auch schon der Weg zur Arbeit mühsam. Da brauchte man Nahrung, die die Arbeitskraft erhalten hat. Heutzutage hat sich das sehr stark verändert. Wir brauchen viel weniger Energie, da wir im Arbeitsleben körperlich nicht mehr so gefordert sind. Gleichzeitig steht uns für sehr wenig Geld vierundzwanzig Stunden am Tag Essen zur Verfügung, dadurch verliert es an Priorität. Denn man kann immer und überall für wenig Geld essen – und sei es nur aus Langeweile. Andere Dinge werden wichtiger: Reisen, Autos, der Zweitwagen, der Drittfernseher.

Und der Wert der Lebensmittel verfällt.

Ja, und dazu kommt: Die Industrie agiert so geschickt, dass sie uns die billigsten Rohstoffe als schmackhaft anpreist. Wenn man sich anschaut, welche Nahrungskalorie teuer und welche billig zu produzieren ist, landet man am billigen Ende bei pflanzlichen Fetten, Zucker und Weißmehlprodukten. Genau diese Mischung wird heute überall angeboten – als Pizza, Hörnchen, Süßwaren. Teigwaren liefern enorm viele Kalorien und kosten den Hersteller fast nichts, aber er kann sie gut mit tausend Prozent Gewinn verkaufen. Was aber ernährungsphysiologisch wirklich wertvoll wäre, also frisches Gemüse, Beeren, Pilze, qualitativ hochwertiges Fleisch, Fisch, Geflügel, ist pro Kilokalorie nicht so billig zu produzieren.

Nun sage ich als Köchin natürlich, dass für mich in erster Linie der enorme Verlust an Geschmack ein Graus ist. Nur: Was ist eigentlich dagegen einzuwenden, dass die Menschen billige Kalorien futtern? Man könnte doch sagen: Wunderbar, es werden alle satt, keiner hat Hunger und alle sind zufrieden.

Das Gegenteil ist der Fall. Sättigung entsteht nämlich nicht durch Kalorien, sondern durch Volumen und Gewicht im Magen. Menschen werden also nicht satt, weil sie gerade 900 Kalorien gegessen haben, sondern weil der Inhalt des Magens die Magenwand durch den Volumeneffekt ausdehnt. Aber nun zu den eben genannten billigen Industrienahrungsmitteln. Die haben eine hohe Energiedichte: Die Kombination aus Mehl, Zucker und Pflanzenfetten bewirkt, dass das Produkt wenig Wasser enthält und wenig Volumen hat, dafür aber viele Kalorien. Diese Nahrungsmittel sättigen also kurzfristig, machen aber schnell wieder hungrig. So werden die Menschen immer dicker. Denn Lebensmittel mit weniger Kalorien und mehr Volumen, mehr Wasser und reich an Ballaststoffen – also frisches Gemüse, gesunde Fette, Fleisch, Fisch und Geflügel – fehlen. Die Menschen werden aber auch deshalb dicker, weil sie – so wurde in Studien belegt – dazu neigen, so lange irgendetwas zu essen, bis ihr Eiweißbedarf gedeckt ist. Nur steckt in den Teigwaren ja kaum Eiweiß. Das, was die Menschen schon vor

Millionen von Jahren aßen, ist etwas anderes: Pilze, Tiere und Fische. Diese haben wenig Kalorien und besitzen gleichzeitig viele wichtige Nährstoffe.

Wie sieht denn die optimale Zusammensetzung von Kohlenhydraten, Fett und Proteinen, also Eiweiß, aus, die der Mensch braucht?

Der Mensch braucht essenzielle, also lebensnotwendige Fette, beispielsweise aus fettem Seefisch oder hochwertigen Pflanzenölen, außerdem Proteine aus Fleisch, Fisch, Geflügel, Eiern und Milchprodukten. Kohlenhydrate dagegen gehören zu den nichtessenziellen Nährstoffen, also zu denen, die wir nicht zwingend brauchen. Den Zucker, den beispielsweise das Gehirn oder auch die Muskeln brauchen, kann der Körper selbst aus Eiweiß herstellen. Wenn Kohlenhydrate aus Nudeln, Reis, Getreide, Kartoffeln allerdings reichlich zur Verfügung stehen, essen wir sie natürlich gerne, vor allem weil sie ein wenig süß sind und weil sie schnell satt machen.

Nach den Warnungen, dass immer mehr Deutsche zu dick sind, wird die Gesellschaft darauf programmiert, fettreduzierte Produkte zu kaufen, oder dazu aufgerufen, möglichst wenig Fett zu essen.

Das ist ja das Drama: Die Ernährungswissenschaftler hatten gedacht, jetzt würden die Leute abnehmen, aber genau das Gegenteil ist passiert. Low-fat-Produkte lassen die Menschen relativ unbefriedigt, dafür essen sie an anderer Stelle wieder mehr. Der Fettanteil in der Nahrung nimmt seit zwanzig bis dreißig Jahren immer weiter ab. Gleichzeitig werden die Leute deutlich erkennbar immer fetter. Nicht weil sie so viel Fett essen, sondern weil sie das Weniger an Fett überkompensieren – mit mehr Kohlenhydraten. Aber leider nicht mit Vollkornbrot, leider nicht mit Linsen, Bohnen und Karotten, sondern mit Weißmehlprodukten und süßen Getränken, eben mit den berüchtigten Hungermachern. Das ist wahrscheinlich das größte Problem.

Welche Maßnahmen halten Sie denn für sinnvoll?

Ich glaube, man muss den Hebel beim Preis für Billigstindustrienahrung ansetzen. Man muss sich nur mal vorstellen: Da nimmt ein Kind eine Familienflasche Cola in das Schwimmbad mit. Für 1,30 Euro! Man könnte auch über Steuern nachdenken. Warum versteuert man Benzin und Tabak so hoch, aber nicht Cola, Limonaden und Fruchtjoghurts oder Müsli mit einem Haufen Zucker, die wirklich kein Mensch braucht? Man braucht Wasser, um zu leben, aber man braucht keine Limonade. Warum fängt man nicht an, diese Sachen so hoch zu versteuern, dass sie zu teuer werden, als dass ein Kind so ohne Weiteres am Nachmittag eine Flasche Cola trinken kann?

Dann müsste unser Gesundheitssystem dort ansetzen, wo es am effektivsten wäre, direkt an der Quelle, an der Kalorienzufuhr. Die Einnahmen aus den Steuern, mit denen man Cola & Co. belegt, könnten dann zur Subvention von Gemüse- und Obstanbau verwendet werden. Denn es ist doch wirklich pervers, dass die Lebensmittel, die uns gesund und schlank halten, inzwischen die teuersten sind.

Ich glaube, dass wir erst ganz am Anfang unserer Erkenntnis stehen über das, was uns wirklich gesund erhält und was uns gesund macht. Ich bin mir aber sehr sicher, der Weisheit letzter Schluss wird sein, dass frische, natürliche und unbehandelte Lebensmittel das Allergesündeste und das Allerbeste für uns und unseren Körper sind. Der gesunde Menschenverstand könnte von selbst drauf kommen: Seit Tausenden Jahren haben wir uns mit jeder Generation an unsere Umgebung angepasst und uns »optimiert«. Da ist nicht mehr sonderlich viel Luft nach oben, würde ich vermuten. Glauben wir nun wirklich, dass wir besser sind als die Natur? Glauben wir als Teil dieser Erde allen Ernstes, dass wir in einer kranken Welt die einzigen Gesunden bleiben werden?

Wie unser Geschmack beeinflusst wird

Die Geschmackskultur in unserer Gesellschaft ist extrem widersprüchlich. Einerseits präsentiert die Nahrungsmittelindustrie uns immer intensivere sinnliche Eindrücke, zum Beispiel bei Produkten, denen Aromastoffe und Geschmacksverstärker zugesetzt wurden (aber auch, weil wir sie ohne Aromastoffe sicher nicht essen würden). Andererseits haben viele Kinder immer weniger Möglichkeiten, Geschmackskultur zu lernen. Das fängt schon in den Familien an, in denen eher selten gemeinsam gekocht wird und ein gemeinsames Essen oder so etwas wie Tischkultur eine untergeordnete Rolle spielt. Stattdessen werden die Kinder mit synthetischen, im Labor hergestellten Stoffen geflutet. Ihre Geschmackssinne verkümmern durch standardisierte Fertiggerichte, die im Backofen oder in der Mikrowelle erhitzt werden. Das ist natürlich einfacher, als sich an den Herd zu stellen und selbst etwas zu kochen. Aber wir wissen dann nicht mehr, was wir da eigentlich zu uns nehmen. Außer wir lesen genau die Liste der Inhaltsstoffe durch und können mit E-Nummern und Begriffen wie Glukose- oder Fruktosesirup, Glutamat, Zitronensäure, Emulgatoren, Antioxidationsmittel etc. etwas anfangen. So schwindet das Wissen, wie ich aus ein paar frischen Zutaten eine Suppe zubereite oder wie ich ein lockeres Brot auch ohne Kunstsauerteig und chemische Triebmittel backen kann.

Kinder an ein gesundes Essen heranzuführen ist eines meiner wichtigsten Anliegen.

Die Geschmacksmonotonie nimmt auf schleichende Weise zu. Heute gibt es eine unüberschaubare Zahl von Nahrungsmitteln, die nach einheitlichen Standards des Massengeschmacks designt werden. Der Handel bringt nur den gefragtesten Geschmack, der die höchsten Verkaufszahlen bringt, auf den Markt.

Aus meiner Stiftungsarbeit, über die ich unten mehr erzählen werde, kenne ich Kinder, die noch nie eine frisch zubereitete Mahlzeit gegessen haben. Sie leben aus Tüten und von Fastfood. Die Mikrowelle ist das einzige Küchengerät, mit dem sie umgehen können. Im Geschirrschrank gibt es nur Mikrowellengeschirr, keine Suppenterrine oder Bratenplatte. Die traditionelle Essgemeinschaft ist der Vereinzelung in Form von »Jedem seinen eigenen Pizzakarton« gewichen. Ich habe auch Teenager kennengelernt, die nicht wussten, dass Pommes frites aus Kartoffeln gemacht werden, und die davon überzeugt waren, dass ein Hamburger nur industriell hergestellt werden kann. Ganze Generationen begeben sich also durch ihr Nicht-Wissen in Abhängigkeit zur Nahrungsmittelindustrie mit ihren stark verarbeiteten Speisen und ihrem Einheitsgeschmack.

Geschmack lernt ein Kind von klein an, so wie das Laufen und das Sprechen. Wenn wir unsere Kleinkinder aber nur mit dem immer gleich schmeckenden pasteurisierten Breichen füttern, um dann zu normierten Fischstäbchen, Pizzen und sterilen Salatsaucen überzugehen, kann man sich vorstellen, wie sich das auf ihr Geschmackszentrum auswirkt.

Wir entwickeln lebenslange Vorlieben für die Dinge, die wir in unserer Kindheit gegessen haben. Kinder, die mit künstlichen Aromastoffen groß geworden sind, werden diese immer dem natürlichen Geschmack von Gemüse, Obst, Brot und anderen Grundnahrungsmitteln vorziehen. Am Ende geht ohne Fertigsauce oder Ketchup gar nichts mehr.

Welche Wirkung diese Geschmackslüge auf unseren Organismus hat, ist bis heute wenig bis gar nicht untersucht. Sicher ist jedoch, dass die Kinder auf diese Weise kein natürliches Verhältnis zu ihrer Nahrung entwickeln können.

Gesunde Kinder und was Vernünftiges zu essen

Nachdem ich mich jahrelang mit der Ernährung, dem Kochen und dem Anbau von Lebensmitteln auseinandergesetzt habe, habe ich überlegt, was man tun müsste, damit die Ernährungssituation insgesamt besser und vielfältiger wird. Doch selbst, wenn ich die Macht dazu hätte, die Landwirtschaft von heute auf morgen verändern zu können, würde das wenig nützen, wenn die Menschen die Produkte nicht nachfragen, weil sie schlicht nichts mehr über Qualität und Vielfalt wissen und gar nicht mehr kochen können!

Nur wer weiß, was man zum Beispiel aus einem Karfiol (Blumenkohl) alles kochen kann und wie herrlich er mit braunen Bröseln und einem Löffel Petersilienpesto schmeckt, der wird dieses Gemüse überhaupt nachfragen, ebenso wie frische Kräuter und gutes Öl, und vielleicht sogar aus seinem alten getrockneten Brot Brösel selbst herstellen. Das würde nicht nur alle Sinne schärfen, Spaß machen und Genuss erzeugen, sondern auch das Handwerk und das eigene Selbstwertgefühl stärken. Am Anfang meiner Überlegung stand also, dass Menschen autark und selbstbestimmt werden, wenn sie selber kochen können.

Dies war die Initialzündung zur Gründung meiner Sarah Wiener Stiftung »Für gesunde Kinder und was Vernünftiges zu essen«.[*] 2007 war es so weit. Mit einigen engagierten Mitgründern (Dr. Alfred Biolek, Karsten Böhrs, Dr. Henner Ehringhaus, Demeter e.V. und Sarah Wiener GmbH) gründeten wir die gemeinnützige Stiftung, die es sich zur Aufgabe gemacht hat, in Kindergärten, Kitas und Schulen Pädagogen in kostenlosen Fortbildungen weiterzubilden, damit sie Kindern Kochen beibringen können.

Die Idee dahinter war, dieses wichtige Wissen und Kulturgut in den Einrichtungen durch die vor Ort arbeitenden Menschen direkt zu verwurzeln. Wir haben mit einer kleinen Mannschaft und viel Herzblut angefangen, und in den letzten Jahren so über 2000 Pädagogen

---

[*] www.sarah-wiener-stiftung.de

Mit positiven Anregungen fördert die Sarah-Wiener-Stiftung das Ernährungsbewusstsein.

weitergebildet, die daraufhin unzählige Kinder-Kochkurse in ganz Deutschland (und vereinzelt auch in Österreich) durchgeführt haben.

Seit Ende 2015 konnten wir unsere Tätigkeit dank einer engen Kooperation mit der Barmer Krankenkasse zur größten Ernährungsinitiative Deutschlands ausbauen. Bei »Ich kann kochen!« kann jeder interessierte Pädagoge mitmachen und von unserem Wissen und unseren Strukturen profitieren.

Wir wollen in den nächsten fünf Jahren unglaublichen 1,4 Millionen Kindern spielerisch in aufeinander aufbauenden Kursen das Kochen beibringen. Das geht natürlich nur, wenn genügend Lehrer, Erzieher und engagierte Pädagogen (unsere sogenannten »Genussbotschafter«) bereit sind, »ihren« Kindern kochen beibringen zu wollen und ein hohes Eigenengagement mitbringen. Zum Glück gibt es immer mehr Menschen, die, so wie wir, selbst kochen zu können für eine grundlegende existenzielle Fähigkeit halten.

Schon seit 2009 bieten wir für einen Teil unserer Kochkinder außerdem ein- bis zweitägige Bauernhoffahrten an. Denn ich finde, jeder Mensch sollte wissen, woher sein Essen kommt und wie es wächst oder produziert wird. Nur was man kennt, mag man auch verteidigen und schützen. Ob es nun die Natur in all ihren Facetten betrifft, alte Tierrassen oder einen bestimmten Geschmack bei einer Erdbeere.

Nach einem Jahrzehnt Kocherfahrung mit Kindern und Jugendlichen kann ich nur sagen: Kochen zu lehren ist heute wichtiger denn je. Deshalb hoffe ich, dass sich noch viele Pädagogen gern von uns weiterbilden lassen und so viel Spaß beim Kochen mit ihren Kindern haben, wie schon jetzt zahlreiche Lehrer und Erzieher.

(K)Ein Spaziergang durch den Deklarations-Dschungel

Jedes natürliche Lebensmittel enthält Hunderte verschiedener Nuancen an geschmacksbildenden Stoffen in unterschiedlichsten Konzentrationen, die zum Großteil noch gar nicht erforscht sind, die Nahrungsmittelindustrie arbeitet aber nur mit einigen wenigen. Damit ist wohl jedem klar, was uns an geschmacklichem Reichtum und an Intensität verloren geht. Dabei kann die Nahrungsmittelindustrie oft gar nicht anders. Zum einen schmecken ihre Produkte eben nicht besonders gut, weshalb Chemiker dem Geschmack mit Aromen nachhelfen. Oder die Ware sieht nicht besonders gut aus, dann hilft man eben mit Farbe nach. Die Herstellung naturidentischer Aromastoffe (die rechtlich gesehen keine Zusatzstoffe sind) ist außerdem zehnmal billiger als die natürlichen Aromaträger. Hilfreich in den Augen der Nahrungsmittelindustrie sind auch Zusätze, die dafür sorgen, dass beispielsweise Margarine nicht ranzig wird, die Tütensuppe und das plastikverpackte Brot nicht schimmeln oder sich beim Fruchtjoghurt nicht die Fruchtstückchen vom Joghurt absetzen. Das Essen soll appetitlich und gut aussehen und gut riechen – und das möglichst lange. Dabei treibt es die Industrie gelegentlich bunt: Bei der Zulassung von Zusatzstoffen muss sie berücksichtigen, wie viel sie von welchem Zusatzstoff einsetzen darf. Die Menge wird ausschließlich in Tierversuchen ermittelt. Aus diesem Wert wird dann

WAS SICH HINTER DEN »AROMASTOFFEN« VERBIRGT

Hinter der Angabe »Aroma« auf Lebensmitteletiketten können sich sogenannte natürliche, naturidentische und/oder künstliche Aromen verbergen.

Natürliche Aromastoffe sind Aromastoffe, die durch natürliche Herstellungsverfahren wie Destillation und Extraktion sowie enzymatische oder mikrobiologische Verfahren gewonnen werden. Wie, das ist jeweils gesetzlich festgelegt und hängt von den jeweiligen Ausgangsmaterialien ab. Die Ausgangsmaterialien können pflanzlichen (zum Beispiel Vanille), tierischen (zum Beispiel Butter) oder mikrobiologischen (z. B. Hefen) Ursprungs sein. Natürliche Aromastoffe dürfen nur als solche bezeichnet werden, wenn sie in der Natur nachgewiesen wurden. Da ihre Gewinnung sehr teuer ist (zehnmal so teuer wie künstliche Aromen), ist ihr Einsatz beschränkt. – Allerdings muss das Aroma nicht aus der jeweiligen Frucht selbst stammen, sondern kann auch aus anderen natürlichen Grundstoffen gewonnen werden. So wird Vanillearoma aus Erdöl, Pfirsichduft aus Rizinusöl oder Erdbeeraroma aus den Holzspänen eines australischen Baumes gewonnen. Nur wenn beispielsweise »Natürliches Erdbeeraroma« auf dem Etikett steht, stammen die Aromen aus den natürlichen Lebensmittelbestandteilen einer Erdbeere.

Naturidentische Aromastoffe sind in ihrem chemischen Aufbau den natürlichen Aromastoffen gleich. Sie werden entweder künstlich hergestellt oder aus pflanzlichen oder tierischen Rohstoffen isoliert. Der Begriff »naturidentisches Aroma« ist übrigens seit dem 1. Januar 2011 verboten.

Künstliche Aromastoffe werden im Labor durch Synthese hergestellt. Bei ihnen existiert kein Pendant in der Natur. Die Unterschiede auf den Etiketten zu erkennen ist gar nicht so einfach: Bei Erdbeeraroma handelte es sich beispielsweise um einen chemisch definierten Stoff mit Aromaeigenschaften. Mit natürlichen Aromen hat er nichts zu tun.

für jedes Lebensmittel eine Höchstmenge abgeleitet, der sogenannte ADI-Wert. Das ist die Abkürzung für »acceptable daily intake«, auf Deutsch in etwa: erlaubte Tagesdosis und meint die Dosis, die bei lebenslanger täglicher Einnahme als medizinisch unbedenklich betrachtet wird. Nur: Wer sagt, dass Testergebnisse mit Mäusen und Ratten sich unbedenklich auf den menschlichen Organismus übertragen lassen?

Erst im Jahr 2008 verbot das Europa-Parlament Enzyme und künstliche Aromen in der Nahrung von Babys und Kleinkindern. Denn überaromatisiertes und stark gesalzenes Essen stumpft nicht nur unseren Geschmackssinn ab. Ein Zuviel an künstlichen Aromen ist gefährlich für Allergiker, kann zu Darmbeschwerden führen und extrem appetitanregend wirken. Die sogenannten Azofarbstoffe in Fruchtgummis und anderen kunterbunten Süßigkeiten stehen beispielsweise im Verdacht, bei Kindern und Jugendlichen zu Konzentrationsmangel und Hyperaktivität zu führen. Außerdem können sie Allergien auslösen und krebserregend wirken.[17] Seit 2010 müssen Lebensmittel mit entsprechenden Warnhinweisen gekennzeichnet werden.

Biologisch gesehen hat unser Geschmackssinn die Aufgabe, uns das Überleben zu sichern, indem wir lernen, die Bekömmlichkeit von Nahrung zu beurteilen. Diese Funktion wird aber von künstlichen Aromen zunichtegemacht, durch die eine Qualität und ein Nährwert vorgegaukelt werden, die beide nicht vorhanden sind. Somit werden wir unserer natürlichen Instinkte beraubt, die uns erkennen lassen, was uns guttut und was nicht.

Der natürliche Geschmack hat gegen die manipulierten »Geschmacksverbesserer« aus dem Labor kaum noch eine Chance. In meinen Kinderkochkursen stelle ich fest, dass die meisten Kinder bei Blindverkostungen den ursprünglichen Geschmack eines Lebensmittels als falsch oder zu schwach ablehnen oder ihn gar nicht mehr benennen können. Sie ziehen das Kunstprodukt immer dem natürlichen vor.

Übrigens sind auch Bio-Lebensmittel nicht immer rein – denn die EU-Bio-Verordnung erlaubt ebenfalls die Verwendung von Aromen und Zusatzstoffen, wenn auch in geringerem Umfang. Laut der Verbraucherschutz-Organisation foodwatch sind es nur etwa 50 im Vergleich zu rund 320. Doch auch in Produkten mit dem Bio-Siegel können problematische Substanzen stecken. So ist das Verdickungsmittel Carrageen zum Beispiel in Schlagsahne erlaubt. Im Tierversuch führte dieser Zusatzstoff zu Geschwüren und Veränderungen im Immunsystem. Bei stark verarbeiteten Lebensmitteln ist es gesundheitlich gesehen daher gleich, ob es konventionell oder Bio ist.

Warum selbst gemixter Joghurt besser schmeckt

Nach einer Kochstunde in einer Schulklasse erreichte mich eine Mail von Birgit, der Mutter von Sven, einem Jungen aus dem Kochkurs. Zuvor hatte ich ein Plädoyer fürs Selberkochen gehalten und von der Undurchschaubarkeit von industriellen Nahrungsmitteln erzählt. Svens Mutter verstand nun nicht, warum ich keinen Fruchtjoghurt im Supermarkt kaufe.

Sie schrieb: »Wenn ich jetzt schon den falschen Joghurt kaufe, dann weiß ich gar nicht mehr, was ich einkaufen soll. Kann man denn Nachhaltigkeit und das richtige Konsumieren nicht mal auf ein, zwei Marken beschränken? Wieso sollen denn gleich alle leckeren Früchtejoghurts aus meinem Korb wieder raus? Was kann man denn bei Joghurt schon falsch machen? Er ist gesund, und ich bin froh, dass Sven ihn mag!«

WIE VIELE FRÜCHTE SIND IN EINEM FRUCHTJOGHURT?

Grundsätzlich ist das mit den Fruchtjoghurts so eine Sache. Die Stiftung Warentest stellte 2011 fest, dass in handelsüblichen Erdbeerjoghurts kaum frische Früchte stecken. Im Schnitt betrug der Erdbeeranteil 11 Prozent. Das entspricht bei einem 150-Gramm-Becher etwa einer großen Erdbeere. In einem 150-Gramm-Becher, auf dem »Apfeljoghurt« steht, sind in der Regel ca. 9 Gramm Früchte enthalten, das entspricht einem Fitzel Apfel. Vorgeschrieben ist sogar noch weniger, der Mindestgehalt liegt bei 6 Prozent. Steht auf der Verpackung »Joghurt mit Fruchtzubereitung«, können sogar weniger als 6 Gramm drin sein, das Gewicht kann man dann auf einer Briefwaage ausmessen. Noch knapper mit Frucht wird es bei einem »Joghurt mit Erdbeergeschmack«.

Ja, Birgit hat natürlich Recht. Ich verstehe auch, dass viele Menschen heute nicht mehr die Zeit aufbringen können und wollen, sich ihre Mahlzeiten selbst zuzubereiten. Trotzdem empfinde ich es als meine Pflicht, den Menschen wenigstens eine Alternative aufzuzeigen. Gehen müssen sie den Weg dann schon selbst. Deswegen schrieb ich zurück:

»Liebe Birgit, jeder Joghurt mit Fruchtzubereitung ist nochmals sterilisiert. Alle ›guten‹ Bakterien in der Milch sind dann tot. Einen leckeren Joghurt selbst zuzubereiten ist aber ganz einfach: Kaufe Naturjoghurt und mische Apfelmus darunter. Fertig. Wenn Du magst, kannst Du das Apfelmus selbst kochen. Gerade jetzt ist Apfelsaison.

Kauf ein paar Kilogramm auf dem Markt oder vielleicht kennst Du jemanden, bei dem Du Äpfel direkt vom Baum ernten kannst. Daraus kochst Du Mus oder Kompott. Natürlich geht auch jedes andere Obst.«

Birgit fragte nach: »Ja, das ist gut und schön. Aber warum soll das nun so viel besser sein?«

Ich antwortete: »Weil Du zum einen weißt, was Du isst: reife und regionale Früchte mit Joghurt. Außerdem kannst Du bestimmen, ob Du viele oder nur wenige Früchte hineinmachen willst, und Du kannst es nach Deinem Geschmack süßen, mit Honig oder Agavendicksaft, Birnendicksaft oder Zucker oder gar nicht. In industriellen Joghurts stecken meist Aromastoffe, Konservierungsstoffe, außerdem ist viel zu viel Zucker drin. Und: Die meisten Früchtejoghurts sind Mogelpackungen. Er wird zum Beispiel mit Rote-Bete-Saft rot gefärbt, billigere Früchte werden mit Aromastoffen aromatisiert. Exotische Früchte kommen oft nur in Spuren vor. Emulgatoren halten den Joghurt fluffig, Stabilisatoren sind dafür da, dass er nicht auseinanderfließt oder sich Flüssigkeit absetzt. Oft ist auch noch Milchpulver drin. All diese Stoffe sind absolut überflüssig und in meinen Augen auf Dauer sogar schädlich. Der gekaufte Joghurt ist außerdem viel teurer als Dein selbst gemachter. Und: Der Fertigjoghurt ist in Plastik verpackt. Du kannst ein größeres Glas Naturjoghurt für mehrere Portionen kaufen. Das schont Ressourcen. Wenn Du Lust und etwas Zeit hast, kannst du auch den Joghurt selbst machen. Am besten mit Sven. Das ist noch nachhaltiger, macht Spaß, und nichts schmeckt so gut wie Selbstgemachtes. Probiere es doch einfach mal aus, es ist ganz einfach.«

Joghurt selbst machen

Um Joghurt selbst zu machen, brauchen Sie nur 1/2 Liter Bio-Milch und als Starterkultur einen nicht wärmebehandelten Bio-Joghurt ohne Zusätze. Wichtig: Er muss lebende Milchsäurebakterien enthalten.

Die Milch auf über 90 Grad erhitzen (bis kurz vor den Siedepunkt) und dann auf 45 Grad abkühlen lassen. Joghurt in die Milch einrühren, etwa 4 Esslöffel pro Liter Milch. Dann die Mischung in ausgekochte Flaschen mit Schraubverschluss füllen und bei einer Temperatur zwischen 32 und 45 Grad stehen lassen, optimal sind 42 bis 45 Grad. Dazu die Gläser entweder in die Nähe des Ofens stellen, an die Heizung oder in den Backofen (zuerst vorheizen auf 50 Grad, dann herunterschalten, bis nur noch die Backofenleuchte brennt). Auch in Thermosgefäßen hält die Milch die gewünschte Temperatur.

Der Joghurt wird nach zwei bis acht Stunden fest. Wenn er nicht ganz so warm steht, zum Beispiel an der Heizung, kann es auch etwas länger dauern (1 bis 2 Tage).

Der fertige Joghurt hält sich im Kühlschrank bis zu zwei Wochen. Heben Sie für den nächsten Ansatz etwas Joghurt auf.

Warum vertragen wir unsere Nahrung nicht mehr?

Nahrungsmittelunverträglichkeiten nehmen immer weiter zu. Seltsam. In meiner Kindheit und Jugend kannte ich niemanden, der irgendeine Art von Allergie hatte oder irgendwelche Nahrungsmittel absolut nicht vertrug. Dass Menschen mittlerweile an Allergien sterben können, stark eingeschränkten Speiseplänen folgen müssen oder zu bestimmten Jahreszeiten nicht mehr in die Natur gehen können, ohne sich blutig zu kratzen oder keine Luft mehr zu bekommen, ist ein relativ neues Phänomen. Mittlerweile könnte ich allein in meinem engsten Bekanntenkreis, ohne lang nachzudenken, sechs Personen benennen, die unter verschiedenen Allergien und Nahrungsmittelunverträglichkeiten leiden, und es werden mit jedem Jahr mehr.

Durch meine Buffets und in meinen Restaurants habe ich einen guten Überblick über das stetig wachsende Heer von Menschen mit Glutenunverträglichkeit, Laktoseintoleranz, Nuss- oder Tomatenallergien – mitunter bekomme ich vor Buffetanfragen zwei DIN-A4-Seiten, was die Gäste alles nicht essen können und dürfen. Ich gebe zu: Vor einigen Jahren, als bei einem meiner Film-Caterings die erste Schauspielerin mir so einen Zettel in die Hand drückte, habe ich noch mit den Augen gerollt. Insgeheim dachte ich mir, dass sich da jemand wichtig machen möchte und besonderer Aufmerksamkeit bedarf. Bis ich dann selbst unmerklich Probleme mit meiner Verdauung bekam. Anfangs hielt ich das für eine Folge von Stress oder dem ungewohnten Essen unterwegs. Aber auch in ruhigen Zeiten zu Hause spürte ich immer öfter meinen Magen. Besonders nach meinem Müsli mit Milch und Joghurt, wenn ich einen Milchkaffee getrunken oder eine Nachspeise gegessen hatte. Die Bauchschmerzen waren nicht so richtig schlimm, aber doch ziemlich unangenehm. Irgendwann waren sie plötzlich verschwunden. Ich merkte es anfangs gar nicht, es fiel mir erst nach ein paar Tagen auf. Und ich begann zu überlegen, was denn nun anders war als zuvor. Zu der Zeit war ich auf dem Land, auf einem Bauernhof. Dort hatte ich Milch direkt von der Kuh getrunken, jeden Tag. Unverarbeitet. Nicht homogenisiert, nicht teilentrahmt, nicht pasteurisiert. Von robusten Weidekühen, die noch ihre Hörner besaßen.

Ich bin mir sicher, dass meine leichte Milchunverträglichkeit nach einer ärztlichen Untersuchung zu einem absoluten Verzicht auf Milch geführt hätte. Aber so brauchte ich einfach nur die »richtige Milch« zu trinken. Konnte das aber wirklich der einzige Grund gewesen sein? Gab es nicht vielleicht doch noch andere Ursachen?

Nachdem ich das spannende und faszinierende Buch »Milch – Vom Mythos zur Massenware« von Andrea Fink-Keßler gelesen hatte, wollte ich unbedingt die Autorin kennenlernen. Wir trafen uns bei einem Müsli und einem Latte Macchiato in meinem Restaurant »Sarah Wiener im Hamburger Hauptbahnhof«.

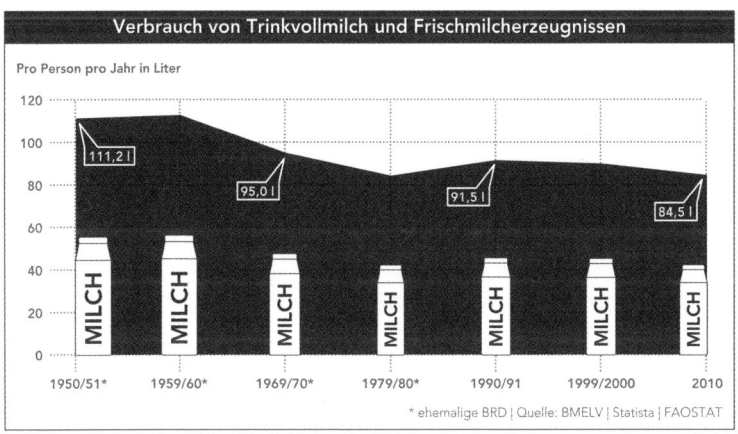

Mit neuen Verfahren wird auch die Frischmilch in den Molkereien immer länger haltbar gemacht. Die Preise für Milch werden niedrig gehalten, trotzdem geht die Nachfrage zurück.

Tischgespräch
mit Dr. Andrea Fink-Keßler

Die Agrarwissenschaftlerin **Dr. Andrea Fink-Keßler** engagiert sich seit Langem für den Dialog und die Zusammenarbeit zwischen Wissenschaft und Bauern-, Umwelt- sowie anderen politisch aktiven Gruppen. 1991 gründete sie das Büro für Agrar- und Regionalentwicklung in Kassel. Neben den Bereichen Agrarpolitik und ländlicher Entwicklung befasst sie sich mit einem breiten Themenspektrum entlang der Schnittstelle Landwirtschaft/ Ernährung und Verbraucher. Sie ist Lehrbeauftragte der Universität Kassel, Fachgebiet Ökologische Agrarwissenschaften, und Autorin des Buches »Milch – Vom Mythos zur Massenware«.

Sarah Wiener: Frau Fink-Keßler, in Ihrem Buch beschreiben Sie den langen Weg der Milch von einem natürlichen, direkt zu genießenden Grundnahrungsmittel hin zu einem hoch verarbeiteten Industrieprodukt, das unter zahllosen Markennamen angeboten wird. Woran kann ich heute überhaupt noch eine gute Milch erkennen?

Andrea Fink-Keßler: Was ist eine gute Milch? Noch bis in die 50er Jahre des letzten Jahrhunderts galt kuhwarme Milch als gute, weil frische und naturbelassene Milch. Schon in der Antike diskutierten die Ärzte darüber, welche Milch für wen gut ist. Doch klar war über die Jahrhunderte hinweg eines: Auch wenn nicht jeder frische Milch gut verträgt oder kalter Quark das träge Wesen eines Phlegmatikers verstärkt und Hartkäse die Hitze des Cholerikers – eine gute Milch stammt von gesunden Kühen/Schafen/Ziegen, die im Sommer eine saftige und kräuterreiche Weide genießen und im Winter mit Heu und nicht mit Brauereiabfällen gefüttert werden.

Bergmilch galt daher immer höherwertig als die Milch der Niederungen und Sümpfe. Daran hat sich eigentlich bis heute nichts geändert. Mit einem Unterschied: Diese Milch gibt es praktisch nicht zu kaufen und schon gar nicht im Supermarkt.

Wie beurteilen Sie dann die Qualität der normalen Supermarkt-Milch?

Die im Supermarkt verkaufte Milch enthält sicherlich die wichtigsten Nährstoffe und ist damit gut für eine Grundernährung. Auch ist sie frei von Krankheitserregern und darf keine Rückstände an Antibiotika enthalten. »Qualität«, das heißt doch nur »gut« für einen Zweck. Diesen legen Milchwirtschaft und Handel fest. Ein Kriterium ist beiden das Wichtigste: die Haltbarkeit. So gehen auf allen Ebenen die Anstrengungen dahin, die eigentlich leicht verderbliche Milch immer haltbarer zu machen. Das Ganze wird untermauert vom europäischen Gesetzgeber, der die Kriterien in Form von Grenzwerten für Verderbniskeime festlegt, die eingehalten werden müssen beim Abliefern der Rohmilch an die Molkerei ebenso wie bei der Abgabe der abgefüllten Milch im Handel.

Denn die Wege werden immer länger, es verstreicht immer mehr Zeit zwischen dem Melken und der Tütenmilch in unseren Kühlschränken, und die Trinkmilch wird zahlreichen technischen Bearbeitungsschritten unterzogen: Wenn die zweimal täglich ermolkene Milch durch den Tanksammelwagen der Molkerei abgeholt wird, können bis zu drei Tage verstrichen sein, und während dieser Zeit muss die Milch auf den Höfen bei 4 Grad Celsius gekühlt lagern. Mit den Milchen anderer Betriebe vermischt erreicht sie die Molkerei. Dort wird sie erhitzt, erneut kühl gelagert, entrahmt und gereinigt. Dann wird das Fett bis zum erwünschten Prozentsatz wieder zugeführt und die Milch homogenisiert, das heißt, die Fettkügelchen werden zerschlagen, um ein Aufrahmen der Tütenmilch zu verhindern. Anschließend wird die auf 71 bis 74 Grad Celsius erhitzte Milch (Pasteurisierung) möglichst keimarm abgefüllt. Wird die Milch auf bis zu 150 Grad Celsius ultrahocherhitzt, ist sie als sogenannte H-Milch sogar ungekühlt bis zu drei Monate haltbar.

Doch seien wir mal ehrlich: Welche Milchqualität wollen wir Verbraucher zu welchem Zweck? Ich glaube, um Milchschnitten oder zuckersüßen Fruchtjoghurt zu produzieren, dazu ist diese Milch gut genug. Aber wollen wir nicht mehr? Verlangen wir von der Milch nicht, dass sie nicht nur nahrhaft, sondern auch unserem Wohlbefinden förderlich ist oder gar – wie früher auch gewusst – eine Heilwirkung entfalten kann? Gerade Molke wurde immer als Heilmittel zum Beispiel gegen Gicht betrachtet und daher auch in Apotheken verkauft. Frische Milch galt als förderlich für die Genesung von Kranken und Schwachen und wurde in »Milchcuranstalten« direkt von der Kuh weg verkauft. Will man dahin zurück – dann braucht es sicherlich eine andere Milch.

Nun, als Verbraucherin erwarte ich doch mehr von der Milch, als dass sie lange hält, damit sie lagerfähiger ist. Die Milch sollte gesund sein und auch gut schmecken. Doch inzwischen schmeckt die Vollmilch immer gleich wenig nach Milch. Wie kommt das?
Wenn Sie auf einen Hof gehen und dort unbehandelte, noch warme Milch probieren, dann schmecken Sie, was die Kühe gefressen haben: frisches Weidegras und Heu oder aber stark riechende Silage und Ölkuchen aus Raps und Soja. Früher hat man das seitens der Molkereien stark beachtet und gerade bei der Butter- und Käsebereitung viel Wert darauf gelegt, dass die Fütterung eine aromatische Milch gibt. Heute gilt nur noch Masse, und die »Fehler« sind technisch auszugleichen. Auch kommen in den großen Molkereien – an den größten deutschen Molkereizusammenschluss Deutscher Milchkontor liefern 11.000 Höfe – so große Mengen an Milch zusammen, dass sich jeder individuelle fütterungsbedingte oder jahreszeitliche Geschmacksunterschied nivelliert.
Das ist es jedoch nicht alleine: Geschmacksträger der Milch ist, wie beim Fleisch, das Fett. Die Qualität des Milchfettes hängt nicht nur stark von den Futtermitteln ab, sie leidet leider durch die Kühlung und die mechanische Belastung der Milch durch Rühren und Pumpen. Die Kühlung bricht die Hülle der Fettkügelchen auf, lässt Fett-

säuren heraustreten, und diese oxidieren, werden ranzig. Hinzu kommt: Je fettarmer die Milch ist und je stärker sie erhitzt ist, wie zum Beispiel ultrahocherhitzte Milch, desto weniger schmeckt diese Flüssigkeit nach »Milch«. Mit so einer Milch wächst schon die dritte Generation Kinder auf. Daher bin ich leider skeptisch, ob den Leuten heute überhaupt noch eine vollfette und kuhwarme Milch schmecken würde. Sie würden sich ekeln, und außerdem fürchten sie sich vor Keimen.

Absurd, wenn man sich vorstellt, dass unser Inneres von Millionen Keimen besiedelt ist und diese lebensnotwendig sind. Ist denn mit der Pasteurisierung der Milch das Keimproblem endgültig gelöst?
Natürlich nicht – nur eine sterile Milch enthält überhaupt keine Keime mehr. Sie ist daher auch mehr oder weniger tot – ähnlich der ultrahocherhitzten Milch. Diese beiden Milchsorten können Sie monatelang ohne Kühlung lagern. Ziel der Pasteurisierung ist in erster Linie, die Verderbniskeime unter ein bestimmtes, vom Gesetzgeber vorgegebenes Niveau zu reduzieren, um die Milch länger »frisch« zu halten. Natürlich werden auch mögliche Krankheitserreger damit abgetötet – aber diese kommen ja nur selten in der Milch vor.

Man liest immer öfter von einer neuen Rinderseuche: dem chronischen Botulismus. Was ist das eigentlich für eine Krankheit, und hängt sie tatsächlich mit der Silage zusammen?
Noch sind die Ursachen des chronischen Botulismus nicht ganz klar. Klar ist nur: Eine Seuche ist es nicht, aber es betrifft vor allem gut geführte Betriebe mit hoher Milchleistung. Die Kühe haben Lähmungen im Pansen, zehren aus und fallen stark in ihrer Leistung ab. Das Bakterium Clostridium botulinum erzeugt ein Gift im Darm, das unter anderem die Muskulatur lähmt. Eine gesunde Darmflora kann die Vermehrung des Bakteriums, das in der Natur überall vorkommt, normalerweise unterdrücken. Die Silage ist deshalb als mögliche Ursache ins Blickfeld gekommen, weil bei der Ernte von

Gras oder Mais oftmals auch Kleintiere mit in den Häcksler geraten und dann dort zu Faulstellen führen, in denen sich das Bakterium vermehren kann. Es gibt aber inzwischen auch einen ganz anderen Erklärungsansatz: Mit dem Futter aufgenommene Rückstände des Total-Herbizides Glyphosat schädigen die Darmflora und damit die wichtigen Gegenspieler des Clostridium botulinum.[18] Glyphosat wird inzwischen nicht nur zur Unkrautvernichtung vor der Aussaat eingesetzt, sondern auch beim Getreide kurz vor der Ernte, dann beschleunigt es die Reife und vereinfacht die maschinelle Ernte. Rückstände des Glyphosats finden sich daher vor allem auch im Kraftfutter der Milchtiere.

Viele Menschen vertragen heute keine Milch mehr, klagen über Laktoseunverträglichkeit oder haben sogar Allergien. Gibt es hier einen Zusammenhang mit der »modernen« Milch – oder warum nimmt das zu?

Kuhmilch ist eigentlich für Kälber bestimmt. Nur der Mensch hat sich im Verlauf der Evolution die Fähigkeit erworben, den Milchzucker, also die Laktose, auch noch im erwachsenen Alter mit Hilfe des Enzyms Laktase verdauen zu können. Aber nicht alle können das. Asiaten, teilweise auch Afrikaner und inzwischen viele Europäer reagieren auf Milch mit Magenknurren, Blähungen und Übelkeit. Sie sind laktoseintolerant. Ob das zugenommen hat oder ob die Aufmerksamkeit hier größer geworden ist, kann ich nicht sagen. Schon in den Schriften antiker Ärzte findet man Hinweise darauf. Und das in der Milch enthaltene Eiweiß gilt heute, neben dem Gluten des Weizens, als ein wichtiger Allergie auslösender Stoff. Gerade Kinder sind davon stark betroffen. Viele Faktoren könnten dafür verantwortlich sein. So gibt heute eine Kuh nicht mehr 4.000 Liter Milch wie nach dem Krieg, sondern bis zu 10.000 Liter. Sie wird intensiv mit Kraftfutter und Silage gefüttert, sieht nur noch selten die Weide und erlebt in der Regel nur zwei Laktationszyklen, bekommt also nur zwei Kälber, bevor sie mit Euterentzündungen, Fruchtbarkeitsstörungen und Klauenerkrankungen auf die geforderten Höchstleistungen reagiert und zum Schlachter muss. Ihre Milch wird, wie schon gesagt, stark verarbeitet, gekühlt, erhitzt, lange gelagert. Diese Milch ist eine andere als die Kuhmilch vor fünfzig Jahren.

Ich lese überall von Kraftfutter. Woraus besteht das, und warum braucht die Kuh, die Gras und Heu frisst, eigentlich »Kraftfutter«? Verträgt die das denn mit ihrem empfindlichen Magensystem?
Ergänzend zu Gras und Heu, früher auch zu Rübenblatt, Stroh, Klee und anderen Futterpflanzen, wurde immer schon etwas konzentriertes, vor allem getreidehaltiges Futter gegeben. Man sagt ja: Man melkt die Kuh durchs Maul. Die Höhe der Milchleistung hängt eben nicht nur von der Genetik ab, sondern eben auch von einer gehaltvollen Fütterung. Nun wurden aber im Verlauf der vergangenen Jahrzehnte die Kühe züchterisch so hochgepuscht, und zugleich wurde ein eiweißreiches Kraftfutter durch zollfrei importiertes Soja so billig, dass es sich lohnte, der Kuh immer mehr Kraftfutter zu verabreichen. Zugleich verbreitete man die Lehrmeinung, eine moderne Kuh könne gar nicht so viel Gras fressen, wie sie braucht, um die verlangte Leistung zu erzielen. Dabei ist der gesamte Magen-Darm-Trakt der Kühe auf wunderbare Weise für die Verdauung von Zellulose ausgelegt. Damit kann sie aus Grünfutter, das der Mensch nicht verdauen kann, ein wunderbares Nahrungsmittel für den Menschen erzeugen. Frisst sie hingegen zu viel eiweißreiches und konzentriertes Futter, bekommt sie Stoffwechselstörungen und wird krank. Heute wird auch viel Maissilage verfüttert – also vom Acker und nicht mehr vom Grünland her die Milch ermolken. Auch wenn die Maissilage offiziell zum sogenannten Grundfutter zählt, bekommt dies den Kühen nicht sonderlich gut, und sie reagieren auch darauf mit Verdauungsstörungen.

Bis in die 1950er Jahre hinein, so schreiben Sie in Ihrem Buch, war die unbehandelte, rohe Milch ganz überwiegend die normale Milch. Heute darf Milch nur noch erhitzt in den Handel kommen. Wie konnte so eine Angst vor den Bakterien in roher

Milch entstehen, während gleichzeitig Verbraucher für probiotische und mit speziellen Milchsäurebakterien versetzte Joghurts viel Geld ausgeben?

Norbert Elias beschreibt in seinem 1978 erschienenen Buch »Der Prozess der Zivilisation« diesen Prozess der fortschreitenden Ekelschwelle sehr gut. Das betrifft nicht nur unser Verhältnis zu Körperausscheidungen, sondern leider auch unser Verhältnis zur Natur allgemein. Diesem »Prozess« wurde jedoch seitens der Wissenschaft, Politik und Milchwirtschaft kräftig nachgeholfen. Zur Modernisierung der Milchwirtschaft wurde 1934 eine rigide Arbeitsteilung zwischen Milchbauern und Molkerei durchgesetzt. Die Direktvermarktung von Milch wurde praktisch verboten und der Milchbauer zum reinen »Rohstofflieferanten« der Molkerei gemacht. Die rohe, unbehandelte Bauernmilch wurde immer stärkeren Diffamierungen ausgesetzt. Sie wurde als schmutzig und voller Keime bezeichnet, die Molkereimilch sei dagegen rein, weiß und durch Erhitzung angeblich von Krankheitserregern gereinigt. Erst 1993 hat die Europäische Union, gegen den Widerstand deutscher Behörden und Milchindustrievertreter, die Ab-Hof-Abgabe von Rohmilch auch in Deutschland wieder ermöglicht. Dabei warnen die Behörden weiterhin reflexartig vor dem Genuss von Rohmilch, und der Landwirt muss ein Schild anbringen, dass diese Milch nur abgekocht genossen werden darf.

Ist Rohmilch wirklich gefährlich?

Sie ist sicherlich für alle Art von Keimen wie Bakterien und Pilze ein idealer Nährboden aus Milchzucker, Eiweiß und Fett. Wir müssen jedoch deutlich unterscheiden zwischen Krankheitserregern und den harmlosen Milchsäurebakterien und anderen Verderbniserregern. Im neuen Bericht des Bundesamtes für Verbraucherschutz und Lebensmittelsicherheit sehen Sie, dass die wichtigsten Erreger von Lebensmittelinfektionen, Salmonellen, Campylobacter, Listerien und EHEC sich in erster Linie auf Geflügelfleisch befinden.[19] Nie in Vorzugsmilch und nur in wenigen Fällen – in 1 bis 2 Prozent der Proben – auch in Rohmilch, die zur Anlieferung an die Molkerei

Almidylle und Handmelken mit dem Melkschemel. Dieses Klischee bemüht auch die Milchindustrie in ihrer Werbung. Die Realität sieht heute allerdings anders aus.

bestimmt war. Dabei ist das »Restrisiko« unbehandelter Milch ähnlich hoch wie das Risiko, dass Milch in den Molkereien re-kontaminiert wird. Problematisch bleiben jedoch hoch verarbeitete Milchprodukte wie Milchpulver, Speiseeis oder Milchcremes in Großküchen, vor allem wenn sie mit Eipulver zusammen verarbeitet wurden und lange im Warmen stehen.

Ganz anders zu beurteilen sind die Verderbniserreger. Wie gesagt, der Gesetzgeber schreibt hier aus Gründen der langen Haltbarkeit niedrige Grenzwerte vor. Dabei gehören die Milchsäurebakterien zur Milch: In frischer, von Hand gemolkener Milch herrschen sie vor und entfalten sogar eine Art Schutz- oder bakterizide Wirkung für die Milch. Sie verhindern, dass sich Krankheitskeime darin entfalten können, ähnlich wie Milchsäurebakterien beispielsweise das Immunsystem in unserem Darm stärken. Anschließend beginnen die Milchsäurebakterien den Milchzucker zu verdauen – die Milch wird sauer. Ein normaler Vorgang, den sich die Menschen von Anfang an nutzbar machten, um die Milch haltbarer zu machen: Joghurt, Quark, Käse, ein gutes Butteraroma – all dies wäre ohne die gute Arbeit der Milchsäurebakterien nicht möglich. Durch die Kühlung der Milch jedoch können sich die Milchsäurebakterien nicht vermehren, stattdessen gewinnen kälteliebende Bakterien die Oberhand. Diese ernähren sich vom Milcheiweiß und -fett. Da heute die Milch tagelang gekühlt wird – schon auf den Höfen –, wird eine Tüte Milch im Kühlschrank nach einer gewissen Zeit nicht sauer, sondern faulig und stinkt. Das kommt von dieser veränderten Keimflora.

Sie sprachen eben von Vorzugsmilch. Was ist das?
Vorzugsmilch ist eine rohe, nicht erhitzte, aber gekühlte und in Flaschen oder Tüten abgefüllte Milch. Sie darf im Handel verkauft werden. Manche Bioläden oder Reformhäuser verkaufen diese Milch, die sie direkt vom Erzeuger bekommen. Vorzugsmilch, das gibt es nur in Deutschland, und das seit dem Ende des 19. Jahrhunderts. Sie wurde als Kur- und Kindermilch entwickelt, und die Betriebe mussten von Anfang an hohe Hygieneauflagen erfüllen und die Gesundheit der Tiere sowie der Milch kontrollieren. Leider gibt es nur noch wenige dieser Betriebe in Deutschland. Seit bei einem EHEC-Skandal 1997 ein niedersächsischer Vorzugsmilchbetrieb fälschlicherweise verdächtigt worden ist, haben die meisten Betriebe auf eine Pasteurisierung der direkt vermarkteten Milch umgestellt.

Was ist nun das Besondere an einer rohen, also nicht erhitzten Milch? Hat sie sogar Heilwirkung, wie manche sagen?
Seit den 1960er Jahren gibt es immer wieder Stimmen von Wissenschaftlern und Ärzten, die darauf hinweisen, dass die Hitzebehandlung der Milch in gewisser Weise die Immunabwehr herabsetzt, indem sie die in der Mutter- wie Kuhmilch vorhandenen Immunoglobuline und Enzyme, die den Darm vor Infektionen schützen, zerstört.[20] Neuere Forschungen zeigen, dass die Hitzebehandlung mitverantwortlich ist für die Zunahme an Allergien und Asthma in

der Bevölkerung, vor allem bei Kindern. Im Mai 2011 fand in Prag das Symposium »Raw Milk – Health or Hazard?« statt. Dort wurden unter der Leitung von Prof. Ton Baars vom Forschungsinstitut für biologischen Landbau in Ziegenhagen die zahlreichen internationalen Studien zur Rohmilch vorgestellt und diskutiert.[21] Demnach wirken sowohl Stallluft als auch Rohmilch positiv auf die Kinder, und sie haben ein weitaus geringeres Risiko, an Asthma und Milchallergien zu erkranken. Mehr Kontakt und Auseinandersetzung mit der Natur stärkt also das Immunsystem, während hingegen der Weg der vergangenen Jahrzehnte, die Milch immer steriler zu machen, vermutlich mit dazu beitrug, dass die Allergien gegen Milch häufiger geworden sind.

Ist jede Rohmilch heilsam? Oder gibt es auch hier Unterschiede?
Fütterung, Haltung und Gesundheit der Tiere – sie wirken natürlich auf die Qualität der Rohmilch ein. Es genügt vermutlich nicht, dass Rohmilch von einem ökologisch geführten Betrieb kommt. Weitere Faktoren müssen berücksichtigt sein: Kommen die Kühe regelmäßig auf die Weide, oder werden sie im Stall gehalten und erleben lediglich einen betonierten Laufhof? Bekommen sie frisches Gras und Heu oder »nur« Silage und Kraftfutter? Die Fettqualität, gerade die ernährungsphysiologisch wichtigen Omega-3-Fettsäuren, zeigen sich nur, wenn die Kühe im Sommer vorwiegend Gras fressen, ob das nun ein biologischer Betrieb ist oder ein konventioneller. Sicherlich spielt auch die Gesundheit der Tiere eine große Rolle, und auch die Silage ist eine Brutstätte für Keime. Die Milch von Betrieben, die mit stabileren Zweinutzungsrindern wirtschaften, ihnen Weide geben und insgesamt nicht so intensiv auf Höchstleistungen trimmen, könnte besser sein. Dazu müssen aber noch mehr und gezieltere Untersuchungen vorgenommen werden. Hinzu kommt, dass vermutlich eine gewisse Heilwirkung der Rohmilch auch nur dann erreicht wird, wenn sie frisch und möglichst ungekühlt genossen wird.[22]

Wenn essen krank macht

Ich war in der glücklichen Lage, als Kind euterwarme Milch zu genießen. Meine Schwester erzählte mir vor Kurzem, dass unser täglicher Milchverbrauch – für drei Kinder und unsere Mutter – bei sieben Litern lag. Es gibt Untersuchungen darüber, dass Bauernhofkinder resistenter gegen Allergien sind.[23] Unsere Hygienevorstellungen könnten wohl doch überzogen oder sogar schädlich sein. Die Welt ist voller Bakterien, und alle haben ihre Aufgabe. Sie sind weder gut noch böse. Unser Körper hat gelernt, mit ihnen zu kommunizieren, viele sind unabdingbar für einen ausgeglichenen und funktionierenden Stoffwechsel oder die Verdauung. Seitdem der Mensch aber massiv in die Natur eingreift, scheint dieses Gleichgewicht zu unseren Ungunsten zu kippen. Um mehr über dieses Thema zu erfahren, suchte ich Dr. Frank Bartram auf, eine Koryphäe auf dem Gebiet der Umweltmedizin.

Tischgespräch
mit Dr. Frank Bartram

Frank Bartram ist Vorsitzender des Deutschen Berufsverbands der Umweltmediziner (dbu) und Leiter einer überregionalen Fachpraxis für Kurative und Präventive Umweltmedizin. Neben einer umfangreichen Vortrags- und Beratungstätigkeit ist er auch als Dozent im Fachbereich Umweltmedizin tätig.

Sarah Wiener: Sie arbeiten seit siebzehn Jahren in der Umweltmedizin. Haben Sie beobachten können, wie die Entwicklung von Umwelterkrankungen, Allergien und Nahrungsmittelunverträglichkeiten verläuft?
Frank Bartram: Nahrungsmittelintoleranzen nehmen absolut zu. In der Wissenschaft unterscheiden wir aber, ob eine unangenehme Reaktion auf ein Nahrungsmittel tatsächlich mit einer Allergie zusammenhängt. Denn es gibt zwei Formen der Allergie. Die eine nennen wir Typ 4, eine Entzündungsreaktion auf bestimmte Lebensmittel oder Zusätze, deren Symptome man salopp formuliert mit einer permanenten grippeähnlichen Reaktion vergleichen kann. Die zweite Reaktion hat Ähnlichkeiten mit Pollenallergien. Und dann gibt es noch allergieähnliche Reaktionen. Hauptreaktionen bei einer Umwelterkrankung sind lokale oder systemische Entzündungsreaktionen, die durch Umweltfaktoren ausgelöst werden. Die wichtigste Aufgabe der Umweltmedizin besteht darin nachzuweisen, was aus der Umwelt jemanden messbar krank macht. Kurative, also heilungsorientierte Maßnahmen bestehen darin, den Kontakt zu den nachgewiesenen Umweltsubstanzen zu meiden oder zu minimieren. So ermöglichen wir den Selbstheilungskräften des Körpers wieder ihre weitgehend ungestörte Tätigkeit.

Wieso nehmen Umwelterkrankungen und Allergien zu?

Weil auf uns meist dauerhaft immer mehr Substanzen, Reizfaktoren und Allergene einwirken. Laut Aussagen von Architekten, Bauphysikern und Mikrobiologen haben wir allein in Privatwohnungen mit bis zu 1.700 Chemikalien zu rechnen. Wenn ein Patient zu uns kommt, führen wir eine »Umweltmedizinische Spezialanamnese« durch. Dabei wird er zu den Lebensbereichen wie Wohnen, Ausbildung, Arbeiten, Zahnersatzmaterialien und Ernährung befragt. Aus dieser Anamnese entwickeln wir einen Zusammenhang, der dann mit modernen Labormethoden (Ausschluss oder Nachweis) überprüft wird. Die Ernährung ist natürlich der Punkt, den wir besonders intensiv erfragen. In der späteren Behandlung geht es dann vor allem darum, dass wir als Allesesser eine möglichst qualitativ hochwertige Ernährung konsumieren sollten. Das ist eine wesentliche Voraussetzung für ein gesundes körperliches Regulationsvermögen.

Was verstehen Sie in diesem Zusammenhang unter Qualität?

Der Anbau von pflanzlicher Nahrung, also von Gemüse und Obst, sollte nur in Betrieben erfolgen, die wenig oder gar keine Pestizide einsetzen. Das heißt also, der biologisch-ökologische Anbau in seriöser Form. Heute kann man belegen, dass konventionell und unter Zuhilfenahme von Düngern und Pestiziden kultivierte Nahrungsmittel zum Teil sehr wenig negative Ionen abgeben. Diese negativen Ionen aber sind ein Beleg für die Lebendigkeit und Qualität eines Lebensmittels. Gesunde, stressfreie Pflanzen brauchen Sonnenlicht, Mineralien und Bewegung durch den Wind. Das sind die Dinge, die die Pflanzen stark machen, so dass wir von ihrem Genuss auch einen körperlichen Gewinn haben.

Wenn ich mir die Intensivhaltung von extrem gestressten und zum Teil schwer kranken Tieren anschaue – welche Auswirkungen hat das auf uns, wenn wir deren Fleisch essen?

Wenn Sie bei industriell gehaltenen Tieren vor und nach einer industriellen Akkordschlachtung den Adrenalinspiegel messen, stehen diese unter höchster Anspannung. Dieses Stresshormon verbleibt aber – je nach Zubereitung – im Fleisch, landet auf den Tellern und letztlich im Körper der Konsumenten. Also schon die Art und Weise, wie wir mit den Tieren und Pflanzen umgehen, kann bei uns als Konsumenten zu gesundheitlichen Problemen führen. Billige, inhaltlich oft wertlose Nahrung passt einfach nicht mit einer dauerhaften Gesundheit zusammen.

Können Sie in diesem Zusammenhang auch eine Aussage über stark verarbeitete Lebensmittel treffen?
Natürlich, je mehr die Lebensmittel denaturiert sind, desto mehr sind die darin steckenden Eiweiße denaturiert. Folglich funktionieren sie auch im Körper anders – bis hin zu einer toxischen Wirkung. Dabei gibt es für unsere Nahrungsmittel durchaus stabilisierende Faktoren: Wir haben deutliche Hinweise darauf, dass die Regionalität von Lebensmitteln wichtig ist. Also die Herkunft aus Orten, die mit den Lebensmitteln oft mit einer jahrhundertealten Tradition verbunden sind. Regionalität, Saisonalität und Qualitätsbewusstsein sind der natürliche Gegenentwurf zu industriell denaturierter Nahrung.

Es gibt ja eine Menge Lebensmittelzusatzstoffe, Lebensmittel-Nichtzusatzstoffe, technische Hilfsmittel, Aromastoffe und so weiter. Kann man hier unterscheiden, welche von ihnen zu körperlichen oder psychischen Beeinträchtigungen führen?
Wir weisen zum Beispiel sehr häufig Insektizide nach, sogenannte Pyrethroide und Alkylphosphate etc., die sich auf pflanzliche Lebensmittelquellen zurückführen lassen. Insgesamt spielen hier die Begriffe MCS – das bedeutet multiple Schadstoffsensitivität – und CFS – das chronic fatigue syndrom, chronisches Müdigkeitssyndrom – eine wichtige Rolle. Bei uns in Deutschland sind etwa 12 bis 13 Prozent der Patienten betroffen, und das ist bei etwa 80 Millionen Bürgern eine ganze Menge. Da einige Symptome zu Arbeitsunfähigkeit führen können, hat das Ganze auch eine volkswirtschaftliche Bedeutung. Die Umkehr oder Rückkehr zu einer inhaltlich

wertvolleren Nahrung kann so gesehen bei vielen Patienten Symptome verbessern oder ganz verschwinden lassen.

Was essen Sie denn?

Ganz einfach: Das, was ich mag, und wenn es irgendwie geht, von höchster Qualität und selbst zubereitet, denn dann weiß ich, was in meiner Nahrung steckt.

Man kann aber auch auf ganz einfache Weise Unerwünschtes aus dem Körper herausbringen. Die eigene Entgiftung kann man selbst regeln, indem man seinem Körper, wenn nicht bestimmte Gründe dagegen sprechen, täglich mindestens zwei Liter Flüssigkeit zuführt. Dabei sollte man sich beim zuständigen Wasserwirtschaftsamt nach der Trinkwasserqualität erkundigen. Denn besonders die flussnahe Trinkwassergewinnung kann hoch belastet sein. Dann empfehlen wir unseren Patienten, sich zum Kochen und zum Trinken mit hochwertigem Wasser aus dem Getränkemarkt zu versorgen.

Glauben Sie, dass es eine Zukunft ohne Gift im Essen geben kann und geben wird?

Sagen wir es mal so: Ich sehe den Menschen insgesamt als äußerst robust und belastungsfähig. Aber wenn ich die Möglichkeit hätte, würde ich dafür sorgen, dass die Medizinbereiche Kurative und Präventive Umweltmedizin an den Universitäten etabliert werden. Deren Forschung sollte sich zusammen mit der wissenschaftlichen Landwirtschaft und den entsprechenden Produzenten für rationelle, schadstoffreduzierte, vitale Lebensmittel einsetzen. Dazu gehört auch eine im Wesentlichen regionale und dezentrale Lebensmittelversorgung, wie sie heute in vielen Ansätzen zu erkennen ist. Eine weitgehende Reduktion von Schad- und Reizstoffen in landwirtschaftlichen Produkten und deren nicht denaturierende Bearbeitung kann sich insgesamt nur positiv auf die Gesundheit der Bevölkerung auswirken. Dies würde den Krankenstand verringern und wäre damit sehr wirtschaftlich.

Kleines ABC der Zusatzstoffe

Eine von TNS-Infratest im Auftrag des Tiefkühlkostherstellers Frosta durchgeführte Befragung von mehr als 1000 Frauen und Männern ergab, dass Zusatzstoffe bei vielen Konsumenten ein sehr schlechtes Ansehen haben. Rund 70 Prozent finden es »sehr wichtig«, dass ihr Essen frei von irgendwelchen Zusätzen ist.[24] Nun zeigt die Zutatenliste auf Lebensmittelverpackungen zwar im Groben, was alles in einem Produkt enthalten ist, aber den richtigen Durchblick gewinnt man deshalb noch lange nicht. Man findet hier Substanzen mit komplizierten chemischen Bezeichnungen oder E-Nummern. »E« steht dabei für EU und »edible« wie essbar. Die Kennzeichnung in dieser Form gilt übrigens nicht für unverpackte Lebensmittel, also für das Brot vom Bäcker, den Brie von der Käsetheke oder den Aufschnitt vom Metzger. Allerdings müssen die Verkäufer auf Anfrage eine Liste mit den eingesetzten Zusatzstoffen vorlegen können. Und nicht immer weiß man, was im Essen in Restaurants und Kantinen steckt. Auf der Speisekarte müssen nur ganz bestimmte Konservierungs- und Farbstoffe deklariert werden, zum Beispiel Konservierungsstoffe, Phosphate und Geschmacksverstärker.

In der EU sind etwa 320 Zusätze wie Backtrieb-, Feuchthalte- oder Festigungsmittel und Füllstoffe zugelassen, die zur Herstellung von Lebensmitteln verwendet werden. Viele von ihnen müssen nicht einmal deklariert werden. Ein Beispiel: In Hefeextrakt steckt viel Glutamat, weshalb es ein natürlicher Geschmacksverstärker ist. Laut aktuellem Lebensmittelgesetz gilt er aber nicht als Zusatzstoff. Deshalb ist es zulässig, wenn auf einem Etikett steht »ohne Glutamat« oder auch »ohne Geschmacksverstärker«, obwohl in dem Lebensmittel Hefeextrakt steckt. Selbst bei Bioprodukten sind zahlreiche Zusatzstoffe erlaubt. Ohne diese Zusätze gäbe es viele Lebensmittel gar nicht, andere wären deutlich teurer.

Wie viele Zusatzstoffe sich in Ihrem Essen befinden, hängt davon ab, wie viele stark verarbeitete Lebensmittel Sie zu sich nehmen. Die Aufnahme von Zusatzstoffen kann sich zwischen einigen Milligramm und mehreren Gramm am Tag bewegen.

EINSCHRÄNKUNG BEI NEBENWIRKUNGEN

Übrigens: Wenn Zusatzstoffe in Versuchen irgendwelche Nebenwirkungen auslösen, werden sie keineswegs verboten. Ihr Einsatz wird lediglich beschränkt. Die für das Lebensmittel erlaubte Menge wird dann so bemessen, dass bei einem lebenslangen Verzehr angeblich keine Gesundheitsschäden auftreten. Nur bemisst sich der frei festgelegte sogenannte ADI-Wert (acceptable daily intake – auf Deutsch etwa: vertretbare tägliche Aufnahme) immer an Erwachsenen, nicht an Kindern. Obwohl auch oder gerade Kinder Limonaden trinken, Pizza essen und Bonbons lutschen.

Generell sind die Zusatzstoffe in verschiedene Untergruppen von E-Nummern unterteilt: So sind Farbstoffe mit E 100 bezeichnet, Konservierungsstoffe mit E 200, Antioxidantien mit E 300 und die restlichen Zusatzstoffe mit E 400 bis E 1521.

Die Menge der erlaubten Zusatzstoffe ist sehr hoch, obwohl ihr Zusammenspiel und ihre Wechselwirkung noch kaum erforscht ist. Die folgende kleine Liste ist eine Auswahl, einzelne davon werden im Glossar am Ende des Buches (Stichwort: Zusatzstoffe) näher beschrieben:

- Antioxidationsmittel
- Backtriebmittel
- Emulgatoren
- Farbstoffe
- Feuchthaltemittel
- Geliermittel
- Geschmacksverstärker
- Konservierungsstoffe
- Säuerungsmittel
- Säureregulatoren
- Schaumverhüter
- Schmelzsalze
- Stabilisatoren
- Süßungsmittel
- Trägerstoffe
- Treibgas
- Trennmittel
- Verdickungsmittel

Die Bedeutung der sekundären Pflanzenstoffe

Auf meiner Suche nach einem neuen Weg in der Ernährung wurde mir Professor Dr. Hoffmann, der Vizepräsident der »Deutschen Gesellschaft für Umwelt- und Humantoxikologie« (DGUHT e.V.), empfohlen. Ich weiß nicht mehr von wem, aber es hieß, er sei ein Vordenker und ein vielschichtiger Agrarwissenschaftler. Er könne mir vielleicht noch eine ganz andere Sicht auf unsere Lebensmittel ermöglichen. Nun, ich habe dann sein spannendes Buch »Lebensmittelqualität und Gesundheit« gelesen – und war fasziniert. Nach diversen Telefonaten und Briefen beschlossen wir, uns zu einem Mittagessen in München zu treffen. Denn ich wollte unbedingt mehr über seine wissenschaftlichen elektrochemischen Messmethoden wissen, die in der zurzeit dominierenden Biochemie so gut wie keine Erwähnung finden. Das Mittagessen war nicht weiter erwähnenswert, aber das Gespräch mit Professor Hoffmann hat mich sehr inspiriert und beschäftigt mich noch heute.

Tischgespräch
mit Prof. em. Dr. Manfred Hoffmann

 **Manfred Hoffmann** war Professor für Agrarwissenschaften an der Hochschule Weihenstephan-Triesdorf. Ich sprach mit ihm über sein Buch »Lebensmittelqualität und Gesundheit«, in dem er diese Themen von der elektrochemischen Seite aus betrachtet.

Sarah Wiener: Herr Prof. Hoffmann, Sie haben ein Buch über »Lebensmittelqualität und Gesundheit« geschrieben. Ist das nicht völlig überflüssig? Heute weiß doch schon jedes Kind, dass die wertgebenden Inhaltsstoffe Kohlenhydrate, Fett, Eiweiß, Vitamine und Mineralstoffe für die Qualität eines Lebensmittels ausschlaggebend und für die Gesundheit wichtig sind.
Manfred Hoffmann: Da haben Sie völlig Recht. Bei den genannten Inhaltsstoffen handelt es sich aber nur um primäre, essenzielle oder kalorische Inhaltsstoffe, die vor allem als energetische Speicher für die Kraft- und Wärmeerzeugung im Körper zuständig sind. Und das Kind weiß vielleicht noch nicht, dass diese zwar die »Tankfüllung« für unser »Lebensauto« darstellen. Aber ohne eine geladene Batterie und einen kräftigen Zündfunken kann kein Auto fahren. Mein Buch beschäftigt sich mit ähnlichen elektrischen Vorgängen in einem Lebensmittel und deren Auswirkungen auf unsere Gesundheit.

Nun, dass durch chemische Spritzmittel Rückstände in unseren Lebensmitteln entstehen können und dass sich eine intensive Stickstoff-Düngung negativ auf Geschmack und Haltbarkeit von Produkten auswirken können, ist ja auch nichts Neues.

Richtig! Aber darum geht es im Buch auch nicht. Sondern darum, dass jeder Eingriff in die Lebensprozesse von Pflanze und Tier ein Faktor ist, der einen nachweisbaren Einfluss auf die Lebensmittelqualität ausübt. Dieser Einfluss lässt sich nicht oder kaum über die genannten primären Inhaltsstoffe chemoanalytisch nachweisen – aber elektrochemisch. Dabei handelt es sich vorwiegend um eine neue Gruppe von Lebensmittelinhaltsstoffen: um sekundäre Pflanzenstoffe oder bioaktive Stoffe.

Was muss man darunter verstehen?
Sekundäre Pflanzenstoffe oder bioaktive Stoffe werden so bezeichnet, weil sie vorwiegend für die gesundheitlichen Wirkungen eines Lebensmittels verantwortlich sind. Sie sind erst seit etwa zwanzig Jahren stärker in der Diskussion und werden zum Beispiel als die Aroma-, Bitter-, Farb- und Geschmacksstoffe einer Pflanze bezeichnet. Weltweit schätzt man heute, dass es bis zu 100.000 solcher Substanzen gibt. Etwa 230 bis 250 davon kommen vermutlich in unseren heimischen Pflanzen vor, doch bislang kann man nur rund 120 bis 150 von ihnen chemoanalytisch nachweisen, auch wenn die Lebensmittelchemiker ständig nach geeigneten Analysemethoden suchen. Diese »unbekannten« Stoffe sind aber in unseren Lebensmitteln enthalten und wirksam.

Welche Hinweise gibt es darauf?
Untersuchungen haben ergeben, dass ein Apfel mit einer bestimmten Menge an Vitamin C eine 200-fach größere antioxidative Wirkung im Körper entfaltet, als wenn man die gleiche Menge in Form von synthetischem Vitamin C zu sich nimmt. Es müssen also an der gesundheitlichen Gesamtwirkung des Apfels noch mehr Stoffe beteiligt sein als bisher bekannt.

Sie sagten aber doch, dass alle beteiligten Stoffe elektrochemisch nachgewiesen werden können!
Nein, die elektrochemische Methode kann keine Einzelstoffe nachweisen. Sie kann jedoch über Redoxpotenzialmessungen eine Aus-

sage darüber liefern, wie elektronen-energiereich die Inhaltsstoffe eines Produktes im Vergleich zu einem anderen sind.

Was versteht man unter einer Redoxpotenzialmessung?

»Redox« ist ein Kunstbegriff aus »Reduktion« und »Oxidation«. Werden bei einer chemischen Reaktion in einer Verbindung Elektronen aufgenommen, spricht man von einer Reduktion. Reduktion bedeutet also Elektronenaufnahme oder auch »Elektronenreichtum«. Das Gegenteil ist die Oxidation, die Elektronenabgabe, also der Elektronenverlust. Unter Redox-Vorgängen versteht man dann das »Fließen« von Elektronen von einer Verbindung zu einer anderen. Elektronen müssen »fließen«, wenn elektrischer Strom entstehen soll. Auch in der Pflanze haben wir solche elektrischen Zustände.

Welche Bedeutung haben solche elektrischen Ströme in einem Lebensmittel?

Ich versuche es einmal ganz einfach, obwohl es etwas kompliziert ist. Durch Stoffwechselprozesse, aber auch durch viele Zivilisationseinflüsse sind wir immer mehr dem Einfluss sogenannter Freier Radikale ausgesetzt. Ein Zug aus einer Zigarette setzt zum Beispiel 1015 davon frei. Diese Freien Radikale sind chemische Verbindungen, die ständig auf »Elektronenraub« aus sind, weil ihnen ein oder zwei Elektronen in ihrem Molekülaufbau fehlen. Im Körper »rauben« sie nun aus intakten Zellen Elektronen, um sich selbst zu vervollständigen, also zu neutralisieren. Sie hinterlassen aber ihrerseits dann wieder unvollständige Verbindungen. Dadurch schädigen sie den ganzen Organismus, so dass »Radikalenkrankheiten« entstehen können.

Können Sie mir einige davon nennen?

Es handelt sich um die ständig zunehmenden Zivilisationskrankheiten und um alte Bekannte, zum Beispiel Alzheimer Demenz, Morbus Parkinson, Grauer Star, Allergien, Arthrosen und einige Krebsarten. Auch ein vorzeitiges Altern zählt man heute dazu, neuerdings wird auch das Burn-out-Syndrom damit in Zusammenhang gebracht.

Wie können nun zum Beispiel sekundäre Pflanzenstoffe diese »Radikalenkrankheiten« verhindern?

Dadurch, dass sie durch ihren Elektronenreichtum in der Lage sind, Freie Radikale mit Elektronen zu versorgen, bevor sie menschliche Zellen schädigen. Deswegen schreibt man ihnen dank ihrer »Elektronenspende« die unterschiedlichsten gesundheitlichen Wirkungen zu. Sie sind antikanzerogen, antimikrobiell, antioxidativ, entzündungshemmend, antithrombotisch, immunsteigernd, blutdruckregulierend, verdauungsfördernd, cholesterinsenkend und vieles andere mehr.

Wir bemühen uns ja sowieso schon, möglichst viele sekundäre Pflanzenstoffe über Obst und Gemüse zu essen. Welche besonderen Erkenntnisse kann denn da die Redoxmessung bringen?

Zum einen erlaubt sie eine Bewertung der Lebensmittel bezüglich ihrer antioxidativen Wirkung, wie man diese »Elektronenspende« auch bezeichnet. Zum anderen erlaubt die Redoxmessung eine elegante Prozesskontrolle.

Die »Elektronenangebote« in unseren Lebensmitteln werden heute sehr stark durch Produktionstechnik, Transport und Aufbereitung beeinflusst – und damit auch deren gesundheitlicher Wert. Jedes Lebensmittel hat also eine eigene »Lebensgeschichte«. Mit der Redoxmessung haben wir eine Methode, die schnell, billig und zuverlässig das aktuelle »Elektronenangebot« eines Lebensmittels beschreibt, mit dem es Freie Radikale intensiv oder weniger intensiv unschädlich machen kann. Das heißt: Es lässt sich feststellen, wie falsche Bodenbearbeitung, unangepasste Düngung, ungeeignete Sortenwahl, unfachmännische Schnitttechnik bei Wein- und Obstgehölzen, lange Trockenheit, stressiger Transport bei Schlachttieren, eine lange Lagerung, intensive technische Verarbeitung und sauerstoffanreichernde Küchentechnik den gesundheitlichen Wert eines Lebensmittels dramatisch beeinflusst.

Können Sie mir dazu ein Beispiel nennen?

In einer umfangreichen Datenbank könnte ich viele Beispiele anführen. Lassen Sie mich nur zwei herausgreifen: Bei einer Tomatenuntersuchung stellte sich heraus, dass in München nur etwa drei Monate im Jahr elektronenenergetisch optimale Tomaten zu kaufen sind, nämlich in den Monaten, in denen die heimischen Tomaten sonnengereift angeliefert werden. Auch in der Landwirtschaft zeigen Messungen bei einem Dinkelzüchter, dass die Höhenlage, in welcher Dinkel angebaut wird, entscheidend für dessen »Elektronenreichtum« ist. Bei einem Parzellenversuch mit Kartoffeln stellten sich bei gleichen Anbaubedingungen große Sortenunterschiede heraus.

Und wie sieht das bei tierischen Produkten aus?

Auch hier kann man gewaltige Unterschiede beobachten. Besonders deutlich ist der Schlachtstress bei Schweinen. Aber auch bei Milch habe ich in jüngster Zeit sehr interessante Unterschiede gemessen. So zeigte die Milch von behornten Kühen von Demeter-Bauern gegenüber enthornten Kühen signifikante Unterschiede zugunsten der Demeter-Milch.

Wie kommen Sie dazu, solchen Fragen nachzugehen?

Das war ganz einfach. Von verschiedenen Seiten hörte ich, dass Menschen mit Milchunverträglichkeiten Demeter-Milch problemlos vertragen würden und dass Patienten mit Neurodermitis wesentlich weniger Juckreiz verspürten. Als langjähriger Vizepräsident der Deutschen Gesellschaft für Umwelt- und Humantoxikologie wurde ich natürlich hellhörig. Wenn es um solche Zusammenhänge von Ernährung und körperlichen Befindlichkeiten geht, wird meine wissenschaftliche Neugierde geweckt.

Wie erklären Sie sich derartige Zusammenhänge? Welche Bedeutung hat denn das Horn?

Ob das Horn überhaupt oder allein entscheidend ist, ist schwer zu sagen. Nur so viel: In unserem Hauptversuch erzielten Bio-Betriebe mit behornten Kühen gegenüber den Vergleichsbetrieben mit enthornten Kühen hochsignifikant bessere Redoxpotenziale. Aber möglicherweise spielen auch Fütterungseinflüsse und Haltungsbedingungen eine Rolle.

Dann ist vielleicht an der besonderen Wirkung der »Hornmilch« der Demeter-Landwirte nichts dran, die ja eine Enthornung konsequent ablehnen?

Das habe ich nicht gesagt. Nicht nur Demeter-Landwirte lehnen die Enthornung ab, sondern auch viele ihrer Berufskollegen. Tatsache ist nur, dass die »Hornmilchen« sich in einigen Merkmalen signifikant von den Kontrollen unterschieden haben. Da das Gehörn entwicklungsgeschichtlich ein wesentlicher Teil einer Kuh ist und eine Enthornung einer Amputation gleichkommt, ist es vorstellbar, dass die sensible Kuh darauf auch mit sensiblen Veränderungen in der Milch reagiert.

Können Sie mir das genauer erklären?

Beweisen kann ich nichts, aber vorstellen kann ich es mir! Meine Theorie ist folgende: Das Horn dient bei den behornten Kuhrassen zur Verteidigung gegen Feinde, und es wird bei der Rangbildung innerhalb der Herde eingesetzt. Entfernt man nun das Horn, entsteht eine Art Phantomempfindung: Das Horn ist zwar weg, aber die Funktion wird im Gehirn noch als vorhanden registriert. Wenn nun die Kuh das Horn zur Verteidigung einsetzen will, dies aber nicht möglich ist, kann das für sie zu einer latenten Stresssituation führen. Stress aber erzeugt massive Eiweiß-Veränderungen, wie wir vom Schlachtstress beim Schwein wissen. Aber jetzt müssen klinische Untersuchungen die Beobachtungen in der Praxis bei Milchunverträglichkeiten und Neurodermitikern erst einmal bestätigen. Eindeutig ist nur: Milch ist elektrochemisch nicht gleich Milch!

Gibt es in dieser Richtung vielleicht noch andere Beispiele?

Viele Apfelsaftmessungen beispielsweise haben große Unterschiede hinsichtlich der elektrochemischen Wertigkeit ergeben. Interessant war, dass immer Säfte aus Streuobstanbau die qualitativ besten waren. Schade ist, dass heute kaum mehr vollreifes Obst angeboten wird, denn die besonders wertvollen Schutzstoffe werden erst relativ spät im Obst eingelagert. Sekundäre Pflanzenstoffe sind von der Natur nämlich auch dafür vorgesehen, die Pflanze selbst vor Schädlingen und Krankheiten zu schützen.

Was halten Sie von Nahrungsergänzungsmitteln?
Ich bin kein Arzt und kann deswegen nur aus meiner Sicht argumentieren. Jede Übertreibung ist schädlich, genauso wie jeder Mangel. Deswegen würde ich für eine vielseitige Ernährung ohne Übertreibungen plädieren. Bei Dauerstress oder einer Immunschwäche würde ich eine Vollblutanalyse vorschlagen und dann eventuell eine gezielte Nahrungsergänzung einplanen, bis wieder Normalwerte erreicht sind.

Das heißt also, dass Sie einer dauernden Nahrungsergänzung kritisch gegenüberstehen?
Wenn man den Beobachtungen von einigen Klinikärzten folgt, kann diese sogar gefährlich werden, da es neben einem »Elektronenmangel« auch eine »Elektronenüberversorgung« gibt, wobei Letztere dazu führen kann, dass der Körper beispielsweise notwendige Medikamente mit starker antioxidativer Wirkung ablehnt.

Jetzt wird es spannend für mich als Köchin. Was empfehlen Sie mir dann aufgrund Ihrer Forschungen?
Nun, jetzt werden Sie überrascht sein. Es sind viele Empfehlungen, die Sie als erfahrene Bio-Köchin wahrscheinlich alle schon kennen und auch anwenden. Aufgrund unserer Messungen würde ich unsere Erkenntnisse in zehn recht einprägsamen Regeln so zusammenfassen:

1. Vollreife: Die Vollreife von Obst und Gemüse ist von entscheidender Bedeutung, um möglichst viele vielseitige »Elektronenspender« zu »ernten«.

2. Farbigkeit und Vielseitigkeit: Achten Sie auf eine vielfarbige Zusammenstellung in der täglichen Kost. Die Pflanzenfarben gehören zu den wertvollsten sekundären Pflanzenstoffen. Leben Sie von den Produkten der Jahreszeit und Region. Das Frühjahr ist das »Kräuterjahr«, der Sommer das »Gemüsejahr«, der Herbst das »Obstjahr« und der Winter das »Lagerfruchtjahr«.

3. Sinneswahrnehmung: Verlassen Sie sich beim täglichen Einkauf auf Ihr Auge, den Geruchs- und den Tastsinn. Sie sind mindestens genauso wichtig wie die gesetzlich vorgeschriebene Etikettierung. So erkennen Sie zuverlässig Frische und Qualität. Wenn Sie die Möglichkeit haben, direkt beim Bauern oder Gärtner zu kaufen, nutzen Sie diese.

4. Warenkunde: Ein Basiswissen in Warenkunde ist unverzichtbar, denn nur durch fundierte Kenntnisse finden Sie heute die jeweils »stressärmere« Variante.

5. Lagerzeit: Je kürzer die Lagerung, umso besser. Lebensmittel »leben« und sind zunehmendem Zellverfall und schädigendem Sauerstoff-Einfluss ausgesetzt.

6. Naturbelassenheit: Essen Sie die Produkte möglichst so, wie die Natur sie anbietet. Die Schale des Apfels zum Beispiel enthält hundertmal mehr Flavonoide als der gesamte Rest der Frucht. Auch in der Schale von Tomaten stecken teilweise fünfzig- bis sechzigmal mehr sekundäre Pflanzenstoffe als im Innern.

7. Sauerstoffarmut: Obwohl Sauerstoff für uns lebensnotwendig ist, haben wir ihn in der Küche nicht so gern. Er lässt Speisen ranzig werden oder schnell verderben und verbraucht wertvolle Elektronenvorräte.

8. Frische: Nicht nur beim Lebensmitteleinkauf hat Frische einen herausragenden Stellenwert, sondern auch beim Kochen und Essen.

9. Kein Aufwärmen: Jedes Aufwärmen entwertet elektrochemisch die beste Speise, auch wenn sie sich vielleicht geschmacklich durchaus verbessert haben kann. Eine Ausnahme scheinen die Kohlgewächse zu sein.

10. Konservieren: Wenn Lebensmittel aufbewahrt werden, hat sich das Einfrieren elektrochemisch als das beste Verfahren herausgestellt, vorausgesetzt, das Lebensmittel ist gefrierfähig. Durch Tiefkühlen frieren alle »Lebensprozesse« ein, so können auch keine elektrochemischen Veränderungen entstehen.

Nachdem Sie so hochinteressante Erkenntnisse und Ergebnisse aufgrund Ihrer elektrochemischen Messungen vorgestellt haben, bedauere ich es sehr, dass Ihre Arbeiten noch so wenig bekannt sind. Wie sehen Sie die Zukunft für diese Messungen?
Mit großer Gelassenheit! Jede Entwicklung bedarf eines spürbaren Leidensdrucks, um für Problemlösungen allgemeine Anerkennung zu bekommen oder um finanzielle oder politische Vorteile daraus ziehen zu können. Beides entwickelt sich augenblicklich nur langsam. Und so tröste ich mich mit einer Erfahrung von Max Planck: »Eine neue wissenschaftliche Erkenntnis lässt sich gewöhnlich nicht so darstellen, dass ihre Gegner überzeugt sind. Diese sterben vielmehr aus, und eine nachwachsende Generation ist von Anfang an mit der Wahrheit vertraut!«

Genussvoll essen

Koche selbst aus frischen Zutaten und teile deine Mahlzeiten mit lieben Menschen, die dir wichtig sind!

Kochen lernen,
weil Genießen so anfängt

Dass meine Mutter eine ausgezeichnete Köchin ist, habe ich ja schon erwähnt. Sie lernte das Kochen ganz professionell in ihrer Heimat Westfalen im ersten Haus am Platz, brach dann aber doch ihre Lehre ab, um bildende Künstlerin zu werden. Wenn meine Mutter brutzelte, konnte man das im ganzen Hausflur riechen. Aber ich habe mich nie zu ihr an den Herd gestellt und mitgemacht. Ich kam einfach nicht auf die Idee.

Meine Küchentätigkeit beschränkte sich meist aufs Tischdecken und Abtrocknen. Aber Grießbrei habe ich als Kind oft selbst gekocht. Mit Marmelade oder Zimt und Zucker. Das war so schön schnell und einfach. Und süß! Auch Margarinebrote habe ich im Dutzend verschlungen: Auf das frische, selbst gebackene und oft noch warme Brot kam Margarine – das war jedenfalls der Alltag, die teure Butter, den höchsten Genuss, gab es nur am Feiertag –, dann Wurst oder Tomaten und Gurken obendrauf, ein wenig Salz drüber, reinbeißen. Einfach, aber herrlich!

Der Vorteil meiner Generation ist, dass wir in einer Zeit groß geworden sind, in der es selbstverständlich war, frisch zu kochen oder selbst eingewecktes Gemüse und Obst zu verwenden. Die Familie saß bei Mahlzeiten zusammen am Tisch, bei vielen wurde ein Tischgebet gesprochen, um dem Herrgott dafür zu danken, dass er seine Hand über die Äcker hielt. Eine gute Ernte – und damit ein gutes Mahl – war längst nicht selbstverständlich. Die praktischen Fertigprodukte, die in den 1960er Jahren aufkamen, waren richtig teuer. Dosennahrung war mir daher so fremd, dass ich hinter dem Aufwärmen von Konserven eine geradezu unheimliche Technik vermutete. Als ich dann etwa zwanzig Jahre alt war und das erste Mal erlebte, wie ein Freund eine Dose Ravioli mit Tomatensauce aufhebelte und kurz aufwärmte, bekam ich große Augen: »Was, so einfach?« Ich war wirklich beeindruckt. Aber wenn man erst im Erwachsenenalter zum ersten Mal Ravioli aus der Dose isst, ist man nicht gerade begeistert von der weichen, schlabberigen Konsistenz. Das waren ein Geschmack und ein Mundgefühl, das ich so nicht kannte. Ich habe mich bis heute nicht daran gewöhnt.

Aber zurück zu meinen ersten Kocherfahrungen. Mit zehn Jahren kam ich auf ein Mädcheninternat. Da standen die Speisen immer wie von Zauberhand auf dem Tisch, so dass ich auch dort nichts übers Kochen lernte. Aber irgendwie hat es mich wohl doch gelockt: Als ich dreizehn war, belegte ich freiwillig einen Kochkurs – und das bei einer Lehrerin, die mich ebenso wenig leiden konnte wie ich sie. Umso erstaunlicher, dass ich den Kurs trotzdem besuchen wollte und meine Freundinnen Judith und Claudia dazu überredete mitzumachen. Der Kurs ging nur über ein paar Stunden, doch im Nachhinein betrachtet war er ein wichtiger Baustein für meine Kochkarriere: Ich stand zum ersten Mal aus freiem Willen am Herd, schälte meine erste Zwiebel selbst und kochte mir eine Mahlzeit. Das muss mich sehr beeindruckt haben. Zumindest unbewusst.

Meine ersten Erfahrungen mit selbstständigem Kochen machte ich in meiner Berliner Einzimmerwohnung auf zwei Kochplatten. Eine Extraküche gab es da so wenig wie ein Bad. Zum Duschen fuhr ich ins Hallenbad. Aber auf den zwei Platten konnte man doch schon einiges anstellen. Auf der einen kochte ich Nudeln, auf der anderen die Sauce dafür. Meist aus Unmengen verschiedener Gemüsesorten, manchmal mit Hackfleisch oder gekochtem Schinken, dazu viele frische Kräuter. Das liebe ich bis heute und mache es noch oft, wenn es schnell gehen muss.

Richtig kochen gelernt habe ich aber erst im »Exil«, dem Restaurant meines Vaters. Dort habe ich als Küchenhilfe zum ersten Mal mit dem Kochen Geld verdient. Die ersten Wochen habe ich damit verbracht, Kartoffeln und Spargel zu schälen und Salatdressings herzustellen. Das klingt vielleicht monoton, aber ich habe es geliebt, kistenweise Spargel und Karotten zu schälen, Salat zu waschen oder Pilze zu putzen. Ich habe immer gern Lebensmittel angefasst und fand es sehr entspannend und beruhigend, stundenlang einer Tätigkeit nachzugehen, die so sinnlich und mit so guten Gerüchen verbunden war. Das ist heute noch so.

Aber nach einigen Wochen wollte ich endlich auch wissen, wie diese ganzen herrlich duftenden Speisen entstehen, und habe zugesehen, gelernt und probiert. Ich hatte geduldige Lehrmeister, die mich unterstützten. Ich durfte fragen und probieren, so viel ich wollte. Ab und an kamen wunderbare Gastköchinnen und Gastköche aus Österreich. Die besten waren zwei leidenschaftliche Köchinnen etwas reiferen Alters. In meiner Erinnerung waren sie über sechzig Jahre alt und Autodidaktinnen: Helma und Traudl. Meine Herren, die hatten was drauf! Wenn sie da waren, kam ich immer zu früh zur Arbeit, nur um zu sehen, wie sie kochten. Und was sie kochten. Das roch so gut. So anders. Dann sah es auch noch so appetitlich aus, dass ich freiwillig in Kutteln und Zunge gebissen habe. Und das, obwohl ich damals noch eine sagen wir mal recht angespannte Beziehung zu diesen Teilen eines Tiers hatte. Helma und Traudl ging alles so leicht von der Hand, als würden sie zaubern. Ich war tief beeindruckt.

In dieser Zeit lernte ich jede Menge Grundrezepte. Ich weiß noch, wie sehr ich gestaunt habe, dass man Mayonnaise so schnell und einfach selbst machen kann. Ich dachte wirklich, dass bestimmte Lebensmittel aus der Fabrik kommen und auch nur dort erzeugt werden können. Ich habe mir einfach keine Gedanken darüber gemacht, dass man jede Speise, wirklich jede, selbst zubereiten kann.

Dann stand ich in der Küche und rührte auf einmal Eier und Nüsse und Butter und Mehl zusammen, und aus dieser breiigen Konsistenz entstand ein perfekter, duftender Kuchen! Es war wie Magie! Ich war sofort süchtig danach. Süchtig danach, hinter die Geheimnisse dieser Magie zu kommen und zu begreifen, was da passiert. Aus einem rohen Stück Fleisch einen saftigen, aromatischen Braten zu zaubern, aus einem breiigen Matsch eine fluffige Farce zu kreieren, Wein, Gewürze, Wasser und Zwiebeln zu erhitzen und eine sämige Sauce zu erhalten …und das Beste war: Die Gäste liebten mein Essen – und damit auch mich. Und ich liebte das Kochen, liebte es, mehr zu lernen und auszuprobieren. Bis heute.

Grießbrei mit Ribiselmarmelade

Für 1 Person

1/4 l Milch
40 g Hartweizengrieß
1 EL rote Ribiselmarmelade (Johannisbeermarmelade)

• Die Milch in einen Topf geben und den Grieß einstreuen. Aufkochen und dann unter Rühren bei kleiner Hitze köcheln lassen, bis das Ganze fest wird.

• Marmelade einrühren – fertig.

Die Hemmschwelle für Kochanfänger senken

Umso irritierter war ich vor einigen Jahren von gewissen Praktiken einiger meiner Koch- und TV-Kollegen. Ein unvergessener Moment meiner medialen Laufbahn war die allererste öffentliche Begegnung mit meinem TV-Kochkollegen Tim Mälzer. Damals, bei unserer ersten Begegnung, die live bei »Kerner kocht« im ZDF stattfand, kochte ich ein Dessert. Ich glaube, es waren Topfenknödel. Tim machte den Hauptgang und benutzte als Beilage Kartoffelpüree … aus der Tüte!! In meiner Naivität dachte ich – da ich vorher noch nie von ihm gehört hatte und er mir recht jung und unbedarft erschien –, er wisse eben nicht, wie einfach es ist, Kartoffelpüree selbst zu machen. So ging ich nach der Aufzeichnung sofort zu ihm hin und erzählte ihm allen Ernstes, wie man Püree kocht – nämlich: mehlige, geschälte Kartoffeln in Salzwasser so lange kochen, bis sie weich sind, durchstampfen, Butter und Sahne oder Milch dazugeben, etwas Salz und Muskat, fertig. Er starrte mich etwas ungläubig und, nun ja, etwas verächtlich an, wie

Fernsehköche unter sich: Rainer Sass und Tim Mälzer zählen zu meinen besten Freunden.

ich tatsächlich so doof sein konnte zu glauben, er wüsste nicht, wie's geht. Ich meinerseits redete auf ihn ein wie ein Wasserfall, weil ich nicht glauben mochte, dass irgendjemand auf dieser Welt Fertigpüree kaufen geschweige denn empfehlen würde, wenn er es einfacher, frischer und besser selbst machen kann. Ich hätte diese erste Begegnung gern auf einen Film gebannt. Trotzdem oder vielleicht auch gerade deswegen ist Tim mittlerweile einer meiner besten Freunde. Und, um bei der Wahrheit zu bleiben: Kartoffelpüree zu machen hab ich zwar nicht von ihm gelernt, aber den einen und anderen Trick und das eine oder andere hervorragende Rezept habe ich natürlich von ihm »ausgeliehen«, erbettelt oder verwienert.

Als dieses Buch in meinem Kopf entstand, haben wir uns öfter ausgetauscht. Ich schätze Tims unbestechliches, authentisches Urteil. Unser beider Interesse an der Ernährung in ihrer ganzen Komplexität und insbesondere unsere unterschiedlichen Zugänge dazu waren ausschlaggebend für ein langes Gespräch. Also trafen wir uns in seinem sehr gemütlichen Hamburger Restaurant, der »Bullerei«, und verbrachten einen äußerst vergnüglichen Abend.

Jeder kann kochen lernen

Tim hatte an diesem Abend eine von seinen wirklich guten, neu entwickelten Kürbiskreationen für uns gekocht – absolut lecker und »sexy«! Später auf dem Nachhauseweg habe ich noch lange über unser Gespräch nachgedacht. Ich habe Tims Position, die Leute nicht zu überfordern und zu verschrecken, sofort verstanden. Natürlich ist es besser, überhaupt erst einmal am Herd zu stehen und aus frischen Zutaten etwas Einfaches zu kochen, als Industrieessen zu sich zu nehmen, das einen von der Verantwortung enthebt nachzufragen, wie und unter welchen Bedingungen die Lebensmittel hergestellt worden sind.

Ich bin mir sicher: Die Herrschaft und Kontrolle über das, was wir essen, zurückzuerlangen, mit frischen Grundzutaten selbst zu kochen, den Geschmack zu schulen und genussvoll zu essen, das sind die Säulen, auf denen unsere Kultur ruht und die uns ursächliche Gesundheit garantieren. Ich weiß, wie schwer es sein kann, sich zum ersten Mal an den Herd zu trauen; selbst bei mir gab es eine Zeit, in der das Kochen für mich ein Buch mit sieben Siegeln war, ich hatte es zu einem sehr komplexen, komplizierten, fast unbezwingbaren Vorgang stilisiert. Aber als ich mich dann an den Herd getraut habe, war ich verblüfft, wie einfach es sein kann.

Wenn Sie überhaupt keine Idee haben, wie Sie es anstellen könnten, besuchen Sie einfach einen Anfängerkochkurs. Oder noch besser: Ab zur Oma, Mutter oder Tante, die wissen meist, wie's geht und sind als Joker meist verfügbar. Am besten fängt man mit einfachen Speisen an. Dann stellt sich schneller ein Erfolgserlebnis ein und man hat Lust, dabeizubleiben. Viel Spaß macht es auch, in Gesellschaft zu kochen, mit dem Partner, Freunden oder Kindern. Auch ein Blick ins Kochbuch lohnt sich. Anfangs ist es sinnvoll, sich an die Rezepte zu halten, aber mit der Zeit werden Sie Ihren eigenen Stil finden. Ich selbst betrachte Rezepte als Vorschlag oder als Inspiration. Sie sind nichts anderes als ein Geländer, an dem man sich je nach Mut und Übermut festhalten oder orientieren kann.

Tischgespräch
mit Tim Mälzer

Der gebürtige Pinneberger **Tim Mälzer** ist der wohl bekannteste deutsche Koch. Er kocht im Fernsehen und in seinem Restaurant »Bullerei« im Hamburger Schanzenviertel und veröffentlicht Kochbücher. 2012 erschien sein vegetarisches Kochbuch »Greenbox«, zuletzt veröffentlichte er das Grundlagen-Kochbuch »Die Küche«.

Sarah Wiener: Tim, was denkst du, haben Fernsehköche dadurch, dass sie in der Öffentlichkeit stehen, eine besondere Verantwortung in der Gesellschaft?
Tim Mälzer: Ich würde mich jetzt mal so ein bisschen als den Teenager unter uns Fernsehköchen bezeichnen. Wahrscheinlich bin ich derjenige mit der größten Entwicklungsphase, weil ich ziemlich provokativ angefangen habe. Im Inneren bin ich aber extrem traditionsbewusst. Ich würde sagen, dass meine Aufgabe, die ich am Anfang hatte und immer noch habe, ist, Lust zu schaffen. Nicht mehr und nicht weniger. Bei mir gibt es keinen großen politischen Aspekt. »Bio« zum Beispiel, das war für mich ein Schimpfwort.

Du hast mich ja auch mal als »wandelnde Biotonne« bezeichnet.
Ja. Ich kam mit deinem ewigen Dogmatismus nie klar, der sehr schnell arrogant wirkt. Deshalb habe ich eher das Fraternisieren versucht, mich mit den normalen Leuten gleichzustellen und zu gucken, was deren simpelstes Problem ist. Nicht das »Wo will ich sie hinkriegen«, sondern ich habe versucht, sie an ihrer Haustür abzuholen. Über die Jahre bin ich über zwei, drei Leserbriefe darauf aufmerksam geworden, dass ich auch eine Verantwortung habe, mit der ich mich am Anfang sehr schwergetan habe.

Worum ging es denn in diesen Leserbriefen?

Schlicht und einfach um gekörnte Brühe. Jedenfalls habe ich einen Brief von einem verzweifelten Küchenchef bekommen. Seine Azubis hätten ihn gefragt, warum sie denn noch Brühe selbst kochen müssen, wenn der Herr Mälzer doch auch gekörnte Brühe verwendet. Da habe ich mir gesagt, wenn mein pragmatischer Umgang mit der Essenszubereitung in der professionellen Welt der Köche dazu führt, dass die Leute auf industriell gefertigte Nahrung zurückgreifen, mache ich etwas falsch. Ich bin trotzdem davon überzeugt, dass es zu Hause erlaubt ist, weil es Zeit spart. Wir dürfen nicht vergessen, es ist unser Beruf, uns zwölf Stunden am Tag mit Essen und Trinken zu beschäftigen und entsprechenden Aufwand zu treiben. Eine berufstätige Hausfrau oder ein berufstätiger Hausmann schafft es nicht, innerhalb einer halben Stunde ein Risotto zu machen, für das er vorher erst mal zweieinhalb Stunden Brühe kochen muss.

Aber früher haben die ja auch keine gekörnte Brühe gehabt und haben ihr Risotto gekocht. Also warum sollte ich jetzt gekörnte Brühe nehmen? Ich kann doch auch Weißwein nehmen ...

Das müssen wir dann auch sagen. Wir Köche erzählen den Leuten, wie es richtig geht. Wie es perfekt geht. Und für das perfekte Risotto brauchst du eine gute Brühe, damit es eine gute Geschmacksdichte hat. Aber was wir denen nicht sagen, ist: Wenn ihr keine Brühe habt, nehmt Wasser, nehmt Wein, nehmt ein bisschen mehr Kräuter, ein bisschen Käse. Wir kommen gar nicht auf die Idee, ihnen so etwas zu sagen, weil im Studio zwölf Leute für uns im Hintergrund arbeiten – Food-Stylisten und ein Präparationsteam, das für uns einkauft, vorbereitet und nachher wieder abwäscht. Deshalb kam mir damals der Gedanke, mit industriellen Hilfsmitteln wie Dosentomaten, Tomatenmark, gekörnter Brühe und dergleichen Zeit zu sparen. Andere Fertigprodukte, wie zum Beispiel Saucenpulver, kamen bei mir aber auch da schon nicht zum Einsatz.

Und was ist mit Mayonnaise oder Dressings?
Bei Mayo kann man auf Fertigprodukte zurückgreifen. Ganz klar.

Aber Mayo macht man doch in fünf Minuten selbst!
Ja, das kann man, aber wofür du fünf Minuten brauchst, braucht ein Laie fünfzehn Minuten. Meine Taktik ist: Bei einem komplexen Gericht muss der Rest einfach sein, damit es die Menschen nicht überfordert. Wenn die Mayo das Allesentscheidende ist, konzentriere ich mich darauf und mache sie anständig. Wenn ich aber nur einen Esslöffel Mayo brauche, erzähle ich den Leuten nicht, dass sie die auch noch selbst machen müssen. Dann nimmt man eben ein Fertigprodukt, das finde ich überhaupt nicht schlimm. Ich will mir nicht bei jeder Mahlzeit die gesamte Weltgeschichte auf den Teller packen lassen. Da will ich nur essen. Ganz simpel. Nur essen, und ich will nicht politisch aktiv sein bei jeder Nudel, die ich da drehe. Es gibt so ein Rezept, auf das ich immer noch stehe, bei dem ich als Koch eigentlich sagen müsste, dass es eine Frechheit ist. Aber es ist ein Kindergericht von mir, und ich liebe es: Dosenmandarinen, Butterkäse, Fleischwurst und Fertigmayo. Das ist so ein Familienrezept aus meiner Kindheit, und das habe ich in einem Kochbuch veröffentlicht. Da mache ich aus der Fleischwurst keine Landwurst, weil es sich einfach so gehört.

Aber das ist doch pures Industriefutter!
Ich will keinen Freifahrtschein für industriell gefertigte Nahrung, aber ich rede manchmal von einem Gericht, bei dem ich nur eine Emotionalität herstellen möchte. Mehr nicht. Damit ich die Leute überhaupt erst einmal herankriege ans Kochen.
Und um auf die Verantwortung zurückzukommen, die wir als Fernsehköche haben: Meine Aufgabe war genau das, die Leute an die Herde zu locken mit ein paar simplen Rezepten, die vielleicht manchmal fachlich nicht korrekt sind und bei denen sie auf Hilfsmittel zugreifen dürfen. Dann sagen sie, Mälzer ist schön und gut, aber ich möchte mich mehr mit Essenszubereitung beschäftigen. Jetzt kommt erst mal Lafer ins Spiel mit seiner technischen Perfektion.

Da wird nichts mehr gerissen, gehackt oder mit der Küchenmaschine vorbereitet, sondern alles von Hand würfelgenau geschnitten. Und dann kommst du dazu, durch dich lernen sie die Qualität von Essen so zu schätzen, dass sie auch noch umweltbewusst und verantwortungsvoll handeln.

Aber ehe wir hier nur über Fleisch reden, sollten wir den Leuten eine Alternative dazu anbieten. Und damit sind wir beim Thema Herkunft der Lebensmittel und Fleischkonsum. Was glaubst du denn ist die größte Problematik am vegetarischen Essen?

Dass die Leute nicht verstehen, wie man aus Vegetarischem, aus Gemüse, Hülsenfrüchten und Getreide, etwas Köstliches zaubern kann.

Siehst du. Gemüse, Hülsenfrüchte und Getreide – genau das sind die drei Worte, die die Assoziationen von trocken, langweilig, verkniffen, unsexy, nicht fett, nicht lustvoll wecken.

Dass die Leute glauben, Gemüseküche wäre »unsexy«, liegt vielleicht auch daran, dass die Leute in unseren Breitengraden nur an Sättigungsbeilagen wie Kohl, Sauerkraut und Kartoffeln denken. Dabei gehört nur ein bisschen Fantasie und Umdenken dazu.

Und das Auge isst ja auch mit. Ich verstehe zum Beispiel nicht, warum leckeres vegetarisches und veganes Essen immer so freudlos aussieht und es von jedem Teller schreit: Wir müssen anders sein.

Aber du hast ja, obwohl du der Küchenbulle bist, der sehr witzige, testosterongesteuerte Kochshows auf die Bühne gebracht hat, ein wirklich wunderschönes Kochbuch auf den Markt gebracht: »Greenbox«, da wird nur Gemüse verarbeitet. Vor ein paar Jahren wäre das überhaupt nicht möglich gewesen!

Es wäre nicht möglich gewesen, weil ich die Problematik noch nicht erkannt hatte. Die Männer grillen eben Fleisch, Kochen war immer so etwas Weibliches. Die Vorstellung von vegetarisch ist ja: trocken, verfurzt, Verstopfung. Selten, dass jemand sagt, da hat er richtig Bock drauf. Selten, dass jemand sagt, bei vegetarischem Essen kann er sich mit Rotwein volllaufen lassen. Das Sinnliche fehlt scheinbar. Und das habe ich zur Idee des Buches gemacht.

Wahnsinn, was für eine Entwicklung du gemacht hast ... Ich erinnere mich noch gut an unsere erste Begegnung bei Kerner. Wir sollten ein Weihnachtsmenü kochen, und du hast Kartoffelpüree aus der Tüte gemacht. Heute sagst du, so etwas würdest du nicht mehr machen. Wie kommt das?
Erst mal will ich verraten, warum ich das überhaupt gemacht habe. Unsere Aufgabe war, ein Menü zu kochen, das die Leute zu Hause nachmachen können. Als ich dann im Vorfeld die Produktanforderungsliste der anderen Köche sah, habe ich mal durchgezählt. Für das ganze Essen, das wir da gekocht haben, hätte man dreiundvierzig Töpfe und Schüsseln gebraucht. Mal ganz abgesehen von der Zeit – so etwas ist für Privatleute einfach utopisch. Und weil das Entertainment-Fernsehen ist, was wir machen, wollte ich ein bisschen provozieren und deutlich machen, wie man Kartoffelpüree möglichst unkompliziert auf den Tisch bekommt.

Aber ausgerechnet Kartoffelpüree ... zu Weihnachten!
Ja, ausgerechnet das. Mein einziger, wirklich blödsinniger Fehler war zu sagen, man merkt den Unterschied nicht. Denn natürlich schmeckt man den Unterschied. Ganz, ganz, ganz, ganz deutlich.

Aber jetzt bist du ja wahrscheinlich sogar der bekannteste deutsche Koch. Da müsstest du dich doch hinstellen und sagen: Eine Tüte aufreißen und warme Milch oder warmes Wasser einrühren hat nichts mit Kochen zu tun. Ich zeige euch, wie es richtig geht: Macht lieber einen vernünftigen Gang statt fünf.
Genau das ist ja die Entwicklung, die ich durchgemacht habe. Inzwischen mache ich exakt das – simpel kochen, Überflüssiges weglassen, mich auf die Produktqualität konzentrieren und auf die Ressourcen achten. Ich hab mit der »Bullerei« ein so großes Unter-

nehmen, und wenn wir nicht verantwortungsvoll mit unseren Ressourcen umgehen, wer dann?

Gab es irgendein Erlebnis oder irgendeine Überlegung, was dich auf diesen Weg gebracht hat, dass es tatsächlich eine Rolle spielt, woher das Schnitzel kommt oder ob die Brühe aus dem Glas oder selbst gekocht ist?

Meine Einstellung ist maßgeblich durch den Dokumentarfilm »We feed the world« beeinflusst worden, den ich gerade in seiner Neutralität und Objektivität einfach großartig fand. Da war endlich mal keiner, der versucht hat, mir meine Welt, die aus vierundzwanzig Stunden am Tag, sieben Tage die Woche besteht, innerhalb von zehn Minuten mit drei Plattitüden zu erklären. Dieser Film hat unkommentiert und ungeschminkt gezeigt, wie die Leute, die unser Essen produzieren, sich selbst entlarven. Der hat mich ins Grübeln gebracht, und das Nachdenken hat bei mir leider zu einem Schluss geführt, der erst hochgradig depressiv war – nämlich, ich kann gar nicht korrekt sein. Seitdem ich diesen Film gesehen habe, setze ich mich mehr mit dem Thema auseinander. Erst mal in meiner Welt, und wenn ich eine Lösung oder einen Weg gefunden habe, dann werde ich den kommunizieren. Vorher nicht.

Tim, wenn du in puncto Ernährung etwas ändern könntest, was wäre das?

Dass Lebensmittel umsonst sind und sie auf der Welt für alle und im selben Maße verfügbar wären. Eine Demokratisierung des Essens also. Denn für viele Menschen ist es nicht selbstverständlich, genug zum Essen zu haben. Mal angenommen, du würdest hier in Deutschland in jedem Laden sowohl stark verarbeitete Lebensmittel als auch Bioware anbieten. Dann würde doch nicht ein einziger zurechnungsfähiger Mensch sagen, dass er die pestizidverseuchte Scheiße nimmt.

Stimmt.

Gebackene Kalbszunge
mit Linsenrisotto und Karotten

Für 10 Personen

1 Kalbszunge
ca. 2 l Gemüsefond
300 g Mehl
1 Ei
300 g Semmelbrösel
500 g Butterschmalz
300 g Berglinsen
1 EL Olivenöl

100 ml Weißwein
100 g Sahne
100 g Bergkäse
Salz
Pfeffer
1 Spritzer Essig
3 Karotten

• Die Kalbszunge in Gemüsefond in zwei bis drei Stunden gar kochen, danach abspülen, putzen und abkühlen lassen. Anschließend in 2 x 2 cm große Würfel schneiden.

• Die Würfel panieren, dazu zuerst in Mehl, dann in verschlagenem Ei und zuletzt in Semmelbröseln wenden. In Butterschmalz ausbacken.

• Die Berglinsen in Olivenöl anschwitzen, mit dem Weißwein ablöschen. Sahne aufgießen und etwa 30 Minuten garen lassen. Bergkäse reiben und zu den Linsen geben, mit Salz und Pfeffer würzen. Mit Essig vorsichtig verfeinern.

• Die Karotten in Scheiben schneiden und blanchieren.

Was macht Essen zum Genuss?

Wir essen während der Arbeit, während wir fernsehen, im Gehen, im Zug, auf dem Nachhauseweg und im Bett. Wir essen nebenbei, ohne den Geschmack zu registrieren. Wir essen, ohne richtig zu kauen. Manchmal ist es genau dieses »etwas Weiches hinunterschlucken«, was uns tröstet und süchtig nach mehr macht. Pures Hinunterschlucken, ohne richtig zu kauen, heißt aber auch, dass wir nicht schmecken. Das hat manchmal Vorteile, zum Beispiel wenn ein Gericht mal nicht so gelungen ist. Vor allem aber, wenn es um stark verarbeitete Produkte geht. Würden wir die ordentlich, das heißt so zwanzig- bis dreißigmal kauen, wird vieles unappetitlich, bekommt einen unangenehmen Beigeschmack oder wird sogar bitter. Gut zu kauen ist ein Messinstrument für geschmackliche Qualität.

»Genussvoll essen heißt nicht nur, bestimmte Dinge zu essen, die durch ihre Besonderheit den Gaumen kitzeln. Genussvoll essen heißt, sich durch eine gewisse Selbstdisziplin kreativ zu beschränken, zum Beispiel aus einer Obstsorte mehrere verschiedene Speisen zu machen – und nicht aus zwanzig Sorten einen Salat!«

WARUM SIE SELBST KOCHEN SOLLTEN

Kochen Sie selbst, weil …

… es unabhängig macht. Sie können auf Restaurantbesuche verzichten, auf industrielle Fertiggerichte und Fastfood.

… es erfüllend ist und Spaß macht.

… es Kontrolle bedeutet, denn Sie wissen dann, was Sie essen.

… es schön ist, ein Handwerk zu beherrschen.

… es die Nachfrage nach unverfälschten Grundnahrungsmitteln stärkt.

… es den individuellen Geschmack fördert und uns sensibilisiert.

… es uns entspannt, entschleunigt und erdet.

… es Liebe, Aufmerksamkeit und Zuneigung transportiert.

… es Gemeinsamkeit schafft.

… es die Kommunikation zwischen Familienmitgliedern und Freunden fördert.

… es den Geldbeutel schont. Nichts ist günstiger als selbst zubereitete Mahlzeiten.

… es ein Abenteuer ist und sinnliches Erleben und Genuss bietet.

… es Trost bedeutet, denn wenn die Welt auseinanderbricht oder man einen schlechten Tag hat, dann ist Kochen etwas wohltuend Zuverlässiges.

… man sich und anderen damit bis in die tiefsten Tiefen des Seins etwas Gutes tut.

Als ich mit dem Kochen anfing, habe ich einige Rezepte wie meinen Augapfel gehütet. Da diese bei meinen Gästen besonders beliebt waren, wollte ich ihre Geheimnisse nur ungern preisgeben. Ich habe diese Rezepte als meinen Schatz gesehen, der mich über andere Köche erhebt und auszeichnet. Dabei habe ich selbst mein Leben lang von großzügigen Köchinnen (es waren wirklich fast ausschließlich Frauen) wie Helma und Traudl gelernt und profitiert. Die beiden teilten mit mir fast alle Rezepte, aber eben nur fast. Es gab da ein paar Torten- und Puddingrezepte, die sie gerne für sich behalten wollten, und das konnte ich gut verstehen. Ihr Dreierlei-Pudding war so wahnsinnig gut, dass ich ihn für mein Leben gern selbst gekonnt hätte. Sie versprachen mir das Rezept, wenn ich sie einmal zu Hause in Österreich besuchen kommen würde. Als Belohnung sozusagen.

Ich habe diesen Besuch aber immer wieder hinausgezögert, weil so viel anderes dringlicher schien. Und dann erhielt ich eines Tages die Nachricht, dass beide Frauen kurze Zeit hintereinander gestorben waren. Es war ein immenser Verlust, denn beide waren wunderbare Menschen. Ich trauere aber bis heute auch ihren Rezepten nach, ihrer geistigen Hinterlassenschaft, die wohl für immer verloren ist. Seitdem gebe ich, wenn ich die Zeit dazu habe, jedem Gast oder Menschen, der ernsthaft danach fragt, das Rezept für seine Lieblingsspeise, oder ich veröffentliche es mit allen Tipps. Ich finde, das Gute muss man in die Welt bringen und fördern, in der Hoffnung, dass es sich verbreiten und fortpflanzen wird.

Fleisch, das kostbarste Lebensmittel

Auch wenn Billigheimer uns etwas anderes weismachen wollen: Fleisch ist das kostbarste Lebensmittel, das es gibt! Als ich klein war, lebten wir auf dem Bauernhof der Schaffners in der Steiermark zur Untermiete. Eines Morgens wurde ich vom Brüllen einer Kuh geweckt. Ich lief die Holztreppen hinunter und suchte nach der Quelle des Brüllens. Der Bauernhof hatte einen offenen Verschlag unter freiem Himmel, der als Schlachtbank diente. Es war nichts anderes als ein mit Lack eingepinselter Boden und eine schweren Eisenkette an einem Flaschenzug. Da stand nun diese – in meinen Augen gigantisch riesige – Kuh und brach, gerade als ich um die Ecke bog, auf dem Boden zusammen. Ich erinnere mich daran, wie der Bauer die Kuh hochzog, zerteilte und Unmengen an Eingeweide mitsamt dem Darminhalt auf den Boden glitten. Ich erinnere mich an den Gestank und daran, dass im Pansen noch eine Menge nasses grünes Gras war. Dann hört meine Erinnerung auf.

Danach war ich lange Zeit Vegetarierin, ohne diesen Begriff damals zu kennen. Ich kann nicht sagen, dass dies eine bewusste Entscheidung war, dafür war ich zu klein. Ich wollte auf jeden Fall kein Fleisch mehr essen. Damals musste man ja alles, was auf dem Teller war, aufessen. Und so lief ich manchmal heimlich auf die Toilette und spuckte das Fleisch, das ich hatte essen müssen, ins Klo. Irgendwann ist meine Mutter dahintergekommen, und das Geschrei war groß.

Ich kann nicht mehr benennen, wann ich wieder mit dem Fleischessen angefangen habe. Irgendwann waren Hunger und Appetit auf ein Würstel einfach wieder da, und es schmeckte mir. Trotzdem esse ich bis heute sehr wenig Fleisch, und wenn, dann nur aus artgerechter Haltung.

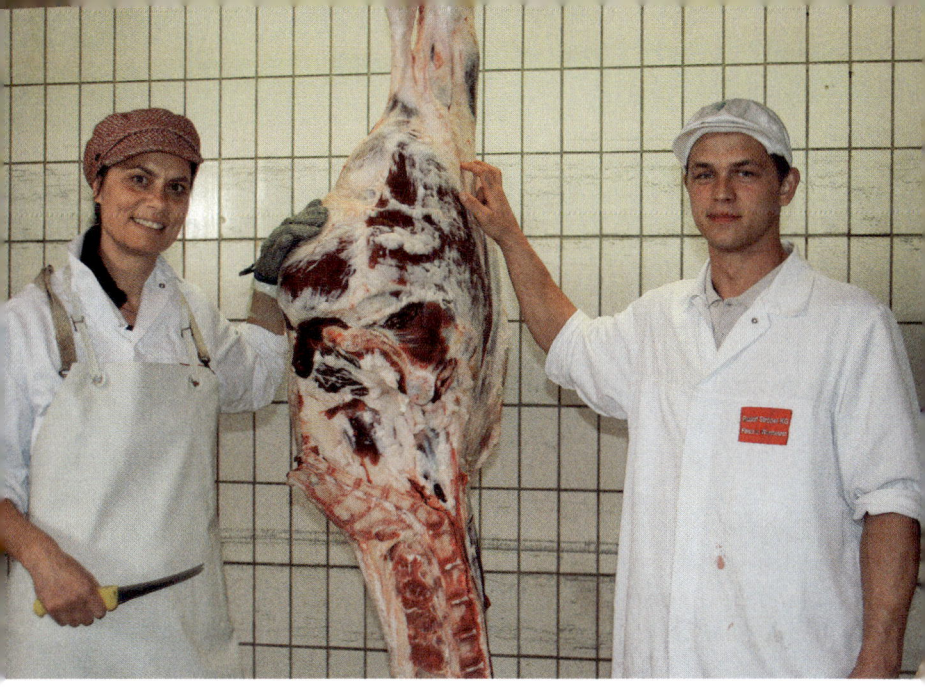

Schlachten gehört dazu, wenn wir Fleisch essen wollen. Für mich ist es eine Sache der Ehrlichkeit, das offen zu zeigen und das Tier, das uns ernährt, zu achten.

Erleben, wo das Fleisch herkommt

Wieder viele Jahre später, als ich mich für meine Fernsehsendung »Die kulinarischen Abenteuer der Sarah Wiener« auf den Weg zum Ursprung der Lebensmittel machte, habe ich selbst geschlachtet. Das schien mir nur konsequent, da ich nicht mehr Vegetarierin war. Ich wollte es wissen. Ich wollte ehrlich sein. Wenn ich schon Fleisch aß, konnte ich doch nicht so tun, als müssten keine Tiere dafür sterben. Ich hätte mich auch weigern können, schließlich war es meine Sendung, und es stand mir jederzeit frei, irgendetwas nicht zu tun. Trotzdem wollte ich den Zuschauer gern mitnehmen. Er sollte durch meine Augen sehen und hautnah erleben, wie es ist, wenn man Hühner ersticht oder durch Strom betäubt, Hirsche und Wildvögel jagt und schießt. Wer Fleisch essen will, muss Tiere töten. Aber dass sie geschlachtet werden, blenden wir nur zu gerne aus.

Ein einschneidendes Erlebnis im wahrsten Sinne ... Als Mamsell in »Abenteuer 1900, Leben im Gutshaus« schlachte ich mein erstes Huhn.

Nichts soll mehr daran erinnern, dass das Filet einmal ein Tier war, kein Knochen, keine Sehne darf zu sehen sein. Das Fleisch wird in gleich großen Teilen abgepackt, damit es an eine x-beliebige Industrieware erinnert. Als Köchin habe ich anfangs viel Fleisch verarbeitet, und dessen Ursprung war mir selten bekannt. Fleisch ist so billig, dass ich es nicht mehr wirklich wertgeschätzt habe. Mich trieb nur die Frage: »Worauf habe ich heute Lust, was kitzelt meinen Gaumen?« Durch meine Erfahrungen bei den »kulinarischen Abenteuern« habe ich mir selbst wieder Respekt und Ehrfurcht vor dem hochwertigsten Lebensmittel verschafft, das wir haben: Fleisch.

»Meine« Tiere dagegen, also die, die ich schlachten musste, hatten eine menschliche Bezugsperson oder ein freies Leben in der Wildnis. Allerdings wurde es für mich mit den Jahren immer schwieriger, Tiere zu töten. Als ich 2004 in der Dokuserie »Abenteuer 1900 – Leben im Gutshaus« die gestrenge Mamsell verkörperte, die für die Küche und den gesamten Haushalt zuständig war, und zwei Monate lang so lebte wie vor hundert Jahren, nahm mich und das andere »Gesinde« die Hausschlachtung eines Schweins sehr mit. Ich schlachtete damals auch mein erstes Huhn und hatte dabei wahrscheinlich genauso viel Stress wie das Huhn. Es war ein einschneidendes Erlebnis. Da wir aber schon einige Wochen kein Fleisch gegessen hatten und unser Appetit so riesig war, war dieses Tier im Handumdrehen einfach nur noch ein Stück Fleisch, und ich freute

Die Noir-de-Bigorre-Schweine stammen aus den Pyrenäen. Das natürliche Nahrungsangebot mit Eicheln, Kastanien und Oliven verleiht ihrem Fleisch eine köstliche nussige Note.

mich darauf, endlich in einen Schenkel beißen zu können. Wir alle hatten Hunger. Deshalb erschien das Schlachten als eine unangenehme, aber logische Notwendigkeit, die mich nicht in einen Gewissenskonflikt stürzte.

Später war das anders. Im Grunde genommen war ich ja satt und zufrieden. Ich hatte doch alles. Der Tod meiner Tiere hat mich lang beschäftigt, und auch heute stehe ich dem Fleischkonsum indifferent gegenüber. Zumindest habe ich in den letzten Jahren noch weniger Fleisch gegessen als vorher. Und in den besten aller Welten würde ich wohl nur noch Wild essen, weil mehr öko und bio gar nicht geht. Wild wächst vollkommen artgerecht auf und stirbt durch einen waidmannsgerechten Schuss in der Regel einen stressfreien Tod.

Auf meinen zahlreichen Reisen bei meinen kulinarischen Abenteuern habe ich Schweine kennengelernt, die verspielt waren wie kleine Kinder. Oder sich würdig grunzend abgewendet haben, wenn ich sie zu mir locken wollte, ohne einen rechten Anlass zu liefern. Ich habe Schweinen die Schwarte geschrubbt und beobachtet, wie sie erst einmal das von mir angebotene Futter untersucht haben, um herauszufinden, wo es das beste gibt und wie viel davon. Ich habe in den Pyrenäen Schwarze Schweine kennengelernt, die in der Früh majestätisch aus dem Stall getreten sind, auf dem Hof ihre Morgentoilette verrichteten, um dann wieder in den sauberen Stall zurückzukehren. Schweine sind schlau, sozial und sensibel. Es gibt so spannende und eigenartige Schweinerassen, dass ich, ohne zu zögern, sage: Schweine sind neben Bienen und Hühnern meine Lieblingstiere. Eine logische Folge ist wohl, dass ich sehr selten Schweinefleisch esse.

Wir brauchen bessere Bedingungen für das Schlachten

Für Tiere bedeutet es enormen Stress, auf der Weide oder im Stall eingefangen und auf einen Transporter verladen zu werden. Der Transport zum Schlachthaus ist dann die reinste Folter! Deshalb meine ich, wir sollten den Weideschuss fördern, die stressärmste Schlachtmethode für das Weidevieh. Dabei werden die Tiere in ihrer gewohnten Umgebung auf der Weide durch Kugelschuss betäubt und dann sofort zum Schlachten gebracht. Ich hoffe auch darauf, dass es wieder bald mehr mobile Metzger gibt. Damit könnte die Verschickung in anonyme, weit entfernte Schlachtereien, die zigtausend Tiere im Akkord töten, endlich ein Ende haben.

Mittlerweile gibt es einige Bauern, die ihre Kühe, Schafe und Schweine das ganze Jahr über im Freiland halten. Und wenn dies nicht gerade ein öder Acker oder eine Betonfläche ist, dann ist es eine Freude, diesen Tieren zuzusehen. Ich war mittlerweile bei unzähligen Bauern, die sich für alte Tierzuchtrassen einsetzen, diese pflegen und fördern. Ich habe Schwäbisch-hällische Schweine in den Alpen

Das Bayerische Waldschaf ist wegen seines relativ kleinen Wuchses für die kommerzielle Zucht nicht interessant. Doch Gourmets loben seine besondere Fleischqualität.

herumspringen sehen und Mangalitzaschweine am Neusiedlersee, zottelige Kühe in Brandenburg und Waldschafe in Bayern. In England hat ein Schweineliebhaber die Rasse der Cornish Black Pigs vor dem Aussterben bewahrt. Diese alten Rassen sind sehr widerstandsfähig und weniger anfällig gegenüber Temperaturschwankungen, Parasiten und Stress. Alte Tierrassen, sei es vom Schwein, vom Rind oder vom Huhn, sind oft vom Aussterben bedroht. Zum Glück gibt es engagierte Züchter und Privatleute, die dabei helfen, einige Rassen zu bewahren.

Geschmacklich spielt es für Fleisch eine große Rolle, wie das Tier gehalten wurde und von welcher Rasse es abstammt. Werden die Tiere auf der Weide gehalten und dürfen in ihrem Tempo heranwachsen, entwickeln alte Rassen mehr Fett als Neuzüchtungen. Allerdings dauert es länger, und sie setzen weniger Fleisch an. Und sie lassen sich oft nicht im Käfig halten. Das sind die Gründe, warum alte Rassen aus der Mode kamen. Nur ein Feinschmecker weiß, was das für ein Drama ist und was uns entgeht! Zum einen ist Fett ein optimaler Geschmacksträger, und unser Körper braucht Fett zum Überleben. Zum anderen ist Fett ein wunderbarer, vielseitiger Konservierungsstoff. Früher hat man beispielsweise die meisten Mehlspeisen in Schweineschmalz oder Rindertalg ausgebacken. Die Franzosen benutzen heute noch oft Gänse- oder Entenschmalz, um Fleischstücke einzulegen oder süße Speisen zu verfeinern.

Fleisch genießen

Erinnern wir uns. Oder fragen Sie Ihre Eltern: Vor nicht allzu langer Zeit hat man Fleisch nur in Form eines Sonntagbratens gegessen, und immer bekam »Vati« oder »Opa« das beste Stück … nun ja. Was übrig blieb, wanderte in den Eintopf. Fleisch war keine billige Massenware, das Schlachten war ein seltenes Fest. Die Zubereitung von Fleischgerichten dauerte in der Regel einige Stunden. Man ehrte das Tier und den Koch, der meist eine Köchin war, und stand glückselig von der festlichen Tafel auf. Das Ergebnis ist eine bis heute anhaltende kollektive Sehnsucht nach Schweinebraten und Tafelspitz.

Heute gibt es in jedem Supermarkt eine gut bestückte Fleischtheke, die Preise sind niedrig. Daher steht Fleisch viel zu oft auf dem Speiseplan. Essen wir lieber seltener Fleisch, dann aber welches von guter Qualität. Dann darf und muss es auch etwas teurer sein. So komisch es klingt: Durch das Essen von seltenen Tieren bewahren wir sie vor dem Aussterben.

- Ich kaufe für zu Hause immer sehr knapp Fleisch ein, denn gutes Fleisch hat seinen Preis. Fleisch dient mir als Beilage zu Gemüse und Getreide und nicht umgekehrt. Außerdem kaufe ich nur Fleisch aus artgerechter Tierhaltung, am besten aus der Region, von einem Bauern bzw. Metzger, dem ich vertraue.
- Sollte doch einmal Fleisch übrig bleiben: Rohes Fleisch ist sehr anfällig für Bakterien und verdirbt schnell. Haltbarer wird es durch Einsalzen, Braten, Schmoren und Kochen. Garen Sie das Fleisch immer ganz durch! Dann kann man köstliche Dinge daraus zaubern: Füllungen für Gemüse und Knödel, Pasteten und Strudel. Aus gehacktem oder klein geschnittenem Fleisch kann man wunderbar Suppeneinlagen und Aufläufe machen. Es ist erstaunlich, wie wenig Fleisch man letztlich braucht, um wunderbare Fleischgerichte zu zaubern.
- In den letzten Jahren ist es in Mode gekommen, das Fleisch halb roh, blutig, rosafarben oder sogar ganz roh zu servieren. Ich bin und war nie ein Freund davon. In erster Linie, weil ich

Sarah Wieners Schweinebraten

Für 4 Personen

1 Schweinenacken mit Knochen (ca. 1,5 bis 2 kg)
Salz
Pfeffer aus der Mühle
Butterschmalz oder Sonnenblumenöl
10 Knoblauchzehen
6 EL ganzer Kümmel
Fleischbrühe (notfalls warmes Wasser)

Den Backofen auf 180 °C vorheizen. Schweinenacken auslösen, wenn man mag (den Knochen auf jeden Fall mitschmoren für den Saft). Salzen, pfeffern und in heißem Butterschmalz oder Öl von allen Seiten anbraten.

Knoblauch zerdrücken und auf dem Nacken verteilen, Kümmel darüberstreuen. Den Braten in den heißen Ofen schieben und 45 Minuten garen. Von Zeit zu Zeit mit heißer Fleischbrühe großzügig übergießen.

Den fertigen Braten aus dem Ofen nehmen und servieren. Der Bratensaft ist die Sauce und wird nicht gebunden.

Tipp
Dazu schmecken Sauerkraut und Semmelknödel.

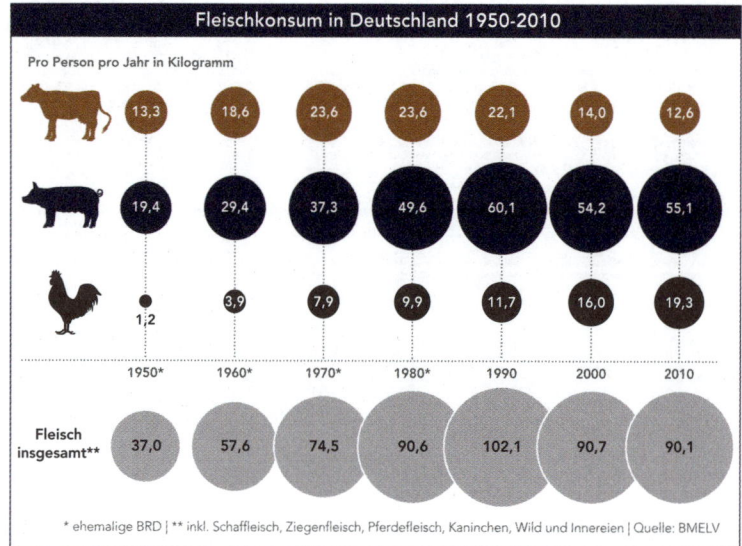

Fleischkonsum in Deutschland 1950-2010

Pro Person pro Jahr in Kilogramm

	1950*	1960*	1970*	1980*	1990	2000	2010
Rind	13,3	18,6	23,6	23,6	22,1	14,0	12,6
Schwein	19,4	29,4	37,3	49,6	60,1	54,2	55,1
Geflügel	1,2	3,9	7,9	9,9	11,7	16,0	19,3
Fleisch insgesamt**	37,0	57,6	74,5	90,6	102,1	90,7	90,1

* ehemalige BRD | ** inkl. Schaffleisch, Ziegenfleisch, Pferdefleisch, Kaninchen, Wild und Innereien | Quelle: BMELV

Das Schwein ist das Lieblingstier der Deutschen auf dem Teller, auch Geflügel wird immer beliebter.

Misstrauen in die absolute Frische und Qualität von rohem Fleisch habe. Wenn ich den Bauern, bei dem die Tiere gelebt haben, nicht persönlich kenne, esse ich prinzipiell kein rohes Fleisch.

- Wenn Sie das große Glück haben, Zugang zu Fleisch von einer alten Rasse zu bekommen, empfehle ich Ihnen dringend, das Fett separat auszulassen und in Gläsern zu Schmalz erstarren zu lassen. Dieses Fett ist oft viel schmackhafter als das von Neuzüchtungen – ein purer Genuss. Eine solche Köstlichkeit streiche ich mir manches Mal hauchdünn aufs Brot, streue ein wenig Salz darüber und genieße! So ein wunderbares Schmalzglas hält sich sechs bis zwölf Monate.

Über Geschmacksbildung

Was meine kindliche Vorliebe für bestimmte Speisen anbelangt, lässt sich nur so viel sagen: Ich war ein absolut normales Kind. Ich hätte jetzt gern geschrieben, dass ich schon als Kleinkind am liebsten Spargel und Artischocken gegessen habe. Die Wahrheit ist: So wie alle Kinder hatte ich eine Schwäche für Süßes und konnte zum Beispiel kräftigen Käse nicht ausstehen.

In meinen Kochkursen für Kinder habe ich die Erfahrung gemacht, dass die Entdeckung der Geschmackswelten in etwa der Entdeckung und Ausdehnung des eigenen Ichs entspricht; zu viele unterschiedliche Geschmackserlebnisse verwirren die meisten Kinder und Jugendlichen. Daher mögen Kinder es gern übersichtlich und klar. Viele stören sich an Kräutern im Essen oder picken sich nur gelbes und rotes Gemüse heraus. Warum viele Kinder eine Abneigung gegen Grünes im Essen haben, wissen die Experten nicht so ganz genau. Aber viele Wissenschaftler gehen davon aus, dass die Aversion eine Art Überlebensinstinkt ist. Ganz früher bedeutete »grün« nämlich vor allen Dingen »giftig«, »unreif« oder auch einfach nur »ungenießbar«. Der US-amerikanische Professor Paul Rozin nennt das sogar den »Sicherheitsgeschmack der Evolution«.

Gut kochen fängt mit gut einkaufen an. Hier ein Marktbesuch in meiner Fernsehserie »Sarah und die Küchenkinder«.

Man sollte aber die anfängliche Skepsis oder Ablehnung nicht als für immer gegeben ansehen. Wie viele andere Dinge auch muss man Geschmack regelrecht erlernen. Deswegen koche ich ganz normal, also kein typisches Kinderessen, und fordere die Kinder immer wieder zum Probieren auf. Völlig falsch ist der vorauseilende Gehorsam: Mein Kind isst ja eh nur bestimmte Sachen, deswegen passe ich meine Gerichte an. Ich stehe auf dem Standpunkt: Kinder lernen von Erwachsenen. Diese tragen für die Kinder die Verantwortung und legen die Regeln fest. Wenn ich Kinder mitkochen lasse, so meine Erfahrung, dann essen sie in der Regel ihr eigenes Werk – und das mit Stolz.

Meine Freundin Katharina hat eine erwachsene Tochter, Anna, die ich sehr mag. Als sie klein war, hatte ich allerdings meine Mühe mit ihr. Anna hatte schnell erkannt, dass sie das Essen als Kriegsschauplatz für unbearbeitete Konflikte nutzen konnte. Sie hatte gemerkt, wie besorgt ihre Eltern waren, wenn sie deren Meinung nach nicht genügend aß. Ihre Eltern versuchten jeden Löffel mit abenteuerlichen, wortreichen Spielen und Märchen in ihren Mund zu befördern. Mit der Zeit hatte Anna daraus ein regelrechtes Theater inszeniert. Sie aß nur noch, wenn der Vater dabei ein bestimmtes Lied sang oder die Mutter vor jedem Löffel eine Pirouette drehte. Eine andere Mutter fährt zweimal in der Woche eine Stunde lang zu einem bestimmten Metzger, weil es nur dort die Würste gibt, die ihr Sohn so gerne isst. Eigenartig finde ich auch, dass Eltern ihren Kindern, egal welchen Alters, nicht die Hoheit über deren Besteck lassen. Kinder sollten von klein auf in ihrem eigenen Tempo mit ihren Händen und Besteck essen dürfen.

Offenbar treibt uns eine diffuse Angst um, unsere Kinder oder wir könnten jederzeit verhungern, obwohl genügend Nahrung zur Verfügung steht. Doch in unseren Breitengraden verhungern Kinder eher selten und sicher nicht dann, wenn sie sich weigern ihr Mittagessen zu essen. Seien Sie aber konsequent: Dann gibt's auch kein Dessert und keine Pizza als Zwischensnack. Und entspannen Sie sich! Nur dann wird Ihr Kind ein normales Verhältnis zu Lebensmitteln entwickeln können.

Tischgespräch
mit Dario Sarmadi

Dario Sarmadi ist seit Anfang 2016 Pressesprecher bei der Verbraucherrechtsorganisation foodwatch. Zuvor arbeitete der 31-Jährige als freier Journalist zu den Themen Ernährung, Entwicklungspolitik und Klimapolitik.
foodwatch entlarvt die verbraucherfeindlichen Praktiken der Lebensmittelindustrie und kämpft für das Recht der Verbraucher auf qualitativ gute, gesundheitlich unbedenkliche und ehrliche Lebensmittel. Das Thema Kinderernährung ist eines der zentralen Anliegen von foodwatch. Der gemeinnützige Verein ist unabhängig vom Staat und von der Lebensmittelwirtschaft und finanziert sich aus Förderbeiträgen und Spenden.

Sarah Wiener: Lieber Herr Sarmadi, was sind eigentlich Kindernahrungsmittel und unterscheiden sich diese von »normalen« Nahrungsmitteln?
Dario Sarmadi: Es gibt keine gesetzliche Definition von Kinderlebensmitteln. Wir von foodwatch identifizieren Kinderprodukte dann, wenn sie sich in ihrer Aufmachung oder Platzierung durch den Hersteller explizit an Kinder richten. Das ist der Fall, wenn die Verpackung mit Hilfe von Comic- oder anderen bei Kindern beliebten Figuren gestaltet ist, das Produkt mit Gewinnspielen für Spielzeug, Freizeitparks etc. vermarktet wird, der Hersteller das Lebensmittel ausdrücklich als Kinderprodukt auslobt (zum Beispiel »Kinder«, »Kids« oder »für Groß und Klein«) sowie mit Hilfe von Spielen und Aktivitäten beworben werden (Spielzeugbeigaben, Tipps für Schulreferate etc.). Klar zu unterscheiden von Kinderlebensmitteln ist Babynahrung.

foodwatch hat in einem umfassenden Marktcheck 2011–2012 festgestellt, dass ein Großteil (über 70 Prozent) der Kinderlebensmittel süße und fettige Snacks sind. Dominiert wird der Markt für Kinderprodukte besonders von Süßwaren, süßen Frühstücksflocken, süßen Getränken und gesüßten Milchprodukten.

Brauchen wir denn besondere Nahrungsmittel für unseren Nachwuchs?

Tatsächlich benötigen Kinder und Jugendliche überhaupt keine speziellen Lebensmittel. Das hat auch die Deutsche Gesellschaft für Ernährung (DGE) bereits im Jahr 2000 festgestellt: »Es besteht keine ernährungsphysiologische Notwendigkeit, Kindern nach dem 1. Lebensjahr spezielle Lebensmittel zu geben. Kinder können und sollen ab diesem Alter am normalen Familienessen teilnehmen.«

Dennoch erweckt die Industrie einen gegenteiligen Eindruck: Kinderlebensmittel sind auf vermeintlich spezielle Bedürfnisse von Kindern abgestimmt, zum Beispiel durch ihren besonderen Reichtum an Vitaminen oder Kalzium. Dazu werden den häufig überzuckerten oder fettigen Snacks künstlich Vitamine zugeführt und sie werden als besonders gesund beworben.

Wieso gibt es dann trotzdem so viele Kindernahrungsmittel auf dem Markt?

Ob Süßigkeiten oder Frühstücksflocken, Softdrinks, Joghurt oder Tiefkühlpizza – je früher Kinder Präferenzen für Marken und Geschmack ausbilden und je früher sie auch noch selbstständig über den Kauf entscheiden und sogar mit eigenem Geld dafür bezahlen können, umso interessanter sind sie für Hersteller und Händler.

Längst bilden Kinder und Jugendliche ein eigenes Marktsegment, das kaum ein Unternehmen mehr unbeachtet lassen kann, wenn es sich behaupten will. Laut Dr. Tobias Effertz vom Institut Recht der Wirtschaft der Universität Hamburg sind Kinder und Jugendliche unter allen Konsumentengruppen sogar die wichtigste Zielgruppe für Lebensmittelhersteller: »Denn wenn man sie dem Wettbewerber überlässt, hat man sie möglicherweise für immer verloren. Jüngere Zielgruppen sind für ein Unternehmen ein größerer Hebel als jede andere Zielgruppe.« (Zitat aus einem persönlichen Gespräch mit foodwatch am 16.02.2011)

Und was hat foodwatch zur Qualität der Kinderlebensmittel und in Bezug auf Inhaltsstoffe herausgefunden?

Kinderlebensmittel sind meist stark zucker- oder fetthaltig, aromatisiert und häufig stark verarbeitet. Und das gilt keinesfalls nur für klassische Süßigkeiten – auch Lebensmittel, die ausgewogen sein könnten, sind fast immer Kalorienbomben. Zu diesem Ergebnis kommt ein foodwatch-Marktcheck, den wir 2011–2012 durchgeführt haben. Wir haben insgesamt 1.514 Produkte unter die Lupe genommen und mit Hilfe der Ernährungspyramide des vom Bundesverbraucherministerium geförderten Vereins »aid infodienst Ernährungsdienst, Landwirtschaft, Verbraucherschutz« bewertet: Öle, Fette sowie »süße und fettige Snacks« fallen in die **rote Kategorie** in der Pyramiden-Spitze – sie sollten nur »sparsam« verzehrt werden. Milchprodukte und Fleisch fallen in die **gelbe Ebene** in der Mitte der Pyramide – sie sollten »mäßig« verzehrt werden. Obst, Gemüse, Getreideprodukte, Wasser oder ungesüßte Tees zählen zur **grünen Kategorie** im breiten Pyramidenfuß. Die aid-Empfehlung lautet: »reichlich« verzehren.

Was war das Ergebnis?

1.109 und damit fast drei Viertel der 1.514 Kinderprodukte (73,3 Prozent) fallen nach aid-Kriterien in die »rote« Kategorie der »süßen und fettigen Snacks« – von ihnen sollten Kinder täglich nicht mehr als eine Handvoll essen. 92 Produkte (6 Prozent) gehören in die gelbe Kategorie. Hierzu zählen vorwiegend gezuckerte Milchprodukte. Nur 188 Produkte (12,4 Prozent) können der »grünen« Kategorie zugeordnet werden. Dabei handelt es sich um Obst in verarbeiteter Form (zum Beispiel Apfelmus, Trockenobst), Nudeln, Tomatensauce oder Fruchtsäfte und Saftschorlen, die ausnahmsweise als Ersatz für Obst empfohlen werden.

83 Produkte (5,5 Prozent) fallen in die Zwischenkategorien »gelb-rot«, »grün-rot« und »grün-gelb-rot«. Hierzu zählt der aid sehr fette Fleisch- und Wurstwaren oder Fertiggerichte, die auch Getreide oder Gemüse enthalten, aber ebenfalls nur ab und zu verzehrt werden sollten.

Damit fallen rund 79 Prozent aller untersuchten Lebensmittel zumindest teilweise in die Kategorie »rot«. Es ist praktisch unmöglich, aus dem Angebot, das die Industrie als Kinderprodukte vermarktet, eine ausgewogene Ernährung zusammenzustellen.

Bio-Produkte schneiden dabei übrigens nicht wirklich besser ab: Die deutliche Mehrzahl der Produkte (knapp 58 Prozent) gehört der roten Kategorie an, 29 Prozent werden als grün eingestuft.

Aber zumindest haben viele Konzerne eine Selbstverpflichtung bezüglich Kinderwerbung und Reduktion von Zucker, Salz und Fett in Kindernahrungsmitteln unterzeichnet. Das ist doch ein Schritt in die richtige Richtung, oder?

Das stimmt, allerdings muss man hier etwas differenzieren. Die weltweit führenden Lebensmittelunternehmen haben sich im Jahr 2007 freiwillig dazu verpflichtet, ihr Marketing verantwortungsvoller zu gestalten: »We will change our food advertising to children«, lautet das Versprechen des sogenannten EU Pledge. Konkret haben sich die Unterzeichner zu folgenden »Commitments« verpflichtet:

- Keine Produktwerbung an Kinder unter 12 Jahren. Ausgenommen sind Produkte, die die Nährwertanforderungen des EU Pledge erfüllen. Als »an Kinder unter 12 Jahren gerichtete Werbung« definiert die Selbstverpflichtung alle Medien, bei denen Kinder unter 12 Jahren mindestens 35 Prozent der Zuschauer ausmachen.

- Keine Produktkommunikation in Grundschulen, außer, wenn dies edukativen Zwecken dient und ausdrücklich von der Schulleitung nachgefragt oder mit ihr abgesprochen wurde.

Von der Selbstverpflichtung ausgenommen sind und bleiben die Verpackungsgestaltung, Marketing-Aktivitäten am Verkaufsort

(POS-Marketing) und Sponsoring. Zudem sind eigens als Werbe-
maskottchen kreierte Comicfiguren weiterhin nicht von den oben
genannten selbst auferlegten Beschränkungen betroffen.

Leider hat sich der EU Pledge als unzureichend erwiesen, wie auch
eine foodwatch-Studie aus dem Jahr 2015 beweist. foodwatch hat
in der Studie überprüft, ob die Selbstverpflichtungserklärung dazu
geführt hat, dass tatsächlich nur noch ausgewogene Lebensmittel
an Kinder vermarktet werden. Dazu wurden alle in Deutschland an
Kinder vermarkteten Produkte derjenigen Hersteller unter die Lupe
genommen, die den »EU Pledge« unterzeichnet haben – unter anderem Kellogg's, Ferrero, Danone, Nestlé und Coca-Cola. Die
Nährstoffzusammensetzung aller Produkte, die sich in Marketing
oder Werbung direkt an Kinder richten, wurde mit den Anforderungen der Weltgesundheitsorganisation an ernährungsphysiologisch
ausgewogene Lebensmittel abgeglichen. Das WHO-Regionalbüro
für Europa (WHO/Europa) hatte Anfang 2015 Empfehlungen für die

**Der Zuckerverbrauch ist leicht rückläufig, aber immer noch ungesund hoch.
Den Konsum von verstecktem Zucker (z.B. in viel zu süßen Getränken oder
industriell verarbeiteter Nahrung) könnten wir leicht reduzieren und dabei
an Geschmack und Genuss gewinnen.**

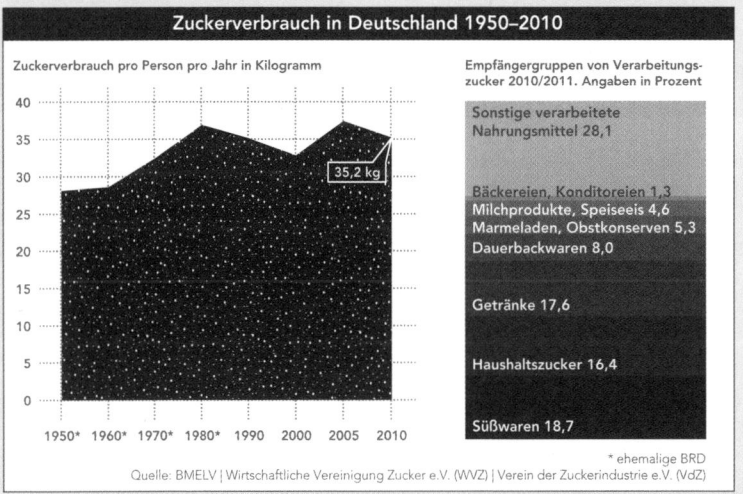

Zuckerverbrauch in Deutschland 1950–2010

Zuckerverbrauch pro Person pro Jahr in Kilogramm

Empfängergruppen von Verarbeitungs-
zucker 2010/2011. Angaben in Prozent

35,2 kg

Sonstige verarbeitete
Nahrungsmittel 28,1

Bäckereien, Konditoreien 1,3
Milchprodukte, Speiseeis 4,6
Marmeladen, Obstkonserven 5,3
Dauerbackwaren 8,0

Getränke 17,6

Haushaltszucker 16,4

Süßwaren 18,7

1950* 1960* 1970* 1980* 1990 2000 2005 2010

* ehemalige BRD

Quelle: BMELV | Wirtschaftliche Vereinigung Zucker e.V. (WVZ) | Verein der Zuckerindustrie e.V. (VdZ)

Beschränkung von Kindermarketing veröffentlicht. In diesem soge-nannten »nutrient profile model« werden Lebensmittel nach Kate-gorien anhand ihrer Nährwertzusammensetzung dahingehend be-wertet, ob sie sich im Marketing an Kinder richten sollten oder nicht. Dabei spielen die Anteile von Fett, gesättigten Fettsäuren, Zucker und Salz, aber auch der Kaloriengehalt, Zuckerzusätze und zugefügte Süßstoffe eine Rolle. Die Empfehlungen der WHO/Eu-ropa: Nur die nach diesem Modell als ernährungsphysiologisch ausgewogen geltenden Produkte dürften an Kinder vermarktet werden.

Das Ergebnis der foodwatch-Studie ist eindeutig: Von insgesamt 281 Produkten im Test erfüllen nur 29 die WHO-Kriterien. **90 Pro-zent** (252) der Lebensmittel sollten nach Meinung der Gesund-heitsexperten hingegen **nicht** an Kinder vermarktet werden. Das deutliche Ergebnis zeigt, dass die freiwillige Selbstverpflichtung der Lebensmittelindustrie auch acht Jahre nach Unterzeichnung nicht zu einem verantwortungsvollen Lebensmittelmarketing für Kinder geführt hat.

Unser Fazit lautet daher: Mit wohlklingenden Selbstverpflichtun-gen inszeniert sich die Lebensmittelbranche als Vorreiter im Kampf gegen Übergewicht und Fehlernährung – und vermarktet gleich-zeitig tonnenweise Süßigkeiten und Junkfood gezielt an Kinder. Ein trauriges PR-Manöver, das nur von der eigenen Verantwortung ablenken soll. Die Lebensmittelwirtschaft ist nicht Teil der Lösung, sondern Kern des Problems. Wir fordern: Das Bundesgesundheits-ministerium und das Bundesernährungsministerium dürfen an Kin-der gerichtetes Marketing nur noch für Lebensmittel erlauben, die den WHO-Kriterien entsprechen.

Lieber Herr Sarmadi, vielen Dank für das Gespräch und das kla-re Fazit!

Es lebe die Kreativität

Ich weiß nicht mehr genau, wann und wo ich Lojze Wieser kennengelernt habe, ob es in Wien war oder in Berlin. Eines war auf jeden Fall gleich klar: Wir hatten eine gemeinsame Leidenschaft – Kochen und Essen. Wann immer wir uns sahen, palaverten wir über bestimmte Essregionen, über Rezepte und gute Einkaufsquellen. Wir tauschten Kochbücher und Geschmackserlebnisse wie andere Leute Briefmarken.

Als ich dann angefangen habe, dieses Buch zu schreiben, fuhr ich mit meiner Familie bei Lojze in Kärnten vorbei, und wir aßen dort ein unvergleichliches Lamm, von dem mein Sohn behauptet, es sei das beste Lamm seines Lebens gewesen. Das lasse ich jetzt als kochende Mutter mal so stehen und will glauben, dass das lediglich auf die einzigartige Qualität von Lojzes Lamm zurückzuführen war.

Bei dieser wie bei vielen anderen Gelegenheiten haben wir uns in den Schilderungen aller möglichen Speisen verloren und festgestellt, dass viele Köstlichkeiten ein unverdientes Schattendasein führen. Ganz vorneweg die völlig unterschätzten Innereien. Aber auch das Resteessen, das früher mal eine bunte und große Tradition hatte, ist so gut wie verloren gegangen. Umso bereichernder war mein anschließender Briefwechsel mit Lojze.

Lojze beim Grillen eines Lamms.
Mit bester Qualität und traditioneller Zubereitung zaubert er ein Festessen.

Briefwechsel
mit Lojze Wieser

 **Lojze Wieser** lebt als Verleger, Herausgeber und Autor in Klagenfurt/Celovec. Schwerpunkt seines Programms ist die südosteuropäische Literatur. Seit der Gründung des Verlags 1987 erschienen über 900 Titel, sowohl Sachbücher als auch Belletristik.[*] Er selbst ist Autor von Büchern über Essen und Ernährung wie beispielsweise »Die Zunge reicht weiter als die Hand. Anmerkungen eines Grenzverlegers« und »Kochen unter anderen Sternen. Geschichten über entlegene Speisen«.

Juni 2012

Lieber Lojze,

ich denke immer wieder an unser köstliches Lammmahl zurück, als wir auf dem Weg nach Slowenien waren. Wir haben damals viel über die Resteküche gesprochen, erinnerst Du Dich? Was hast Du eigentlich damals mit den Resten von unserem Festmahl gemacht? Und: Hast Du eigentlich ein Lieblings-Restlgericht?
Ich liebe ja die süßen Varianten mit alten Semmeln, aus denen ich etwas backe. Es leben die österreichischen Mehlspeisen! Oder ich mache literweise geröstete Grießsuppe. Herrlich!

---

[*] www.wieser-verlag.com

Wer hat Dir denn eigentlich das Kochen beigebracht? Und: Wo gehst Du einkaufen und wie hast Du zu Deinem Geschmack gefunden?
Ich grüble über mein Buchkonzept nach ... so komplex ... Hilfe!
Erst mal gute Nacht,
Sarah

Liebe Sarah,

vielen Dank für Deinen Brief. Ich habe noch einmal über Deine Buch-Idee nachgedacht und finde, es trifft den Nerv der Zeit, was Du da machst. Auch entspricht es meinen inneren Wünschen und Anliegen, mit Essen umzugehen und so vielleicht einen Beitrag zu einer besseren Welt leisten zu können.

Ja, unser Lammessen ... da improvisiere ich gerne ein wenig: Für das, was von so einem Mahl übrig bleibt, schneide ich die Reststücke vom Fleisch klein, vermenge es mit dem garen Reis und gebe noch, wenn nötig, ein wenig Butter dazu. Das eine und andere Mal mische ich auch fein geschnittene, frische Kräuter oder getrocknete Tomaten darunter und serviere es wie Reisfleisch mit einem Salat. Das geschieht eher alles intuitiv, wie's kommt.

Das Fleisch hole ich immer bei »meinem« Bauern ein, zweimal Zicklein, ein Lamm, vom Rind gute Stücke und solche, die andere nicht verwenden. Ich fange das Blut von der Ziege auf und mache daraus kleine Blutwürste, da das Blut der Ziege das gesündeste ist, wie die Rehleber, die Antikrebsstoffe in sich hat. Ich bekomme auch von einem Schlachter, mit dem ich aufgewachsen bin, oft Teile, die man heutzutage nicht mehr erhält. Und ich experimentiere natürlich auch mit anderen Gewürzen und Küchenerfahrungen, denen ich auf Reisen begegne. Damit variiere ich meine heimischen Produkte und Geschmäcker.

Wie ich zum Kochen kam? Dazu schreibe ich Dir nächstens.

Mein Geschmack ist durch meine Kindheit geprägt. Mit zwölf habe ich der Mutter die erste Torte zum Muttertag gemacht, wobei das Süße nie so meine Sache war, ich war eher der Fleischesser. Dann habe ich sogar eine Weile Koch gelernt, weil ich mit dreizehn Jahren meinte, ich werde Koch. Zwei Jahre später war der Wunsch dann verflogen. Der Wissensdurst war über mich gekommen, und ich ging weg von Klagenfurt nach Wien.

Geld hatte ich nie viel; ich habe eigentlich von dem gelebt, was ich von zu Hause mitbekam: Schmalz, Grammeln*, Speck, Marmelade, Obst und später, als wir eine Kühltruhe hatten, auch eingefrorenes Schweinefleisch. Das habe ich in Zeitungspapier gepackt und gehofft, dass es auf der Fahrt bis nach Wien nicht auftaut, und wenn, so habe ich's rasch verkochen müssen und dann eine Woche davon gelebt.

Einmal in der Woche habe ich mir ein Menü in der Riemergasse gönnen können, um 3,50 Schilling, drei Gänge. Der Ober hat beim Servieren immer die halbe Suppe ausgeschüttet, weil er schon so alt war und so gezittert hat. Aber die Bude war gedroschen voll.

Später habe ich meine Lieben bekocht. Neugierig war ich immer, und experimentiert habe ich auch stets.

Ich umarme Dich.

Herzlichst,

Lojze

Lieber Lojze,

so schön! Danke. Wie hältst Du es denn mit altem Brot? Und denkst Du daran, mir noch weiter zu erzählen, wie Du zum Kochen kamst? Meine Geschichte kennst Du ja schon. Kochende Männer in Deinem Alter sind aber doch leider eher rar.
Allerherzlichst,
Deine Sarah, heute nicht mehr so hungrig

---

* Grammeln sind Grieben, also der Rückstand von ausgelassenem Schweinespeck

Verwertung von Brotresten nach Lojze Wieser

Selbst gemachtes Knödelbrot

Nachdem immer wieder Brotrestln übrig bleiben, schneide ich die, solange sie noch relativ weich sind, in kleine Würfel und trockne sie im Ofen bei kleiner Hitze, etwa 50 °C, für höchstens 20 Minuten. Ich lasse sie dann im Ofen auskühlen und wiederhole die ganze Prozedur noch ein oder zwei Mal, bis die Brösel staubtrocken sind. Dann gebe ich sie in ein großes Papiersackerl und hebe sie so auf. Wenn eine genügend große Menge zusammen ist, mache ich daraus Semmelknödel, entweder aus Weißbrot oder aus Weiß- und dunklem Brot gemischt oder auch nur aus dunklem Brot.

Semmelknödel aus altem weißen und/oder dunklen Brot

Dazu schütte ich das Semmelbrot in eine große Schüssel und weiche es mit Milch und ein wenig Rahm ein. Dann röste ich eine bis drei große, fein geschnittene Zwiebeln in Butter goldbraun und gebe sie über das Semmelbrot. Nun salze und pfeffere ich alles und hacke eine große Menge Petersilie klein – mit Petersilie nicht sparen! Die gebe ich dazu, ebenso wie geriebene Muskatnuss und drei Eier. Daraus forme ich kleine Knödel und wälze sie in Dinkelmehl. Dann bringe ich viel Wasser mit etwas Salz in einem großen Topf zum Sieden und lege die Knödel so hinein, dass sie locker nebeneinander zum Schwimmen kommen. Eine halbe bis Dreiviertelstunde sieden. Die Probe aufs Exempel machen, indem man einen Knödel herausnimmt, ihn durchschneidet und sieht, ob er schon gut durch ist. Das merkt man daran, dass der Kern nicht mehr trocken ist. Ist er noch trocken, dann lässt man die Knödel noch ein wenig ziehen.
Den Semmelknödeln aus dunklem Gebäck kann man ein wenig Thymian zur Masse beigeben, damit neutralisiert man einerseits den säuerlichen Geschmack des Brotes und gibt den Knödeln außerdem eine eigene Note. Sie sind mit Sauerkraut mit Grammeln ein eigenständiges Essen, wenn man sie mit Schnittlauch und/oder Petersilie bestreut. Sie können auch gut zu Wild gereicht werden.

Kaspressknödel

Man kann für die Semmelmasse auch Stücke von altem Käse (drei, sechs oder neun Monate alt; am besten wird es, wenn aus jeder Altersstufe ein Käse dazukommt) klein schneiden und sie in die Masse einarbeiten. Damit bekommt man Kaspressknödl, die man flachdrückt wie faschierte Laibchen, also Bouletten. Die brät man dann ganz langsam in Butterschmalz, bis sie goldgelb sind und der Käse feine Fäden zieht. Die reiche ich als Suppeneinlage oder mit Zwiebelsauce und grünem Salat als Hauptspeise.

Gemischte Semmelknödel mit Pilzsauce

Knödel aus weißem und dunklem Brot eignen sich gut als Hauptspeise mit einer Steinpilz-, Champignon- oder Eierschwammerlsauce. Dazu gibt man geputzte Eierschwammerln in eine große Pfanne und erhitzt sie darin ohne Fett und unter Rühren so lange, bis die ganze Flüssigkeit verdampft ist. Dabei soll man sich von den pfeifenden Eierschwammerln nicht irritieren lassen! Kein Öl oder Fett dazugeben und immer wieder umrühren. Sobald sie dunkel und trocken sind, mit genügend Rahm aufgießen, wieder gut umrühren, auf mittlerer Hitze einkochen und am Schluss mit ein wenig Maismehl oder feinem Dinkelmehl eindicken. Dabei nur so viel Mehl verwenden, dass die Sauce bindet. Zum Schluss salzen und pfeffern, mit viel klein gehackter Petersilie vermengen und sofort mit den Semmelknödeln servieren.

Kalbsnieren im Ganzen in Nierenfett

Kalbsnieren im Ganzen, noch von einer guten Schicht Fett umhüllt, im Backofen 20 Minuten bei 200 °C braten und danach noch gut 45 bis 60 Minuten bei 140 °C. Mit einer Nadel einstechen und prüfen, ob die Nieren gar sind. Sind sie noch blutig, 15 Minuten weiterbraten. Nicht zu schnell garen. Dann die ledrige Nierenfettkruste vorsichtig mit einem scharfen Messer ablösen. Die Nieren in 3 Millimeter dünne Scheiben schneiden, auf einen Teller legen und mit geschrotetem Pfeffer und grobem Salz verfeinern. Man kann sie auch mit einem Gemisch aus Soja- und Austernsauce und Sesamöl beträufeln. Dazu reiche ich frische Ciabatta. Schmeckt auch wunderbar auf einem Boden von Kartoffelpüree mit klein gehacktem Giersch, Frauenmantel, Brennnessel und Estragon. Das Nierenfett aufheben und darin frische Pommes frites zubereiten.

Liebe Sarah,

wie geht es Dir? Du wolltest noch weiter wissen, wie ich das Kochen gelernt habe: In den Jahren der Selbstversorgung fing ich an, die von Fett und Schmalz triefenden Speisen in leichtere zu verwandeln, wohl unter dem Einfluss von Barbara, die sich mit meinen traditionellen Kochvarianten nicht zufriedengeben wollte. So fand hier eine Weiterentwicklung statt, die immer wieder zu ihrem Geburtstag ihre besonderen Höhepunkte hatte, wenn ich ihre Geburtstagsfeier als Geschenk an sie unter das Motto: »Sieben Frauen und ein Koch« stellte. Zu ihrem letzten Geburtstag habe ich mit Stephan, meinem Co-Sohn, das Essen dann sogar unter den Titel: »Zwei Köche und vierzehn Frauen« gestellt. Du siehst, alles ist noch ausbaufähig.

Im Zuge meiner Beschäftigung mit den Ursprüngen des Geschmacks war es mir wichtig, der Verarbeitung von allen Teilen eines Lebensmittels, sei es nun fleischlicher oder pflanzlicher Natur, auf die Spur zu kommen. Denn in unseren Breiten hatte sich insbesondere die Verarbeitung von allen Teilen eines Tieres zur reinen Gustostück-Produktion verschoben. Es ging nur noch um Filets, Steaks und Koteletts. Der Rest wanderte in den Müll.

Dann wurden Zubereitungsweisen durch Halbfertig- und Fertigprodukte aus den Supermärkten und Discountern verdrängt. Die Erfahrung des Kochens geriet zunehmend in Vergessenheit und wurde durch bestimmte Moden wie Grillen und Schaukochen verdrängt. Daraus wurde dann ein großes Geschäft gemacht.

In den Küchen gab es irgendwann keine Holzherde mehr. Das Garen und das Verarbeiten von allen Gemüse- und Fleischteilen gab man zugunsten der Inszenierung mit einigen wenigen modischen Zutaten auf. So versickerte allmählich die Erfahrung, wie man etwas zubereitet und welche Zutaten miteinander kombinierbar sind. Jetzt erleben wir ja den Trend, dass man wieder Innereien oder Schweinebacken zubereitet – Letztere schmecken übrigens am besten geschmort, das bringt den vollen Geschmack zutage!

Ich habe den alten Köchinnen, den einfachen Leuten gerne über die Schulter und in die Töpfe geschaut. Und ich habe mir von ihnen erzählen lassen, was sie aus ihrer Gegend wann und wie zubereitet haben und wie sie es aufbewahrten. Denn aus meiner eigenen Kindheit weiß ich noch sehr genau, dass gerade zum Monatsende hin die Zutaten knapp wurden. Dann ging auch das Mehl zur Neige, und es blieben meist nur mehr Polenta und Mehlsuppe neben geselchtem Speck und Verhackertem* zu Brot und Geheimratskäse. Schließlich ging man nur einmal im Monat ins Dorf einkaufen.

Also siehst Du: Die Stufen zum Kochen und zur Bildung des Geschmacks sind wie das Leben selbst vielseitig und von Liebe und Neugier begleitet. Hie und da wurde es eben auch eingefordert und von anderen Menschen beeinflusst.

Und so ist es auch mit den Restln so eine Sache, aber eindeutig steht die Verwendung vom Semmelbrot bei mir immer wieder in der vorderen Reihe. Ich schreibe Dir hier einige Rezepte dazu auf.

Wenn Du die Knödel mit Pilzsauce nicht kennst, musst Du sie unbedingt mal probieren. Ich hatte einmal den Bundeskanzler Gusenbauer, als er noch einer war, zu Besuch. Er hat vier Teller davon verdrückt und erzählt, dass es so schmeckt wie bei seiner Großmutter, die sie auf dieselbe Art gemacht hat.

Ich mache immer lieber kleinere Knödel, wiewohl hie und da auch die faustgroßen Knödel einen Reiz haben, insbesondere wenn man auf einer Alm nach einem langen Marsch Einkehr hält.

Ich umarme Dich und bis bald, freue mich von Dir zu hören und zu lesen!

Herzlichst

Lojze

P.S. Übrigens, probiere einmal den Black Pudding mit Ziegenblut, hell wie Himbeersaft und wunderbar im Geschmack.

---

* Geselchter Speck ist geräucherter Speck; Verhackertes ist Brotaufstrich aus geräuchertem Speck

Lieber Lojze,

danke für Deine Geschichten. Sie sind sehr inspirierend. Meine Güte, mit welchen Knödeln fang ich bloß an?

Ich hebe meine alten Brot- und Semmelreste immer in Beuteln aus unbehandeltem Leinen oder roher Baumwolle auf. Das hält das Brot auch länger frisch und lässt es nicht so leicht schimmeln. Dann schneide ich oft die hellen Semmeln und das Weißbrot in ganz dünne Scheiben und mache daraus Scheiterhaufen oder Brotsalat wie in der Toskana. Manchmal mache ich aber auch einfach Croûtons, also kleine Würfel, die ich in einer Pfanne mit heißem Schmalz und Speck etwas anbrate, und gebe am Ende viel klein gehackte glatte Petersilie dazu. Das ist eine schöne Zutat, um einen Salat oder eine Suppe kräftiger zu machen. Oder ich benutze es als Füllung für Knödel oder Nudeltascherl. Mit dunklem Brot schmeckt das am besten. Dazu Kräuter, angeschwitzte Schalotten und Knoblauch.

Ich mache aus altem Brot aber auch Brotsuppe. In diesem Arme-Leute-Essen steckt ein Geschmack meiner Kindheit.

Keks- und Kuchenreste nehme ich auch gern als süße Brösel für einen neuen Kuchen. Oder ich zerkrümele sie, mische sie mit etwas Butter oder Sahne und kleide damit eine Kuchenform aus. Darauf kommt eine lockere Creme, und darüber streue ich Beeren oder anderes Obst, das gerade Saison hat.

Ach, Lojze. Wie achtlos wir doch mit unseren Lebensmitteln umgehen, wenn ich so nachdenke. Gerade in meiner Generation stellt man sich eher die Frage, warum man so einen Aufwand mit Restln, Backen und Kochen machen soll, wenn man doch an jeder Ecke Riesenstücke von industriell hergestellten Kuchen billigst und frisch kaufen kann. Vielleicht sind ja deshalb viele auch so unglücklich und lethargisch. Ist Dir das auch schon aufgefallen? Denn: Gibt's etwas Schöneres als den Duft eines selbst gebackenen Kuchens? Oder gibt es eine größere Befriedigung, als wenn man aus dem übrig gebliebenen Gemüse von gestern ein überraschend köstliches Gericht zaubert?

**Also, noch mal danke für alles und schlaf gut für heute. Ich bin todmüde, wir haben den ganzen Tag im Wald gedreht.
Deine gähnende Sarah**

Liebe Sarah,
wie herrlich ist es, aus altem Gebäck feine Kuchen zu machen. Ich kann den Duft Deiner süßen Varianten geradezu riechen, wie er durch den Raum zieht und zu Tisch ruft. Und alleine aus Brot und den Brotrestln könnte man ein eigenes Buch machen!
Du kennst doch auch die wunderbare toskanische Ribollita, für die man im irdenen Topf altes Brot wechselweise mit Gemüsesuppe einschichtet und dann in die Speisekammer stellt. So hat man jeden Tag etwas zum Wiederaufkochen.
Oder, wie es bei uns oft gemacht wurde, wenn einer krank war: Altes Brot kochte man in heißem Wasser auf, würzte es mit viel Thymian und salzte es. Wenn alles schön flüssig zerkocht war, quirlte man ein Ei drunter und gab es dem Kranken zur Kräftigung. Roggenbrot eignete sich dazu nicht, weil es zu schwer verdaulich war.
In Butter geröstete Würfel auf einer Dinkelmehlsuppe verbessern diese ungemein, als eigenständiges Essen mit Kräutern habe ich sie allerdings noch nicht probiert.
Zur Kirchweih im August, wenn die Verwandten kamen, haben wir die Würfel für eine Kalbsbratenfülle verwendet und sie mit gerösteten Zwiebeln, klein gewürfeltem Kalbs-, Schweine- oder Rinderherz vermengt und dann gesalzen und gepfeffert. Zum Schluss wurde noch frisch geschnittene Petersilie darunter gemischt. Die Fülle war übrigens auch ohne Fleisch, nur mit Bratensaft und Roten Rohnen und Strankalansalat* eine Wohltat.
Mein Gott, Sarah, und denk nur: Grammelschmalz auf frischem Sauerteigbrot, gesalzen und mit einer zerdrückten Knoblauchzehe – was ist das für ein Genuss! Oder frisches Brot aus dem Backofen, noch leicht warm (und leider auch Magenzwicken verursa-

---

* Rote Rohnen ist Rote Bete; Strankalan sind grüne Bohnen

Sarah Wieners Brotsuppe

Dazu weicht man altes, klein geschnittenes Brot in einer Rinderbouillon ordentlich ein, verrührt es gründlich und passiert es dann eventuell durch ein Sieb. Zum Schluss würze ich die Suppe noch mit Salz und schwarzem Pfeffer aus der Mühle. Als besonderen Geschmackskitzel gebe ich einen Esslöffel mit einer Paste aus Knoblauch, etwas Öl und frischen, fein gehackten Kräutern darüber. Die Suppe kann man dann natürlich auch noch mit etwas Rahm und Kümmel verfeinern.

chend) mit Butter oder auch mit Schnittlauch, Paradeisern oder Bratenfett.

Über meine Kindheitserfahrung mit Brot und Honig habe ich ja im letzten Kapitel meines Buches »Kochen unter anderen Sternen« geschrieben: Das Brot in frisch geschleuderten Honig eintunken, das Stück zum Mund führen, der Honig rinnt die Finger hinab: Der Gaumen wird zum Himmel im Mund, und der Genuss wird beim Abschlecken der Finger noch größer und sinnlicher …

Ich wünsche Dir einen angenehmen, schönen Tag. Im Juli gehe ich für eine Woche auf eine Alm und werde das Käsemachen lernen. Herzliche Umarmung, Lojze

Lojze, Du Feinspitz!

Ich krieg Hunger, wenn ich Deine Briefe lese!!
Im Moment lerne ich viel über Bienen und Honig. Denn Bienenstöcke hätte ich auch gern! Langsam werde ich zur ganzheitlichen Selbstversorgerin. Gerade habe ich verschiedene Honigsorten verkostet und rolle wahrscheinlich demnächst als Kugel von dannen.

Ich habe noch eine Frage an Dich: Was machst Du aus Schweine-schnauze und -schwänzchen? Heute ist das ja ein beliebtes Hundefutter. Ich mache gern daraus eine Sulz. Dazu koche ich sie lange in einem Sud aus und gebe Lorbeer, Salz und Pfefferkörner dazu. Für die letzten fünfzehn Minuten schneide ich noch etwas Wurzelwerk grob und lege das ein. Letztens habe ich außerdem noch einen Hauch Orangenschale reingerieben. Wunderbar! Dann lasse ich alles in einer Form über Nacht abkühlen. Die Sülze schmeckt toll mit etwas Essig und Zwiebelringen, die für mich aber unbedingt sehr dünn geschnitten sein müssen. Deine Sarah, schon wieder aus dem Wald

Sarah, Du Honigkugel,

schmeckt sicher gut …
Zu Deiner Frage: Schweineohren und Schnauze, gesotten mit Lorbeer, Pfefferkörnern, Zitrone, Majoran, Zwiebel oder Schalotten und einer Knoblauchzehe. Dazu gebe ich Wurzelwerk im Ganzen, lasse es ganz weich werden und nehme es wieder heraus. Das mariniere ich dann mit einer Mischung aus Schwarztee und Sojasauce, stelle es zwei bis drei Tage kalt, presse es und schneide es in Form von Nudeln. Das Ganze serviere ich bestreut mit frischem Chili und gehackter Petersilie.
Andere Teile des Kopfes, die Füße und den Schwanz verkoche ich als saure Suppe wie die Klachlsuppe*. Majoran und Zitrone lasse ich mitkochen und binde das Ganze mit einer dünnen Einbrenne aus Dinkelmehl. Mit Roggenbrot und unbedingt mit den Händen essen! Dazu passen auch feine kleine Nockerln, die sollte man dann allerdings löffeln.
Die Schweinsbacken schneide ich rhombenartig samt Schwarte und Speck heraus und sure** sie, dazu reibe ich sie mit einem Kräu-

---

*   Spezialität aus der Steiermark und Kärnten aus Schweinshaxe, Wurzelwerk, Essig und Gewürzen
** Suren ist pökeln

ter-Pfeffer-Gemisch ein. Dann werden sie geselcht. So ergeben sie eine hervorragende Grundlage für Spaghetti Carbonara oder sind eine feine Jause zwischendurch mit Brot und Bier oder Most. Und zum Schluss gibt es dann noch einen Klaren.

Aus dem Kopffleisch kann man auch Maischeln* machen. Dazu kocht man den Kopf, löst ihn aus und gibt das ganze Kopffleisch durch den Fleischwolf. Das mischt man dann mit Rollgerste, Majoran, Salz und Pfeffer, schmeckt es noch einmal ab und schlägt es in ein Schweinenetz ein. Daraus formt man Kugeln und brät die im Rohr, bis sie unten schön knusprig sind. Dazu brate ich Kartoffeln im Ganzen mit, die bekommen eine feine Note durch das zerlassene Fett aus dem Netz. Das serviere ich mit sauren Rüben oder mit gekochtem Sauerkraut. Früher wurden die Maischeln oft auch mit einer Blutwurst kombiniert.

Wenn Du das nun alles machen möchtest, brauchst Du wohl zwei Sauen. Am besten ist die Krško-Schwarzgestreifte Feldsau (Krškopoljski črni pasasti prašič), von der früher die edlen Stücke zu Pršut** verarbeitet wurden, nachdem sie einen Monat lang vom Osten Sloweniens in den Karst getrieben wurden. Dort angekommen, hatte ihr Fleisch gerade die richtige Konsistenz, um luftgetrocknet zu werden, und die Schweine gaben eine gesunde Grundlage für die Winternahrung ab samt Speck, Grammeln, Sulzen, Leberpastete und Leberknödel. Ihre verschiedenen Fette aus der Schwarte, dem Bauch oder dem Netz dienten auch als Grundlagen für Kräutersalben, mit Raute, Wermut, Veilchen, Kräutern, Ringelblumen usw.

Liebe Sarah, lass es Dir einstweilen schmecken, und wenn Du ein wenig Honig auf die Blutwurst gibst, wird sie noch knuspriger und glänzender ...

Grüße in den Wald,

Lojze

---

* Spezialität aus Kärnten: Grützwurst ohne Blut
** luftgetrockneter Schinken, wie er mit unterschiedlichen Charakteristika im slowenischen Karst, in Istrien, Dalmatien und Montenegro hergestellt wird.

Mein Freund Lojze ist ein wahrer Künstler, wenn es um die Zubereitung von Gerichten geht, die wir gar nicht mehr kennen. Aus Zutaten, die so mancher achtlos beiseitelassen oder wegwerfen würde, zaubert er ein Essen von höchstem Genuss.

Dieser Einfachheit und Schlichtheit bin ich auch Ende 2012 auf meiner Reise nach Siebenbürgen begegnet. Ich habe dort viele Kleinbauern und Selbstversorger getroffen, unter ihnen den Sachsendeutschen Willy Schuster.

Tischgespräch
mit Willy Schuster

Willy Schuster lebt mit seiner Frau Lavinia und den gemeinsamen fünf Kindern auf einem 16 Hektar großen Bio-Hof in Mosna, rund 40 Minuten von Schäßburg (Sighişoara) entfernt. Die Familie hat sich der Via-Campesina-Bewegung angeschlossen und ist über die Region hinaus bekannt für ihre außergewöhnlich guten Produkte wie Käse, Quark, Sahne, Butter, Milch, Konfitüren, Zwetschgen und Walnüsse. Eine Woche lang habe ich auf dem Hof mitgearbeitet, herrlichst gegessen und gesehen, dass Willy noch von Hand melkt. Darüber habe ich mich mit ihm unterhalten.

Sarah Wiener: Willy, warum arbeitest du eigentlich noch mit der Hand?
Willy Schuster: Warum fragst du das? Glaubst du, ich werde irgendwann nicht mehr mit der Hand arbeiten? Ich werde nie mit der Maschine melken. Weil wir eines Tages sowieso wieder ohne Maschinen arbeiten werden.

Wieso glaubst du das?
Weil ich es weiß. Weil wir unsere Ansprüche und unsere Verschwendung reduzieren müssen. Weil wir in Zukunft nicht mehr so viel Energie, Strom und Technik zur Verfügung haben werden – weil das alles noch sehr viel teurer wird. Die Bauern, die auf große Maschinen umgestellt haben, jammern jetzt schon alle. Die haben sich verschuldet und sind tief versunken in Schulden.

Jetzt würde aber mancher sagen, wir können doch das Rad der Zeit nicht mehr zurückdrehen und die großen Massentierställe abschaffen. Wir haben doch Millionen von Menschen zu ernähren.

Das ist wieder so ein Klischee, ich höre immer nur Klischees. Wir sind als Kleinbauern weltweit vernetzt, daher weiß ich: Jede Region der Welt kann sich selbst ernähren, solange man uns überleben lässt. Wir Kleinbauern sind die Zukunft. Ich vertraue da ganz auf das, was der weise König Salomo gesagt hat: »Was schon einmal war, kommt wieder. Und was jetzt ist, wird es wieder geben.« Also, wir drehen das Rad nicht zurück. Wir gehen weiter. Und: Wir müssen gute Vorbilder sein. Sarah, schau mal, diese jungen Menschen, die hierherkommen* – ich habe sie nicht gebeten, sie sind von selbst gekommen. Sie arbeiten hier aus vollem Herzen mit. Weil sie an etwas glauben. An die Zukunft nämlich.

Wenn wir sagen, Kleinbauerntum ist die Landwirtschaft der Zukunft, müssten dann nicht alle Menschen wieder auf dem Land leben?

Es werden schon einige oder viele wieder aufs Land ziehen. Der »City exodus« hat schon begonnen, oder die »Reruralisation«, wie es andere nennen. Immer mehr Menschen weltweit wollen wieder Selbstversorger, autark usw. werden. Aber es geht im Kern viel mehr darum, wieder auf andere Werte aufzubauen. Gier und Produktivismus sind Vergangenheit – die Zukunft ist Vertrauen und Teilen. Liebevoll sein mit anderen.

---

* Damit sind hier zwei junge Freiwillige der Organisation WWOOF (World Wide Opportunities on Organic Farms) gemeint.

Mit Willy Schuster auf dem Mistkarren. Seine absolut durchdachte, einfache Lebensweise hat mich tief beeindruckt.

Als ich mit Willys Frau Lavinia Käse, Quark und Sahne gemacht und davon gekostet hatte, war ich überrascht und zugleich erschüttert. Diesen Geschmack nach voller, guter Milch hatte ich jahrzehntelang nicht mehr auf der Zunge. Ich war so erschüttert, weil mir schlagartig klar geworden war, was ich in den letzten vierzig Jahren verloren habe. Und dass ich, wenn ich diesen Ort hier verlasse und zurückfahre nach Deutschland oder Österreich, diesen Geschmack nicht mehr finden werde, weil ich keinen einzigen Bauern kenne, der mir unverarbeitete Milch oder Sahne liefert.

Das macht mir aus zweierlei Gründen Angst. Zum einen, weil ich jetzt über fünfzig bin und mich erinnere, dass es in meiner Kindheit noch kleinbäuerliche Strukturen gab wie in Rumänien. Und zum Zweiten, weil jetzt Kinder heranwachsen, die nichts anderes kennen als H-Milch und stark verarbeitete Lebensmittel, und deswegen nicht mehr wissen, wovon wir reden. Wenn wir die Welt retten wollen, müssen wir zuallererst den Genuss retten.

Auf uns kommt es an!

Ich denke oft darüber nach, dass mir aufgrund meiner privilegierten Position als Köchin, die sich ausschließlich mit Kochen, Lebensmitteln und dem Anbau beschäftigen kann, besonders deutlich wird, was schiefläuft mit unserer Ernährung. Das treibt mich an, mit vielen anderen Mitstreitern, Wissenschaftlern, Bauern und kritischen Bürgern für mein Anliegen zu kämpfen. Habe ich als »Medien-Köchin«, die in der Öffentlichkeit eher unverdient eine Stimme geliehen bekommen hat, nicht mehr zu sagen als »Hier fehlt noch etwas Salz«?

Mit unserem Verhalten und unserem Konsum gestalten wir unsere Welt mit, und um unsere Interessen müssen wir uns selbst kümmern. Wir brauchen eine Lobby der arbeitenden Mütter und Väter, die ihre Kinder gut ernähren möchten. Wir müssen selbst an Risiken und Gefahren krankmachender Systeme und Nahrungsmittel denken. Wir müssen Druck machen, wenn wir wollen, dass Politik und Wirtschaft alternative ökologische Forschungsprojekte voranbringen und dass es unabhängige Forschungen zu Kreuzwirkungen von Insektiziden, Zusatzstoffen und vielem anderen mehr geben soll.

Je genauer wir hinsehen und je gezielter wir hinterfragen, desto weniger können wir manipuliert werden. Wir haben es in der Hand, denn wir sind viele – und unsere Kinder sind die Zukunft. Was sie heute von uns serviert bekommen, werden sie morgen nachfragen.

Anhang

Glossar

Agrarmikrobiologie Böden als das Lebenselement höherer Pflanzen sind voll mit Leben. Die Dichte und Artenvielfalt an Organismen ist in gesunden Böden riesengroß. Die wichtigsten und auch von der Masse her bedeutendsten Bodenbewohner gehören zur Mikroflora: Bakterien, Pilze, Strahlenpilze, Hefen und Algen. In einem Quadratmeter Humusboden von nur wenigen Zentimetern Tiefe können mehr als eine Billiarde (eine Million Milliarden) Bakterien leben. Die Agrarmikrobiologie ist die Wissenschaft, die sich mit der Umwandlung der Stoffe, aus denen unsere Böden beschaffen sind, durch Mikroben befasst. Zudem untersucht sie die komplexen Beziehungen zwischen den einzelnen Mikroorganismen. Die Erkenntnis der Zusammenhänge zwischen der Entwicklung der Pflanzen und den sie umgebenden Mikroorganismen eröffnet neue Perspektiven zur Ertragssteigerung der Nutzpflanzen und auch der Viehwirtschaft.

Agrarforstwirtschaft Eine Form der Landnutzung, bei der auf ein und demselben Gebiet Elemente der Landwirtschaft (einjährige Futter- oder Nahrungspflanzen und Weideflächen) mit solchen der Forstwirtschaft (Anbau mehrjähriger verholzender Pflanzen wie Bäume und Sträucher) verbunden werden. Die Vorteile dieser Mischkultur beruhen darauf, dass gerade durch die Kombination sich ergänzender Baum- und Ackerkulturen die Ressourcen der jeweiligen Regionen besser ausgeschöpft werden können und das Boden- und Pflanzenleben zugleich geschont wird. Agrarforstwirtschaft als traditionelle, regional angepasste (Land-)Wirtschaftsweise gibt es auf der ganzen Welt schon seit Jahrtausenden. In den Tropen ist die Vielfalt der Systeme besonders groß. Doch auch in Europa gab es viele traditionelle Formen der Agrarforstwirtschaft, wie etwa die Streuobstäcker, die in Franken bis 1990 noch bewirtschaftet wurden. Dabei handelte es sich um traditionelle Kombinationen von Obstbäumen (mit zumeist alten Obstsorten) mit Feldfrüchten (meist Kartoffeln).

Biologisch-dynamische Landwirtschaft Bodenbewirtschaftung, Viehzucht, Saatgutproduktion sowie Landschaftspflege bilden in diesem Rahmen ein organisches Ganzes. Die einzelnen Elemente sind in Form eines geschlossenen Systems aufeinander abgestimmt, so dass diese Form der Landwirtschaft weitestgehend auf ihre eigenen Ressourcen zurückgreifen kann. Sie beruht auf den Prinzipien des Recyclings sämtlicher organischer Stoffe des landwirtschaftlichen Betriebs (Mist, Gülle und sonstige Abfälle zur Düngung) sowie der Umwandlung organischer Stoffe durch ein Kompostierungsverfahren, das der Wiederbelebung der Böden dient. Das bewirkt im Boden eine Zunahme von Humus und damit eine erhöhte Speicherfähigkeit für Wasser und Luft und ermöglicht ein wesensgerechtes Wachstum der Pflanzen. Für den Bauern bringt das konstantere Erträge bei geringeren Kosten. Der biologisch-dynamische Anbau ist erwiesenermaßen die nachhaltigste aller landwirtschaftlichen Anbaumethoden, da sie die potenzielle unendliche Produktivität der Natur erhalten hilft.

Biopestizide Bio-Bauern setzen gegen Schädlinge wie bestimmte Insekten oder Unkräuter weder synthetische Düngemittel noch chemische Pestizide ein. Trotzdem wirtschaften sie in einer Umwelt, in der Pestizide allgegenwärtig sind. Deshalb tauchen auch bei Bio-Produkten gelegentlich Spuren von Pestizid-Rückständen auf. Pestizide sind eine große Gefahr für die biologische Vielfalt. Wo sie eingesetzt werden, nimmt die Vielfalt rapide ab. Und das nicht nur auf den Äckern. Etliche Tier- und Pflanzenarten sind durch sie stark gefährdet. Denn häufig hat der Einsatz dieser Gifte eine Kettenreaktion zur Folge: Werden etwa bestimmte »Schädlinge« radikal dezimiert, fehlt damit die Nahrungsgrundlage für andere Tiere, die selbst nicht direkt von den Giften betroffen sind. Bei uns Menschen kommen sie dann als Rückstände auf Nahrungsmitteln an, können so das Nervensystem schädigen, die Fortpflanzung beeinträchtigen oder sogar Krebs erregen. Hinzu kommt, dass Pflanzen Resistenzen gegen gängige Pflanzenschutzmittel entwickeln. Bio-Landwirte setzen in erster Linie auf vorbeugende Maßnahmen, um die Widerstandskraft der

Nutzpflanzen gegen Krankheiten, Insektenbefall und Unkraut zu stärken. Dies geschieht, indem sie nur solche Pflanzen aussäen, die an die jeweilige Region und ihre klimatischen Verhältnisse angepasst sind. Ansonsten fördern sie Nützlinge wie Marienkäfer oder Ohrwürmer, die ihrerseits Blattläuse, Milben und andere Schädlinge vertilgen, und verwenden Fallen und Lockmittel, die die Fortpflanzung von potenziellen Schädlingen hemmen. Von Fall zu Fall werden auch biologische Pestizide angewandt. Sie stammen aus natürlichen Quellen wie Pflanzen (zum Beispiel Rosmarin, Pfefferminze, Gewürznelke, Thymian oder Brennnesseln) oder bestimmte Mineralien. Auch große Agrarchemie-Konzerne wie BASF, Bayer, Syngenta oder Monsanto in den USA setzen gerade im Hinblick auf den Umgang mit Resistenzen neuerdings auf günstigere Bio-Pestizide. Nach dem Platzen der US-Immobilienblase gelten diese neuen umweltverträglichen Hilfsmittel für Kapitalanleger auf der Suche nach zukunftsträchtigen Investitionsmöglichkeiten als besonders interessant.

Brache nennt man landwirtschaftliche Nutzflächen, die nicht bewirtschaftet und auch nicht für Bebauung oder Straßen verwendet werden. In der biologischen Landwirtschaft ist dies vorübergehend unbebautes Land innerhalb einer geregelten Nutzung, hier wird den Böden durch die Brache ermöglicht, sich auszuruhen und zu erneuern. Im Kontext der EU-Agrarpolitik rückte der Begriff der Brache im Jahr 1992 in den Blickpunkt. Als wirtschaftspolitisches Ordnungsinstrument sollte die Brache dazu dienen, der Überproduktion bestimmter Nutzpflanzen und insbesondere von Getreide Einhalt zu gebieten, seit 1993/94 war sie Pflicht. Ausgenommen waren Biobauern und Kleinerzeuger. Die größeren Bauern wurden somit gezwungen, einen Teil ihrer Ländereien stillzulegen, wofür sie eine Entschädigung erhielten. Laut einer Studie des NABU aus dem Jahr 2008 konnten im Lauf der Zeit vielfältige positive Effekte auf die Tier- und Pflanzenwelt beobachtet werden. Stilllegungsflächen dienen außerdem als Puffer für andere Lebensräume, tragen zum Biotopverbund bei, reduzieren die Stickstoffbelastung und schützen den Boden. Zudem konzentrieren sich Stilllegungsflächen nicht wie

Schutzgebiete in einem Raum, sondern sind über die gesamte Landschaft verteilt.

Im September 2007 wurde als Reaktion auf niedrigere Erntemengen, eine weltweite Verknappung der Getreidevorräte und eine zunehmende Flächenkonkurrenz der Satz der obligatorischen Stilllegung für die Aussaat von Herbst 2007 und Frühjahr 2008 auf 0 Prozent festgesetzt.

Generell können die Landwirte auch in Zukunft Flächen stilllegen – sie erhalten weiterhin die Flächenprämie für Ackerflächen von derzeit rund 300 Euro pro Hektar und Jahr. Es zeigt sich jedoch, dass bei den derzeitigen Agrarpreisen von einer überwiegenden Mehrheit der Landwirte die Flächen wieder genutzt werden. Auch der Deutsche Bauernverband rechnet mit einer Wiederinkulturnahme eines großen Umfangs von Stilllegungsflächen (DBV 2007). Dies wird jedoch massive Auswirkungen auf die biologische Vielfalt und die Populationen von Tierarten der Agrarlandschaft haben, wie mehrere gut dokumentierte Beispiele deutlich machen.

In den letzten Jahren wurden vielerorts Initiativen und Projekte gegründet, mit denen die Stilllegungsflächen gezielt zu Zwecken der ökologischen Aufwertung genutzt wurden – oftmals in Zusammenarbeit von Jagd- und Naturschutzverbänden mit den Landwirten. Allerdings werden Bauern in Zukunft keine Blühstreifen mehr anlegen, wenn auf der gleichen Fläche mit hohem Gewinn Getreide produziert werden kann. So entfallen die positiven Effekte, die man mit diesen Projekten oft erzielen konnte.

Direktsaat- oder Mulchpflanzverfahren Zwischen der Ernte der Hauptfrucht und der nächsten Aussaat werden bei diesem Verfahren sogenannte Zwischenfrüchte angebaut. So kann man völlig auf jede mechanische Bearbeitung des Bodens und somit die Belastung durch schwere Maschinen zwischen Ernte und erneuter Aussaat verzichten. Die Mulchschicht, die von den Zwischenfrüchten zurückbleibt, zersetzt sich anschließend, und der Boden erhält durch die Verrottungsprozesse wertvolle Nährstoffe. Anschließend kann die Hauptfrucht direkt über der Mulchdecke ausgesät werden. Diese Methode ist ebenso praktisch wie rentabel. Sie schont das Grundwasser und den Boden und ermöglicht zugleich, gute Erträge zu schützen.

Ernährungssouveränität (Food Sovereignty) Hierbei handelt es sich um ein Konzept, das von der internationalen Kleinbauernorganisation »Via Campesina« entwickelt wurde. Sie stellte es im Jahr 1996 anlässlich des von der FAO (siehe unten) einberufenen Welternährungsgipfels in Rom vor. Der klassische Begriff der »Ernährungssicherheit« bezieht sich lediglich auf die Menge an Nahrungsmitteln, die den Menschen eines Landes oder einer Region zur Verfügung steht. Ernährungssouveränität fragt darüber hinaus, wie Nahrungsmittel produziert und verteilt werden. Ernährungssouveränität ist das weltweit gültige Recht von Völkern und souveränen Staaten, auf demokratische Weise ihre eigene Landwirtschafts- und Ernährungspolitik zu betreiben, die der jeweils eigenen Bevölkerung am besten gerecht wird, ohne sich negativ auf die Bevölkerungen anderer Länder auszuwirken. Die Ernährungssouveränität fordert beispielsweise einen gerechteren Zugang zu den Böden durch Kleinbauern und ländliche Arme, der notfalls durch eine Agrarreform oder die Absicherung von Nutzungsrechten zu gewährleisten ist. Auf lokaler Ebene setzen sich die Verfechter der Ernährungssouveränität für den Erhalt einer verbrauchernahen Landwirtschaft ein, durch die insbesondere die regionalen Märkte versorgt werden. Kleine Landwirtschaftsbetriebe sind zu bevorzugen, da sie in wirtschaftlicher und sozialer Hinsicht mehr Nutzen bringen als die industriell betriebene Plantagenwirtschaft großen Stils, die zahlreiche Lohnabhängige beschäftigt. Überdies arbeiten die Kleinbetriebe umweltfreundlicher. Die Befürworter der Ernährungssouveränität sprechen sich für Anbautechniken aus, die der Autonomie der Landwirte entgegenkommen. Folglich tendieren sie zu einer biologischen, bäuerlich geprägten Form der Landwirtschaft. Die Verwendung transgener Pflanzen wird abgelehnt.

FAO (Food and Agriculture Organization of the United Nations) ist das Kürzel für die UN-Organisation für Ernährung und Landwirtschaft, auch bekannt unter der Bezeichnung »Welternährungsor-

FAO zählt 194 Vollmit-
EU als Mitgliedsorga-

3lich zu dem Zweck
hstum einzudämmen.
ungiziden unterschei-
schen Blatt-Fungizi-
gutbehandlungsmit-
er Stäubemittel auf
, die Boden-Fungi-
.......at in den Boden eingebracht. Beiz-
.... haben die Aufgabe, die in oder auf den Samen, Knollen oder
Zwiebeln lebenden Erreger abzutöten und die junge Pflanze vor Auf-
laufkrankheiten zu schützen. In der biologischen Landwirtschaft gibt
es dazu zahlreiche natürliche Alternativen. Schadstoffe in dieser
Gruppe sind Orthophenylphenol (wird benutzt als Lebensmittelzusatz
E 231 und E 232 und zur äußeren Behandlung von Zitrusfrüchten, ist
gesundheitsschädlich beim Einatmen und Verschlucken, giftig für
Wasserorganismen, reizt die Augen, die Atemwege und die Haut) und
Thiabendazol (wird im Kartoffel- und Obstanbau verwendet und ist
als Lebensmittelzusatzstoff E 233 zugelassen für die Behandlung von
Zitrusfrüchten und Bananen; bei Letzteren ist es nicht deklarations-
pflichtig. E 233 wirkt im Tierversuch krebserregend).

Gentechnisch veränderte Organismen (GVO oder GMO) Die Bezeichnung umfasst Tiere oder Pflanzen, deren Erbgut gentechnisch
verändert wurde. Ein Organismus ist dann »gentechnisch modifi-
ziert«, wenn sein Erbgut künstlich – und nicht durch Kreuzen oder
natürliche Rekombination – verändert wurde. So kann einer Pflanze
zum Beispiel das Erbgut eines Fisches eingepflanzt werden (transgene Organismen), um ihre Widerstandsfähigkeit gegen Frost zu erhöhen. In der biologischen Landwirtschaft sind GVOs verboten. Als
erstes gentechnisch verändertes Tier für den menschlichen Verzehr
könnte superschnell wachsender transgener Lachs verwendet wer-

den. Andere GV-Tiere, die von Firmen und Universitäten entwickelt werden oder wurden, sind beispielsweise BSE-resistente Rinder oder tierische Lebensmittel mit einer veränderten Zusammensetzung. Hauptziel der Gen-Experimente bei Tieren ist die Produktionssteigerung.

Grüne Revolution Mit dem Begriff bezeichnet man den technischen Entwicklungssprung in der Landwirtschaft zwischen 1944 und 1970. Grundlegender Gedanke war eine politische Strategie zur tiefgreifenden Umwandlung der landwirtschaftlichen Produktion in den Entwicklungsländern. Ermöglicht wurde diese Revolution durch:

* die Züchtung neuer Hochleistungssorten, speziell bei Getreidepflanzen wie Weizen und Reis;
* die Verwendung von Mineraldüngern und Pflanzenschutzmitteln;
* die Mechanisierung von Bewässerungssystemen.

Um diese Agrarpolitik durchzusetzen, beschlossen die Regierungen einer Vielzahl von Staaten, ihre Bauern bei der Übernahme der neuen Landwirtschaftsmethoden zu unterstützen. Zunächst war die Grüne Revolution enorm erfolgreich, da die Zuwachsraten in der Agrarproduktion spektakuläre Ausmaße annahmen. Und: Endlich kam die Versorgungslage mit dem Bevölkerungswachstum in Balance, während zugleich die Lebensmittelpreise stabil blieben. Seit Beginn der 1990er Jahre zeigt sich die dunkle Seite der Grünen Revolution in wirtschaftlicher, sozialer und ökologischer Hinsicht. Zum einen hatte die Strukturveränderung oft dazu geführt, dass sich soziale Gegensätze und regionale Konflikte verschärften; in manchen Ländern beschleunigte sie überdies die Landflucht der Bauern in die Städte. Vor allem aber hatte sie alle Techniken gefördert, die zur Zerstörung und Verödung von Böden und zur Beseitigung der Artenvielfalt in der Pflanzen- und Tierwelt führten. Einer der Hauptgründe für die Unterzeichnung der »Rio-Deklaration« (engl.: Rio Declaration on Environment and Development), der sich im Jahr 1992 189 Staaten anschlossen, war der Bewusstwerdungsprozess dieser »Begleiterscheinungen« der Grünen Revolution. Ein wesentlicher Bestandteil der Erklärung war die »Biodiversitätskonvention«, eine wichtige Grundlage für zahlreiche nationale Aktionspläne. Allerdings ist die Deklaration völkerrechtlich nicht verbindlich.

Gülle Ein eher flüssiges Gemisch aus Kot und Harn von Rindern, Schweinen und anderen landwirtschaftlichen Nutztieren, das außerdem Wasser (Reinigungswasser, Niederschlagswasser etc.), Futterreste und Einstreu enthalten kann. Die Gülle kann als organischer Dünger eingesetzt werden. An und für sich ist Gülle nicht umweltschädlich, da die Vegetation in der Lage ist, die darin enthaltenen Nitrate rasch zu absorbieren. Durch das Ausbringen der Gülle wird der Stickstoffkreislauf in Gang gesetzt, ein für das Bodenleben existenziell wichtiger Prozess, da Pflanzen ohne Stickstoff nicht wachsen können. Allerdings muss die Gülle dazu genau dosiert ausgebracht werden. Zu Umweltverschmutzungen kommt es durch ein übermäßiges Aufbringen oder auch starke Regenfälle unmittelbar danach. In diesen Fällen sind Pflanzen nicht mehr in der Lage, die Nitrate aufzunehmen. Diese werden dann in die natürlichen Wasserläufe und ins Grundwasser gespült, was zu einer übermäßigen Nährstoffanreicherung der Gewässer führen kann. Die Folge ist dann eine starke Vermehrung von Algen, und Algenblüten können Auslöser für Fischsterben sein. Problematisch für das Bodenleben ist auch Gülle aus Massentierhaltung, die voller Pestizide, Krankheitskeime und Medikamente steckt. Und: Durch das Sammeln der Gülle in Treibgängen und Vorratsbehältern entsteht Fäulnis. Ein großer Teil des Ammonium-Stickstoffes verwandelt sich dadurch in giftiges Ammoniak, das flüchtig ist. Außerdem entstehen die übel riechenden Fäulnisgase und -gifte Schwefelwasserstoff, Putrescin und Cadaverin. Wenn Gülle fault, verliert sie weitgehend ihren Wert als kostbarer Dünger im Kreislauf der Natur. Bodenorganismen werden geschädigt oder sogar vernichtet, der Boden enthält immer weniger Humus. Der hohe basische pH-Wert verätzt Pflanzen und deren Wurzeln beim Ausbringen der Gülle. Nitratauswaschungen sind die Folge. Ammoniak und Schwefelwasserstoff verpesten die Luft in der Umgebung.

Herbizide sind Unkrautbekämpfungsmittel, sie bilden die größte Gruppe der Pflanzenschutzmittel. Herbizide wurden zu dem Zweck entwickelt, nicht erwünschte Wild- und Schadpflanzen abzutöten oder ihr Wachstum einzudämmen, damit im Gegenzug Nutzpflanzen besser heranwachsen. Sie werden nahezu flächendeckend im Getreide-, Mais-, Zuckerrüben-, Raps- und Kartoffelanbau angewendet. In der Umwelt können sich Herbizide im Grundwasser anreichern und so auch in das Trinkwasser gelangen. Außerdem sind in Einzelfällen Rückstände von Herbiziden in Lebensmitteln festgestellt worden. In der biologischen Landwirtschaft werden zahlreiche natürliche Alternativen zu den Herbiziden angeboten. Hier werden beispielsweise gezielt Nützlinge eingesetzt, um Pflanzen vor Schädlingen und Krankheiten zu schützen.

Humus Die Gesamtheit der abgestorbenen organischen Bodensubstanz, denn in der Natur gibt es keine Abfälle, sondern einen Nährstoffkreislauf. Die organischen Bestandteile des Bodens sind wichtig für die Versorgung der Pflanzen mit Nährstoffen wie etwa Stickstoff oder Phosphor, aber auch für die Porenverteilung und damit für den Luft- und Wärmehaushalt des Bodens. Die oberen 30 Zentimeter eines Bodens sind daher äußerst wichtig für die Entwicklung von Leben in und auf dem Boden. Der dunkle, humose Oberboden bildet einen zentralen Lebensraum für die vielfältige Welt der Bodenlebewesen. In der biologischen Landwirtschaft ist Humus eines der wichtigsten Mittel, um die Bodenfruchtbarkeit zu erhöhen. Bei sehr hoher Zufuhr von organischer Substanz (wie zum Beispiel in landwirtschaftlichen Betrieben mit Intensivtierhaltung) reichern sich Humus, Nähr- und eventuelle Schadstoffe, die an die organische Substanz gebunden sind, an. In Zeiten geringen Pflanzenwachstums, aber hoher biologischer Aktivität werden dann zu viele Nährstoffe freigesetzt. Der Boden versauert, während die Nährstoffe in die tieferen Bodenschichten und auch ins Grundwasser verlagert werden.

Hybridsaatgut Hybridsorten werden mit komplizierten biotechnologischen Methoden hergestellt. Dabei werden künstliche Inzuchtlinien erzeugt, die bestimmte Merkmale aufweisen wie Schädlingsresistenz oder hoher Ertrag. Pflanzen können auch darauf programmiert werden, dass sie an vielen Standorten gedeihen. Fremdbefruchtende Arten wie Möhren, Lauch oder Kohl werden durch eine gesteuerte Selbstbefruchtung reinerbig gemacht. Auch wenn diese reinerbigen »Elternlinien« weiter degenerieren können, entstehen bei einer Kreuzung groß gewachsene, widerstandsfähige Nachkommen, in der Fachsprache »F1« genannt. Dieser Effekt (Heterosiseffekt) ist instabil – das Saatgut ist nicht samenfest –, und schon nach einer Generation spalten sich die einheitlichen Kulturen wieder in unterschiedliche Pflanzenformen auf. Sie sind für Erwerbsgärtner und Landwirte meistens wertlos, da aus den F1-Pflanzen in der Regel kein Saatgut für Nachkommen entnommen werden kann. Die Entwicklung von hofeigenen Sorten ist mit modernen Hybriden, deren Elternlinien von den großen Saatgutkonzernen unter Verschluss gehalten werden, extrem eingeschränkt und meist nicht möglich. Das Problem: Durch die Hybriden kommt jede Weiterentwicklung zum Stillstand, die dem Menschen seit Beginn des Zeitalters des Ackerbaus das Züchten von Kulturpflanzen ermöglichte.

In den letzten zwanzig Jahren haben die Hybridpflanzen die herkömmlich durch Kreuzung und Auslese gezüchteten Sorten so stark vom Markt verdrängt, dass Mais, Möhren, Brokkoli, Spinat oder Tomaten fast nur noch als Hybridsaatgut erhältlich sind. Dabei lassen sich Resistenz, guter Ertrag und gute Handhabbarkeit auch mit samenfesten Sorten erreichen. Hybriden sind teuer, verantwortlich für eine eingeschränktere Sortenvielfalt und machen die Bauern von den großen Saatgutkonzernen abhängig. Zudem fehlt ihnen jegliche Nachhaltigkeit, was vor allem für Dritte-Welt-Länder ein enormes sozio-ökonomisches Problem ist.

Hybridhühner Das Prinzip der Hybridzüchtung bei Nutzpflanzen wurde Mitte des 20. Jahrhunderts auf Hühner angewandt. Aus Kreuzungen verschiedener, bereits optimierter Hühnerrassen entstanden Hochleistungshybriden, ihre Zucht liegt in der Hand von wenigen Konzernen. Die Legeleistung der Hennen beträgt bis zu 320 Eier pro

Jahr. Die Hühnerbauern sind abhängig von den Großkonzernen, da sie mit Hybriden nicht weiterzüchten können. Auch das Futter müssen sie oft beim gleichen Konzern kaufen. Nicht zuletzt geht die Legeleistung der Hennen nach ein bis zwei Jahren stark zurück, und sie müssen ersetzt werden. Für die Brathähnchenmast werden ebenso Hybriden verwendet, hier liegt das Leistungsmerkmal auf dem Fleischansatz. Nach einem Monat Turbomast sind die Tiere schlachtreif.

Kompostierung Der eigene Kompost ist der wichtigste Dünger im biologisch geführten Garten. Durch Kompostwirtschaft wird eine wesentliche Verbesserung des Bodens erreicht: lockere Struktur, bessere Wasserspeicherung, bessere Resistenz gegen Schädlinge und Krankheiten, langsame und pflanzenverträgliche Abgabe von Nährstoffen, richtige Einstellung des pH-Wertes. Schadsubstanzen werden von den Pflanzen nicht aufgenommen, und die dunkle Farbe des Komposts erhöht die Bodentemperatur bei Sonnenbestrahlung. Eine ungeheure Zahl von Bakterien, Pilzen und Kleintieren ist an der Umsetzung beteiligt. Komposterde ist das Ergebnis der natürlichen Zersetzung und der Feuchtigkeitsaufnahme eines Gemischs organischer Materialien, das hauptsächlich aus Rasenschnitt, Ernte- und Küchenabfällen, Papier, Mist und Ähnlichem besteht.

Landwirtschaftsgemeinschaftshof (auch: Vertragslandwirtschaft, Community Supported Agriculture/CSA) Ziel und Zweck von Landwirtschaftsgemeinschaftshöfen ist es, eine biologisch ausgerichtete Produktion zu fördern und Landwirte zu unterstützen. Diese Unterstützung kommt durch Zusammenschlüsse zwischen Gruppen von Verbrauchern und Partnerbauern (zum Beispiel Städter und Bauern) zustande. Im Rahmen dieses Modells werden die Verbraucher zum Beispiel mit Bio-Kisten beliefert, oder sie beteiligen sich durch Mitarbeit und Abholung. Die Verbraucher garantieren dem Bauern, ihm für einen bestimmten Zeitraum seine Erzeugnisse abzunehmen, wodurch dieser mit regelmäßigen Einkünften rechnen kann, die den Fortbestand seines Betriebs sichern. Die Abnehmer kommen in den Genuss, frische, meist biologisch angebaute Früchte der Saison zu erhalten – oft handelt es sich dabei auch um alte Sorten –, und das alles zu fairen Preisen. So werden die regionale Produktion und erzeugernahe Vertriebswege gefördert.

Monokultur Eine Art der Bodenbewirtschaftung, bei der nur eine einzige Pflanzensorte angebaut wird. Für Unternehmer kann eine Monokultur unter wirtschaftlichen Aspekten vorteilhafter sein als beispielsweise eine Mischkultur, da eine Art in großen Mengen hergestellt werden kann. Beim Anbau nur einer Kulturpflanzenart werden zudem nur wenige spezielle Maschinen benötigt, es ist kein großer Maschinenpark erforderlich. Zudem sind die Einkaufspreise für Saatgut, Dünger etc. deutlich günstiger, da hier größere Mengen eingekauft werden können. Allerdings werden durch Monokulturen die Böden schnell ausgelaugt, sie begünstigen die Ausbreitung von Krankheiten und Resistenzen durch den vermehrten Einsatz von Herbiziden, sie verdrängen Nützlinge und zerstören die Artenvielfalt. Das Gegenteil der Monokultur nennt man Mischkultur oder Fruchtfolge.

Ökologischer Fußabdruck Der ökologische Fußabdruck zeigt die Auswirkungen menschlichen Verhaltens auf die Ökosysteme der Erde. Er wird nach der Fläche bemessen, die von einer Einzelperson, einer Stadt oder einem Land beansprucht wird, um die jeweiligen Bedürfnisse zu befriedigen. Der ökologische Fußabdruck zählt dabei alle Ressourcen, die im Alltag benötigt werden, und zeigt zugleich, wie viel Fläche man braucht, um all die Energie und Rohstoffe zur Verfügung zu stellen. Danach rechnet man diesen Flächenverbrauch auf alle Menschen hoch und vergleicht ihn mit den tatsächlich verfügbaren Flächen. So stellt der Fußabdruck den Flächenbedarf dar, aber auch die CO_2-Bilanz. Außerdem ist der ökologische Fußabdruck ein Modell von Angebot und Nachfrage: Er spiegelt wider, was wir von der Erde nutzen können und wie viel die Menschheit von ihr nutzt. Alle zwei Jahre, zuletzt im Oktober 2016, veröffentlicht der WWF den Living Planet Report, in dem der Verbrauch der Erde nach Nationen aufgezeigt wird. Lebt die Menschheit demnach weiter wie bisher, benötigen wir bis zum Jahr 2030 zwei Planeten, um unseren Bedarf an Nahrung, Wasser und Energie zu decken. Bis zum Jahr 2050 wären es knapp drei.

Pestizide Substanzen, die in Pflanzungen versprüht werden, um schädliche Lebewesen zu bekämpfen. Es handelt sich dabei um einen Sammelbegriff für Insektizide (gegen schädliche Insekten), Fungizide und Herbizide. Seit Mitte des zwanzigsten Jahrhunderts werden Pestizide in der industriellen Landwirtschaft eingesetzt. Die Pestizidindustrie behauptet zwar, ihre neueren Gifte seien wirksamer und es würde weniger pro Hektar benötigt. Dennoch liegt der Verbrauch auf einem hohen Niveau. 80 Prozent aller Pestizide werden heute im Ackerbau sowie auf Obst- und Gemüsekulturen versprüht.

In der biologischen Landwirtschaft sind chemisch-synthetische Pestizide verboten. Sie gelten als Ursache für die Verschmutzung von Gewässern und die Zerstörung der Artenvielfalt (insbesondere in Bezug auf Insekten und Mikroben). Viele dieser Spritzmittel sind krebserregend, sie beeinträchtigen die Fortpflanzung oder wirken als Nervengift. Sie sind häufig giftig für Wasserorganismen, Wildkräuter oder Insekten.

Saatgut Samen, Knollen, Zwiebeln und alle anderen pflanzlichen Keimanlagen sind die Grundlagen für den Anbau von Nutzpflanzen. Noch Anfang des 20. Jahrhunderts war dies die Domäne der Gärtner und Bauern. Ein Bauer behielt aus der Ernte Saatgut zurück und säte es im nächsten Jahr wieder aus. Man tauschte mit den Nachbarn, probierte mal eine neue Sorte aus und war unabhängig von Lieferanten. Dann beschäftigte sich die Naturwissenschaft mit dem Saatgut und schließlich die Industrie. 1923 brachte der spätere US-Landwirtschaftsminister Henry A. Wallace den ersten Hybridmais auf den Markt und gründete Pioneer HiBred. Die Umsätze des Saatgut-Weltmarkts wurden für 2011 auf 34,5 Milliarden US-Dollar geschätzt. Die zehn größten Konzerne kontrollieren 75 Prozent des weltweiten Saatgutmarktes. Drei Unternehmen – Monsanto, DuPont (Pioneer) und Syngenta – beherrschen 53 Prozent des Marktes, der weltweit größte Saatguthersteller Monsanto allein kontrolliert 26 Prozent.

Die rechtlichen Instrumente der Konzerne sind Patente und daraus stammende Lizenzzahlungen. Es darf nur mit Saatgut gehandelt werden, das amtlich registriert ist, und diese Zulassungsverfahren sind aufwendig und teuer, was sich nur große Unternehmen leisten können. Wichtigstes biologisches Instrument ist die Entwicklung und der Vertrieb von Hybridsaatgut, das jedes Jahr neu von Gärtnern und Bauern gekauft werden muss.

In den 1980er Jahren schlossen sich einige Demeter-Gärtner zu einer Initiative zusammen, um noch erhaltene samenfeste Gemüsesorten biologisch zu vermehren. 2001 entstand daraus die Bingenheimer Saatgut AG. Für die Züchtung neuer Sorten speziell für den Öko-Landbau gründeten die Gärtner 1994 den Verein Kultursaat. Der Verein koordiniert und finanziert die Erhaltung bestehender sowie die Züchtung neuer Sorten. Knapp 20 Demeter-Züchter aus verschiedenen Regionen Deutschlands sowie den Niederlanden und der Schweiz arbeiten daran.

Transgene Pflanzen Sie werden in der Regel als GVO (Gentechnisch veränderte Organismen) beziehungsweise als GMO (Gentechnisch Manipulierte Organismen) bezeichnet. Dabei handelt es sich um lebende Organismen, deren Genom im Labor durch das Einschleusen artfremder Gene verändert wurde.

Zusatzstoffe Auf der Zutatenliste von Lebensmitteln werden Zusatzstoffe meist mit den E-Nummern angegeben.

Farbstoffe stecken in Lollis, Bonbons, Kaugummis, Limonade, Cola und Energy-Drinks, aber auch in Käse, Eiscreme, Fruchtjoghurts, Fischkonserven oder Margarine. Ihr Image ist schlecht, da sie im Verdacht stehen, insbesondere Kindern zu schaden. Seit 2010 müssen Lebensmittel mit künstlichen Farbstoffen laut EU-Verordnung den Warnhinweis »kann Aktivität und Aufmerksamkeit von Kindern beeinträchtigen« tragen.

Vertrauenerweckender wirkt da schon der Zusatz »natürliche Farbstoffe« aus Rote Bete oder Orangen, die aus tristen Produkten Appetitanreger machen. Ganz nebenbei lässt sich so auch ein höherer Fruchtanteil vortäuschen. Auch färbende Gewürzextrakte sind eine Alternative für Lebensmittelhersteller, sie werden allerdings unzulässigerweise immer wieder als »Gewürzaroma« oder Ähnliches ausgezeichnet.

Zur Gruppe der Farbstoffe gehören die Nummern E 100 bis E 180. Einige Beispiele für schädigende Farbstoffe sind:

Tartrazin (E 102): Der Farbstoff färbt zitronengelb und ist unter anderem zugelassen für Spirituosen, Kuchen, Kekse, Blätterteiggebäck, Brausepulver, Schmelzkäse, Senf und Würzsaucen. Er kann Allergien der Haut oder der Atemwege auslösen.

Chinolingelb (E 104): Der Stoff erzeugt unterschiedliche Gelbnuancen. Er ist neben den unter Tartrazin genannten Lebensmitteln auch für Fischersatzprodukte, Speiseeis und Desserts zugelassen. Im Tierversuch zeigt Chinolin eine krebserregende Wirkung, weshalb er in den USA verboten wurde. Bei Allergikern und Asthmatikern kann Chinolingelb pseudoallergische Reaktionen hervorrufen.

Gelborange S (E 110): Der gelbe bis orangefarbene Azofarbstoff wird unter anderem in Konfitüren, Marmeladen und Fruchtzubereitungen, Süßwaren, Knabberartikeln, Gebäck und Senf verwendet. Bei empfindlichen Menschen kann er zu Hautausschlag, Atemwegsbeschwerden oder verschwommenem Sehen führen. Im Tierversuch löste Gelborange S in hohen Dosierungen Nierentumore aus.

Azorubin (E 122): Der rote Azofarbstoff kommt in Knabbereien, Senf, Süßwaren, Konfitüren und Fleisch- und Fischersatzprodukten aus pflanzlichem Eiweiß vor. Er ist auch für Arzneimittel und Kosmetika zugelassen und kann zu Hautausschlag, Atemwegsbeschwerden oder verschwommenem Sehen führen.

Cochenillerot A (E 124): Der ebenfalls rote Azofarbstoff ist unter anderem für essbare Käserinden, Saucen, Würzmittel, Fleisch- und Fischersatzprodukte, Wursthüllen, Süßwaren und Knabberartikel zugelassen sowie für Arzneimittel und Kosmetika. Auch dieser synthetische Zusatzstoff kann Hautausschläge, Atemwegsbeschwerden oder verschwommenes Sehen auslösen.

Allurarot AC (E 129): Im Tierversuch führte der rote Azofarbstoff zu Verhaltensänderungen (Hyperaktivität) und schädigte bereits niedrig dosiert die Erbsubstanz. Zugelassen ist er in der EU zur Färbung von Kosmetika und Parfüms.

Geschmacksverstärker – der bekannteste ist das Glutamat – können bei empfindlichen Menschen das »China-Restaurant-Syndrom« auslösen. Dies drückt sich durch Steifheit im Nacken, Glieder- und Kopfschmerzen aus. Im Tierversuch erhöhte es die Fresslust und machte dick. Neben Glutamat kommen weitere Geschmacksverstärker in Einsatz, zum Beispiel:

Bernsteinsäure (E 363): Sie wird als Säureregulator und Geschmacksverstärker in Backwaren eingesetzt und gilt als gesundheitlich unbedenklich.

Kalziumchlorid (E 509): Wird zur Festigung von Puddings und anderen Lebensmitteln verwendet oder zur Härtung und Haltbarmachung von Oberflächen wie etwa bei Äpfeln oder Orangen. Es wirkt leicht geschmacksverstärkend und gilt als gesundheitlich unbedenklich.

Aspartam (E 951): Das vor allem als Süßstoff (siehe unten) bekannte Aspartam wird auch als Geschmacksverstärker eingesetzt.

Konservierungsstoffe verlängern die Haltbarkeit von normalerweise schnell verderblichen Lebensmitteln wie Brot und Gebäck, Salaten, Fetten und frischen sowie getrockneten Früchten, indem sie vor Bakterien- und Schimmelpilzbefall schützen. Sie können im Übrigen auch in Produkten »ohne Konservierungsstoffe« stecken, falls bereits konservierte Zutaten zugefügt wurden. Zurzeit gibt es mehr als 40 zugelassene Mittel, darunter:

Benzoesäure (E 210): Steckt unter anderem in Fischereierzeugnissen, sauer eingelegtem Gemüse, Saucen, alkoholfreiem Fassbier und zuckerreduzierter Konfitüre oder Marmelade. Der Stoff kann Allergien oder Pseudoallergien hervorrufen.

Schwefeldioxid und Sulfite (E 220 bis 228): Werden unter anderem Trockenobst, Obstkonserven, Wein und Knabbereien zugesetzt. Bei empfindlichen Menschen können diese Konservierungsstoffe Kopfschmerzen, Migräne und Übelkeit auslösen. Außerdem verringern sie den Vitamin-B1-Gehalt von Lebensmitteln. Auch Allergien und Pseudoallergien sind möglich.

Süßstoffe & Zuckeraustauschstoffe: Im Gegensatz zu raffiniertem Zucker haben Süßstoffe keinen Energiewert und machen daher rein theoretisch nicht dick. Außerdem schützen sie vor Karies. Allerdings regen sie den Appetit an, da sie den Blutzucker- und damit den Insulinspiegel ansteigen lassen. Zuckeraustauschstoffe hingegen werden insulinunabhängig verwertet. Zu ihnen gehören zum Beispiel Sorbit, Mannit, Isomalt oder Xylit. Bei ihnen handelt es sich um Kohlenhydrate (Zucker). Bei übermäßigem Verzehr können sie abführend wirken und zu Blähungen führen. Zu den Süßstoffen gehören:

Aspartam (E 951): Steckt in vielen kalorienarmen oder zuckerreduzierten Lebensmitteln (Desserts, Getränke, Kaugummi, Brotaufstriche). Bei der Herstellung ist auch der Einsatz von gentechnisch veränderten Organismen möglich. Ein Zusammenhang von Aspartamverzehr und Krebserkrankungen wird diskutiert. Aspartam ist problematisch für Patienten mit Phenylketonurie, einem seltenen, angeborenen Enzymdefekt.

Cyclamat (E 952): Cyclamat ist ungefähr 40-mal süßer als Haushaltszucker. In der Lebensmittelindustrie ist er für Light-Getränke, Desserts und Süßigkeiten zugelassen. Der Süßstoff gilt laut einiger Studien als krebserregend.

Säuerungsmittel verleihen Lebensmitteln einen säuerlichen Geschmack, dienen zugleich als Konservierungsstoffe und wirken als Stabilisatoren, Backtriebmittel oder Geliermittel. Die meisten Säuerungsmittel sind gesundheitlich unbedenklich. Als riskant gilt:

Zinn-II-Chlorid (E 512): Ist für Spargelkonserven zugelassen, um die weiße Farbe der Spargelstangen zu erhalten. Größere Mengen des Säuerungsmittels können zu Übelkeit oder Erbrechen führen.

Literatur, Adressen, Links

Literatur

Arvay, Clemens G.: *Der große Bio-Schmäh. Wie uns die Lebensmittelkonzerne an der Nase herumführen.* Ueberreuter, Berlin 2012

Ders.: *Fruchtgemüse. Alte Sorten und außergewöhnliche Arten neu entdeckt.* Stocker Verlag, Graz 2011

Bode, Thilo: *Die Essensfälscher. Was uns die Lebensmittelkonzerne auf den Teller lügen.* Fischer, Frankfurt 2012 (2. Aufl.)

Bommert, Winfried: *Kein Brot für die Welt. Die Zukunft der Welternährung.* Riemann, München 2009

Ders.: *Bodenrausch. Die globale Jagd nach den Äckern der Welt.* Eichborn, Köln 2012

Bruns, Annelore und Susanne: *Werkbuch Biogarten.* Ökobuch Verlag, Staufen bei Freiburg 2004

Busse, Tanja: *Melken und gemolken werden. Die ostdeutsche Landwirtschaft nach der Wende.* Ch. Links, Berlin 2001

Dies.: *Die Einkaufsrevolution. Konsumenten entdecken ihre Macht.* Blessing, München 2006

Dies.: *Die Ernährungsdiktatur. Warum wir nicht länger essen dürfen, was uns die Industrie auftischt.* Blessing, München 2009

Christ, Manfred (Hrsg.): *Bedrohte Saat.* Pforte Verlag, Dornach 2010

Deutsche Welthungerhilfe (Hrsg.): *Handbuch Welternährung.* Bonn 2011

Ehrlichmann, Maike/Wallin, Sissa: *Ehrlich essen macht schön.* Heyne, München 2012

Fink-Keßler, Andrea: *Milch – Vom Mythos zur Massenware.* Oekom Verlag, München 2012

Flemmer, Andrea: *Bio-Lebensmittel. Warum sie wirklich gesünder sind.* Mit einem Vorwort von Sarah Wiener. Humboldt, Hannover 2011 (2., aktual. Aufl.)

Focke, Hermann: *Tierschutz in Deutschland – Etikettenschwindel?!* Pro Business Verlag, Berlin 2007

Ders.: *Die Natur schlägt zurück. Antibiotikamissbrauch in der intensiven Nutztierhaltung und Auswirkungen auf Mensch, Tier und Umwelt.* Pro Business Verlag, Berlin 2010

Foer, Jonathan Safran: *Tiere essen.* Fischer, Frankfurt 2012

Grimm, Hans-Ulrich: *Vom Verzehr wird abgeraten. Wie uns die Industrie mit Gesundheitsnahrung krank macht.* Droemer, München 2012

Ders.: *Die Ernährungsfalle. Wie die Lebensmittelindustrie unser Essen manipuliert. Das Lexikon.* Heyne, München 2010

Ders.: *Die Kalorienlüge. Über die unheimlichen Dickmacher aus dem Supermarkt.* Dr. Watson Books, Stuttgart 2008

Ders.: *Tödliche Hamburger. Wie die Globalisierung der Nahrung unsere Gesundheit bedroht.* Hirzel, Stuttgart 2010

Ders./Ubbenhorst, Bernhard: *Echt künstlich. Das Dr.-Watson-Handbuch der Lebensmittel-Zusatzstoffe.* Dr. Watson Books, Stuttgart 2007

Heistinger, Andrea: *Handbuch Bio-Gemüse. Sortenvielfalt für den eigenen Garten.* Eugen Ulmer, Stuttgart 2010

Dies.: Handbuch *Bio-Balkongarten. Gemüse, Obst und Kräuter auf kleiner Fläche ernten.* Eugen Ulmer, Stuttgart 2012

Dies.: *Handbuch Samengärtnerei. Sorten erhalten, Vielfalt vermehren, Gemüse genießen.* Eugen Ulmer, Stuttgart 2010 (2., aktual. Aufl.)

Hoffmann, Manfred: *Lebensmittelqualität und Gesundheit.* Baerens + fuss, Schwerin 2007 (vergriffen, Restbestände können durch manfred.hoffmann@ngi.de vermittelt werden)

Idel, Anita: *Die Kuh ist kein Klima-Killer: Wie die Agrarindustrie die Erde verwüstet und was wir dagegen tun können.* Metropolis, Marburg 2010

Kessler, David A.: *Das Ende des großen Fressens. Wie die Nahrungsmittelindustrie Sie zu übermäßigem Essen verleitet.* Goldmann, München 2011

Krautwaschl, Sandra: *Plastikfreie Zone. Wie meine Familie es schafft, fast ohne Kunststoff zu leben.* Heyne, München 2012

Kreutzberger, Stefan/Thurn, Valentin: *Die Essensvernichter: Warum die Hälfte aller Lebensmittel im Müll landet und wer dafür verantwortlich ist.* Kiepenheuer & Witsch, Köln 2011

Leonard, Annie: *The story of stuff. Wie wir unsere Erde zumüllen.* Econ, Berlin 2010

Liberti, Stefano: *Landraub. Reisen ins Reich des neuen Kolonialismus.* Rotbuch, Berlin 2012

Löwenstein, Felix zu: *Food Crash. Wir werden uns ökologisch ernähren oder gar nicht mehr.* Pattloch, München 2011

Pearce, Fred: *Land Grabbing. Der globale Kampf um Grund und Boden.* Kunstmann, München 2012

Pötter, Bernhard: *König Kunde ruiniert sein Land: Wie der Verbraucherschutz am Verbraucher scheitert. Und was dagegen zu tun ist.* Oekom, München 2006

Rickelmann, Richard: *Tödliche Ernte. Wie uns das Agrar- und Lebensmittelkartell vergiftet.* Econ, Berlin 2011

Maurin, Jost et al. (Hrsg.): *Cola, Reis und Heuschrecken: Welternährung im 21. Jahrhundert.* (Edition Le Monde diplomatique) TAZ, Berlin 2012

Müller, Christa (Hrsg.): *Urban Gardening. Über die Rückkehr der Gärten in die Stadt.* Oekom Verlag, München 2011

Sass, Rainer: *Deutsche Frische – wie ich sie liebe*, Zabert Sandmann, München 2012

Schiffer, Kathrin Juliane/Hotze, Carola: *Hühner halten – artgerecht und natürlich.* Kosmos, Stuttgart 2009

Wieser, Lojze: *Die Zunge reicht weiter als die Hand. Anmerkungen eines Grenzverlegers.* Czernin Verlag, Wien 2004

Ders.: *Kochen unter anderen Sternen. Geschichten über entlegene Speisen.* Czernin Verlag, Wien 2007

Ders. mit Barbara Maier: *Pita, Burek oder Börek? Balkan-Impressionen*, Wieser Verlag, Klagenfurt 2012

Ziegler, Jean: *Wir lassen sie verhungern. Die Massenvernichtung in der dritten Welt.* Bertelsmann, München 2012

DVDs

Food Inc. Was essen wir wirklich? München 2010
Plastic Planet. Wien 2011
Blaues Gold – Der Krieg der Zukunft. 2010
Monsanto – Mit Gift und Genen. Berlin 2008
Abgefüllt. 2012
Taste the Waste. 2012
Percy Schmeiser – David gegen Monsanto. München 2009
We feed the World. 2006

Genussliteratur von Sarah Wiener

Kochen mit Sarah Wiener. Bloomsbury, Berlin 2004
Geschmack hat immer Saison. Frische deutsche Eier, Eier haben's drauf, Wissenswertes über Eier. CMA, Bonn 2005
Sarah Wieners mediterrane Küche. Bloomsbury, Berlin 2006
Das große Sarah Wiener Kochbuch. Droemer Knaur, München 2007
Sarah packt für Christo eine Liwanze ein. Geschichten aus der Küche. Berliner Taschenbuch-Verlag, Berlin 2008
Frau am Herd. Natürlich, fantasievoll, köstlich. Droemer Knaur, München 2008
Meine kulinarische Reise durch Frankreich – Eine Liebeserklärung mit Rezepten. Eichborn, Frankfurt 2008
La dolce Wiener: Süße Verführungen von Apfelstrudel bis Zimtschnecken. Droemer Knaur, München 2009
Herdhelden. Mein ganz persönliches Österreich-Kochbuch. Gräfe und Unzer, München 2011
Kochen kann jeder. Gräfe und Unzer, München 2013
Sarahs Kochbuch für das ganze Jahr. Gräfe und Unzer, München 2014
Wohlfühlmaschen. Stricken und Häkeln für drinnen und draußen. Gräfe und Unzer, München 2015
ZEIT Leo – Kochen mit Sarah Wiener. Carlsen, Hamburg 2016

Engagements von Sarah Wiener

Botschafterin für biologische Vielfalt:
undekade-biologischevielfalt.de

Patin der Bodenkampagne People 4 Soil:
people4soil.eu

Patin der Bodenkampagne Save our Soils:
saveoursoils.com

Schirmherrin der Aktion „Haushalt ohne Genfood"
mein-nein.de

Stiftungsgründerin und Vorstandsvorsitzende der
Sarah Wiener Stiftung
sw-stiftung.de und **ichkannkochen.de**

Unterstützerin der Kooperativen Naturprodukte
cooperativen-arganoel.de

Schirmherrin des Tierzuchtfonds
tierzuchtfonds.de

Unterstützerin des Bundesverbands der Frauenberatungsstellen und
Frauennotrufe in Deutschland:
frauen-gegen-gewalt.de

Beiratsmitglied im Cradle to Cradle e.V.
c2c-ev.de

Nützliche Adressen und Links

Lebensmittelkooperativen und Gemeinschaftsgärten
Interessenvertretung von Lebensmittelkooperativen (FoodCoops)
als Alternativen zum Supermarkt.
lebensmittelkooperativen.de
foodcoops.at

Infos zu zertifizierten Bio-Lieferservices für ökologische Lebensmittel in Deutschland.
ökokiste.de

Das »Netzwerk Solidarische Landwirtschaft« formierte sich
auf einer Tagung »Freiheit durch Freihöfe« im Oktober 2010 in
Kassel. Der Austausch über den regionalen Zusammenschluss
von landwirtschaftlichen Betrieben oder Gärtnereien mit privaten
Haushalten, die landwirtschaftliche Produkte von ihnen beziehen,
führte schließlich zur Gründung des überregional arbeitenden
»Solidarische Landwirtschaft e.V.«. Einen Überblick über die
angeschlossenen regionalen Initiativen bietet die Website
solidarische-landwirtschaft.org

Das »Kartoffelkombinat« ist eine schnell wachsende Initiative,
die im Raum München Bio-Erzeuger und Verbraucher zusammenbringt.
kartoffelkombinat.de

Das erste Projekt Österreichs zur solidarischen Landwirtschaft im
Raum Wien ist der Ochsenherz Gärtnerhof
ochsenherz.at
Infos zu weiteren Initiativen in Österreich gibt es unter
community.attac.at/agrarattac.html

Urbane Landwirtschaft, Gemeinschaftsgärten oder Ackerflächen
zum Mieten gibt es inzwischen in vielen Städten und Gemeinden.

Folgende Internetadressen sind eine Auswahl von Initiativen und bieten Links zu Gärten und Projekten. Aber es lohnt sich, sich direkt vor Ort nach Möglichkeiten zu erkundigen.
anstiftung.de; stadtacker.net; meine-ernte.de

Die Filmemacherin Ella von der Haide stellt Gemeinschaftsgärten aus mehreren Ländern vor.
eine-andere-welt-ist-pflanzbar.de

Ein bundesweites Verzeichnis öffentlich zugänglicher Obstbäume, die man abernten darf.
mundraub.org

Weitere Aktionen

Die Idee des Foodsharing setzt eine neue Internet-Plattform um. Privatpersonen, Händler und Produzenten haben hier die Möglichkeit, überschüssige Lebensmittel kostenlos anzubieten oder abzuholen.
foodsharing.de

Im Rahmen des Transition Town Movement (etwa »Bewegung für eine Stadt des Übergangs/Wandels«) proben seit 2006 Umwelt- und Nachhaltigkeitsinitiativen in vielen Städten und Gemeinden der Welt den geplanten Übergang in eine postfossile, relokalisierte Wirtschaft.
transition-initiativen.de

München plant einen neuen Stadtteil und will die urbane Landwirtschaft einbeziehen.
agropolis-muenchen.de

Ein Hamburger dokumentiert seinen Versuch, an einem französischen Balkon Biogemüse zu ziehen.
biobalkon.wordpress.com

Der Netzknoten für die interkulturellen Gärten in Deutschland. Mit Tipps zum Selbermachen.
stiftung-interkultur.de

Dokumentarfilm über eine Genbank im ewigen Eis
seedwarriors.org

Weitere Kampagnen
Gemeinsam mit anderen »Zukunft säen«
avenirsem.ch

Kampagne gegen Bio-Piraten
biopiraterie.de

Bauern kämpfen gegen Nachbaugebühren
ig-nachbau.de

Kampagne gegen Patente auf Saatgut, Pflanzen und Tiere
no-patents-on-seeds.org

Kampagne für sicheres Saatgut
saatgutkampagne.org

Kampagne für die Förderung von Bio-Saatgut
saveourseeds.org

Kampagnen gegen Tiertransporte
provieh.de
animals-angels.de
tierschutzbund.de

Infoportale für Bio-Produkte

Ein Verbraucher-Info-Portal für Bio, Umweltschutz und
Nachhaltigkeit
yaacool-bio.de

Online-Branchenbuch für ökologische Firmen
oekoadressen.de

Alte Haustierrassen

Die *Gesellschaft zur Erhaltung alter und gefährdeter Haustierrassen (GEH)* hat es sich zur Aufgabe gemacht, neben anderen
Haustieren auch alte Hühnerrassen zu erhalten und vor dem Aussterben zu bewahren. Vom Augsburger bis zum Vorwerkhuhn werden hier viele alte Rassen mit ihren Besonderheiten vorgestellt.

Die Website führt außerdem über den Link »Das Arche-Projekt«
zu einem Verzeichnis der »Archehöfe«, die noch heute mit alten
Rassen arbeiten.
g-e-h.de

Eier

Der *Verein für kontrollierte alternative Tierhaltungsformen KAT*
hat sich die lückenlose Kontrolle und Überwachung von Eiern aus
alternativen Haltungssystemen in Deutschland und den Ländern der
Europäischen Union zum Ziel gesetzt. Der Code, der auf jedem Ei
aufgestempelt ist, kann auf dieser Seite »geknackt« werden. Voraussetzung ist, dass auf der Eierschachtel das KAT-Logo abgedruckt
ist.
was-steht-auf-dem-ei.de

Honig
Mellifera e.V. Vereinigung für wesensgemäße Bienenhaltung
Lehr- und Versuchsimkerei Fischermühle; 72348 Rosenfeld
mellifera.de

Biologische Nahrungsmittel
HUOBER-BREZEL GmbH & Co. KG
Riedstraße 1; 71729 Erdmannhausen
huoberbrezel.de

Bio Holzofenbäckerei von Heinrich Gragger
Traunuferstraße 130; A-4052 Ansfelden
gragger.at

Wiener Brot Holzofenbäckerei
Tucholskystraße 31; 10117 Berlin
wienerbrot.de

Milch von nicht enthornten Kühen; Molkereigenossenschaft
Hohenlohe-Franken eG; Molkereistr. 2; 74575 Schrozberg
molkerei-hohenlohe-franken.de
molkerei-schrozberg.de

Zusatzstoffe
Informationspool zu Ernährungs- und Gesundheitsthemen;
Datenbank zur Wirkung von Zusatzstoffen
food-detektiv.de

Informationen und Datenbank
zusatzstoffe-online.de

Lexikon der Zusatzstoffe
zusatzstoffmuseum.de

Produktcheck: **codecheck.info**
TransGen: **transgen.de**

Welternährung
weltagrarbericht.de
greenpeace.de
greenpeace.org (international)

Ernährung & Kinder
Sarah Wiener Stiftung
Wöhlertstraße 12-13; 10115 Berlin
sarah-wiener-stiftung.org

aid infodienst Ernährung, Landwirtschaft, Verbraucherschutz e. V.
Heilsbachstraße 16; 53123 Bonn
aid.de

Deutsche Gesellschaft für Ernährung
Godesberger Allee 18; 53175 Bonn
dge.de

Forschungsinstitut für Kinderernährung
Heinstück 11; 44225 Dortmund
fke-do.de

Kinderernährungswerk e.V.
Ausschläger Weg 68; 20537 Hamburg

Aktionsgruppe Babynahrung
Untere-Masch-Str. 21; 37037 Göttingen
babynahrung.org

Verbände im Bio-Bereich

AGÖL Arbeitsgemeinschaft Ökologischer Landbau
Brandschneise 1; 64295 Darmstadt

Bioland Verband für organisch-biologischen Landbau e.V.
Kaiserstr. 18; 55116 Mainz
bioland.de

Biokreis; Stelzlhof 1; 94034 Passau
biokreis.de

Biopark e.V.; Rövertannen 13; 18273 Güstrow
biopark.de

Demeter; Brandschneise 1; 64295 Darmstadt
demeter.de

Ecovin Bundesverband Ökologischer Weinbau
Wormser Straße 162; 55276 Oppenheim
ecovin.de

GÄA Vereinigung ökologischer Landbau
Brockhausstraße 4; 01099 Dresden
gaea.de

Naturland; Kleinhaderner Weg 1; 82166 Gräfelfing
naturland.de

IFOAM Internationale Dachorganisation des ökologischen
Landbaus IFOAM Head Office
Charles-de-Gaulle-Str. 5; 53113 Bonn
ifoam.org

BNN Bundesverbände Naturkost Naturwaren
Michaelikirchstr. 17-18; 10179 Berlin
n-bnn.de

SÖL Stiftung Ökologie und Landbau
Weinstraße Süd 51; 67098 Bad Dürkheim
soel.de

Umweltverbände
BBU Bundesverband Bürgerinitiativen Umweltschutz
Prinz-Albert-Str. 55; 53113 Bonn
bbu-online.de

BUND Bund für Umwelt und Naturschutz Deutschland e.V.
Am Köllnischen Park 1; 10179 Berlin
bund.net

Greenpeace e.V.
Hongkongstr. 10; 20457 Hamburg
greenpeace.de

Naturschutzbund Deutschland
Charitéstraße 3; 10117 Berlin
nabu.de
In Österreich: **naturschutzbund.at**
In der Schweiz: **naturschutznetz.ch**

Robin Wood e.V.; Bremer Straße 3; 21073 Hamburg
robinwood.de

WWF Deutschland; Reinhardtstraße 14; 10117 Berlin
wwf.de

Nachhaltigkeit

Die Schweisfurth-Stiftung engagiert sich mit Projekten, Veranstaltungen, Vorträgen und Publikationen für eine lebenswerte, nachhaltig gestaltete, menschen- und tiergerechte Zukunft der Erde.
Schweisfurth-Stiftung; Rupprechtstr. 25; 80636 München
schweisfurth.de

Der Rat für Nachhaltige Entwicklung wurde im April 2001 von der Bundesregierung berufen. Ihm gehören 15 Personen des öffentlichen Lebens an. Die Aufgaben des Rates sind die Entwicklung von Beiträgen für die Umsetzung der nationalen Nachhaltigkeitsstrategie, die Benennung von konkreten Handlungsfeldern und Projekten sowie Nachhaltigkeit zu einem wichtigen öffentlichen Anliegen zu machen. Bundeskanzlerin Dr. Angela Merkel setzt die nationale Nachhaltigkeitsstrategie fort.
nachhaltigkeitsrat.de

Züchter und Erhalter

Österreichischer Verein
für Nutzpflanzenvielfalt
arche-noah.at

Homepage der Bingenheimer Saatgut AG
bingenheimersaatgut.de

Höfe-Verbund; züchtet Öko-Saatgut
dreschflegel-saatgut.de

Getreidezüchtungsforschung Darzau
darzau.de

Für gentechnikfreies Saatgut
gentechnikfreie-saat.org

Schweizer Getreidezüchter
getreidezuechtung.ch

Bio-Hof mit 100 Kartoffelsorten
kartoffelvielfalt.de

Züchtungsforschung & Kulturpflanzenerhaltung
kultursaat.org

Verein zur Erhaltung der Nutzpflanzenvielfalt
nutzpflanzenvielfalt.de

Datenbank für Öko-Saatgut
organicxseeds.com

Schweizer Verein für seltene Arten
prospecierara.ch

Zukunftsstiftung Landwirtschaft; unterstützt Öko-Züchter
saatgutfonds.de

Keyserlingk-Institut züchtet Getreide am Bodensee
saatgut-forschung.de

Züchter und Anbieter von Öko-Saatgut
sativa-rheinau.ch

Danke

und nochmals danke:

Claudia Reshöft, Heidrun Reshöft, Una Wiener, Anna Cavelius und Annette Gillich-Beltz, ... und die »Ehrenfrau« Werner Lord. Hinter einer starken Frau stehen oft starke Frauen ... und manchmal auch ein starker Mann ... Dieses Buch war nur mit eurem Rat, eurer Hilfe und eurem scharfen Blick und Urteil möglich.

Wenn ich einmal anfange darüber nachzudenken, wem ich alles zu danken habe und danken sollte, dann schwirrt mir schnell der Schädel.

So ein Buch ist ja immer ein Gemeinschaftswerk von Layoutern, Lektoren (vielen Dank an Karin Weber), Papierlieferanten, Vertriebsexperten, Presseleuten, Freunden, die einem Anregungen geben, und Fotografen (danke Wanja Saatkamp und Jette Achleitner). Und danke Artur, dass du so bist, wie du bist.

Ich möchte diese Danksagungen kurz halten. Einen jedoch möchte ich spontan an mich heranziehen und umarmen: Danke, Ulrich Ehrlenspiel! Für dein Vertrauen. Deine Geduld. Dein Verständnis. Deine Ermunterungen. Und den Glauben an mich und dass dieses Buch von mir geschrieben werden sollte.

Besonders bedanken möchte ich mich bei all meinen sehr unterschiedlichen Gesprächspartnern für das große Vertrauen und die erfreuliche und unkomplizierte, fruchtbare Zusammenarbeit. Deren Bereitschaft, mir Auskunft und Einblicke in ihre Arbeit zu gewähren, hat mein Leben nachhaltig geändert. Wie ich meine: zum Besseren. Dafür möchte ich mich aufrichtig bedanken und sagen: Ich bin noch nicht satt. Bitte füttert mich weiter!

Eure
Sarah Wiener

Bildnachweis

Anmerkungen

1 Evenson, R., Gollin, D.: Assessing the Impact of the Green Revolution, 1960 to 2000. Science, Vol. 300, Mai 2003, pp. 758–762

2 http://www.umweltbundesamt.de/daten/land-forstwirtschaft/landwirt-schaft/pflanzenschutzmitteleinsatz-in-der-landwirtschaft
https://biologischevielfalt.bfn.de/8107.html?&cHash=253658f28fe e5c4c-16c771f2bbed69b0&tx_ttnews[tt_news]=580
https://www.nabu.de/news/2016/01/20033.html

3 aid-Informationsdienst 22.01.16

4 www.saveourseeds.org

5 Eine aufschlussreiche und lesenswerte Quelle über die Folgen der Konzentrierung auf immer größere Wirtschaftskonzerne finden Sie im Konzernatlas: https://www.boell.de/konzernatlas

6 ESVAC-Report 2014

7 Pressemitteilung BUND, 08.01.2016

8 Hermann Focke: Tierschutz in Deutschland – Etikettenschwindel?! Der gequälten Kreatur gewidmet. Pro BUSINESS, Berlin 2007

9 Hermann Focke: Die Natur schlägt zurück. Antibiotikamissbrauch in der intensiven Nutztierhaltung und Auswirkungen auf Mensch, Tier und Umwelt. Pro BUSINESS, Berlin 2010

10 Bundesministerium für Umwelt, Naturschutz & Reaktorsicherheit

11 Bundesministerium für Ernährung, Landwirtschaft und Verbraucherschutz

12 Walden Bello: Politik des Hungers, Verlag Assoziation a, Berlin 2010

13 http://foodwatch.de/kampagnen__themen/welternaehrungskrise/index_ger.html

14 Entsprechende Forschungen präsentierte der Chemiker Katsuhiko Saido von der Nihon-University in Chiba, Japan, im August 2009 vor der American Chemical Society

15 Petra de Jong: »Bitter ist besser«, Supplement Nr. 54, Dezember 2007

16 Exemplarisch zwei Links zu Studien zur Rolle dieser Glutenabbauprodukte (Exorphine):
Die Studie »Peptides' role in autism with emphasis on exorphins« beschreibt die Bedeutung für Autismus. In der Conclusio heißt es: «Exorphins are found in urine of autistic children and may account for their symptoms.« https://www.ncbi.nlm.nih.gov/pmc/articles/PMC3747763/
In der Studie »Behavioral and pharmacological studies on gluten exorphin A5, a newly isolated bioactive food protein fragment, in mice.« wird deutlich, wie sehr das Denken verändert wird: https://www.ncbi.nlm.nih.gov/pubmed/11138726

17 http://www.zusatzstoffe-online.de/lexikon/

18 Lorenzen, Sievert (2013): Nervengift für Rinder. Chronischer Botulismus und der Einsatz von Glyphosat – ein Lehrbeispiel für politisches Versagen. In: Landwirtschaft 2013. Der Kritische Agrarbericht. AgrarBündnis (Hg.), Hamm, S. 226–230

19 BVL (2012): Bericht zur Lebensmittelsicherheit 2010. Zoonosen-Monitoring. Berlin S. 18ff. http://www.bvl.bund.de/Shared-Docs/Downloads/01_Lebensmittel/04_Zoonosen_Monitoring/Zoonosen_Monitoring_Bericht_2010.pdf?__blob=publicationFile&v=6

20 Bereits in den 1920er Jahren gab es in den USA zahlreiche Untersuchungen zur Roh- und Pastmilch. Siehe Ron Schmid: The Untold Story of Milk, Warsaw, (Indiana): New Trends Publishing 2003, sowie die Untersuchungen von Weston im Lötschental 1931 und 1932. An der Eidgenössischen Forschungsanstalt für Milchwirtschaft in Liebefeld-Bern wurden in den 1980er Jahren eine ganze Reihe von Untersuchungen über den ernährungsphysiologischen Wert von pasteurisierter, ultrahocherhitzter und unerhitzter Milch vorgenommen. Stellvertretende: Blanc, Bernhard (1993): Unterschiede zwischen Roh- und H-Milch und ihre Folgen. In: Arbeitsergebnisse der AG ländliche Entwicklung Universität Kassel, Nr. 23, S. 5-10. Blanc, Bernhard (1981): Einfluss der thermischen Behandlung auf die physiologischen Eigenschaften der Milch. In: Kieler Milchwirtschaftliche Forschungsberichte 33, Heft 1, S. 39-58.

21 Ton Baars (Hg.), »Raw Milk – Health or Hazard?« Summaries of oral presentations of the First International Raw Milk Conference, 20 May 2011, Prague. Ziegenhagen, 2011

22 Bericht aus dem Rohmilch-Seminar am Forschungsinstitut für biologischen Landbau (FiBL) in Frick AG vom 29. August 2012. Walter Hess (2012): Rohmilch-Seminar: wie ein Heilmittel zur Bedrohung wurde. www.textatelier.com Blog vom 3.9.2012.

23 G+J Branchenbild, Ernährungsgewohnheiten und -trends, Dez. 2007, S. 10

24 http://www.presseportal.de/pm/102391/2379926/herkunft-von-lebensmitteln-ist-fuer-70-der-verbraucher-wichtig-zusatzstoffe-in-lebensmitteln-werden/rss

Rezeptregister

Sachregister

Sachregister